海关估价与纳税争议

CUSTOMS VALUATION AND TARIFF DISPUTES

陈　兵　孙国东　著

中国海关出版社有限公司
中国·北京

图书在版编目（CIP）数据

海关估价与纳税争议/陈兵，孙国东著．
—北京：中国海关出版社有限公司，2024.1
ISBN 978－7－5175－0731－4

Ⅰ.①海…　Ⅱ.①陈…②孙…　Ⅲ.①海关估值—中国②纳税—中国
Ⅳ.①F752.5

中国国家版本馆CIP数据核字（2023）第257385号

海关估价与纳税争议

HAIGUAN GUJIA YU NASHUI ZHENGYI

作　　者：陈　兵　孙国东
策划编辑：夏淑婷
责任编辑：夏淑婷
出版发行：中国海关出版社有限公司
社　　址：北京市朝阳区东四环南路甲1号　　邮政编码：100023
编 辑 部：01065194242-7539（电话）
发 行 部：01065194221/4238/4246/5127（电话）
社办书店：01065195616（电话）
https://weidian.com/?userid=319526934（网址）
印　　刷：北京天恒嘉业印刷有限公司　　经　　销：新华书店
开　　本：710mm×1000mm　1/16
印　　张：20.5　　字　　数：378千字
版　　次：2024年1月第1版
印　　次：2024年1月第1次印刷
书　　号：ISBN 978－7－5175－0731－4
定　　价：52.00元

前言

海关估价是海关在进出口货物监督管理过程中为了征税管理而审查确定完税价格的专业性工作，同时也是海关计核违法案件偷漏税额、计算涉案货物价值等的基础性工作。海关估价是企业进出口业务的重要课题，关系到进出口企业的运营成本，尤其关系到跨国公司的特殊关系转移定价规则、特许权使用费策略以及贸易流程设计安排等敏感问题，是企业关税策划的重要内容，是国际贸易实践中企业通关的必修课。

海关估价规则源于国际公约、协定，用于解决国际贸易实践问题，具有明显的国际化特征。学习理解海关估价规则、方法和流程并熟练运用是非常不容易的事情。基于海关的征管职责，海关在日常监督管理中会频繁地对进出口货物进行估价，因此而引发的争议也比较普遍。

本书的两位作者分别在不同领域从事海关法律研究和实践工作数十年。工作中常遇到涉及海关估价的争议问题，经常接受机构、企业和个人关于海关估价问题的咨询和提问，以经办人、代理人等身份办理过大量海关行政复议、行政和刑事诉讼案件，其中涉及海关估价问题案件的比重是最高的。为了便于公众了解和掌握海关估价知识与技能，两位作者决定合作撰写一本关于如何解决海关估价争议问题的书籍，分别从海关、企业的角度和观点出发，解释海关估价的争议性问题，不但解决海关估价做什么、怎么做的问题，更要解决为什么要这样做、怎样做合适等问题，以帮助海关关员和进出口企业人员更好地理解和运用海关估价规则、方法和程序，有效地预防、规避法律风险，解决海关执法争议，减轻企业的合规成本。同时，为了使不熟悉海关估价的非专业人士也能看懂，作者尝试用尽量简洁的语言诠释海关估价规则、技术和流程，通过拆解法条、列举问题、剖析案例等方式来介绍每一个知识点。书中列举的问题和案例大多数源于作者的办案经历和心得，但涉及的当事人和海关都作了化名处理。书后随附了中英文海关专业术语，海关估价常用法律法规、规则，以及问题和实例索引。本书主要供海关工作人员和进出口企业人员阅读参考，书中的观点、看法主要反映作者对海关估价规则、方法和流程的理解，希望能为大家解决海关估价争议问题提供一些思路、方法。解决争议、维护权益是法律框架下平衡权利义务的制度安排，也是和谐社会的应有之义，希望此书能为企业解决海关估价争议带来一些帮助。

本书的撰写得到了对外经济贸易大学教授白树强、海关总署原政策法规司司长郑跃声、海关总署关税征管司原副司长邸杰、睿库研究中心主任江小平、上海海关学院教授林弘、海关法专家蒋兆康等的指导；上海兰迪律师事务所主任刘逸星、海关部执行主任封海滨以及郑玉萍、谢天波、王立宏等关税专家对书中的观点、问题和案例提出了许多宝贵的专业意见；黄埔海关的岳新颜、刘方家、汤强、周晴、何秋丘等专职海关估价人员以及上海兰迪律师事务所的兰国柱、王亚萍、韩逸航、费云、陆怡坤、魏思宇等律师提供了大量的意见和建议；两位作者的家人、亲友、同事对撰写书稿也给予了很大的理解和支持，在此一并表示感谢。书稿形成时间比较仓促，如有不当之处，欢迎批评指正。

目 录

序　章　海关估价的由来

一、海关估价规则的形成与发展

海关估价，是指海关在计征关税时审查确定进出口货物完税价格的行为。由于世界上大多数国家的海关在征收关税时都使用从价税，进出口货物的关税税额等于完税价格乘以关税税率。在税率已确定的情况下，如何审查确定进出口货物的完税价格，对于海关征收关税尤为重要；而进出口税负是企业必须认真对待的经营成本，作为纳税义务人的进出口企业会非常关注。因此，海关估价问题越来越受到各国海关的重视和商界的关注。第二次世界大战结束后，国际贸易快速恢复发展，各国需要建立一套有利于促进全球贸易的国际秩序，于是，《关税与贸易总协定》（GATT）应运而生。1947 年，包括中国在内的 23 个缔约方签署了《关税与贸易总协定》，该协定旨在通过削减关税和其他贸易壁垒，消除国际贸易中的差别待遇，促进国际贸易自由化，以充分利用世界资源，扩大商品的生产与流通。GATT 第七条第二款 a 项规定："进口商品的完税价格，应以被估进口商品或者类似商品的实际价格为基础，而不得以原产于国内商品的价格、武断或虚构的价格为基础。"由于 GATT 第七条对海关估价只是作了原则性的规定，各国的解读和执行存在很大的差异。1950 年，欧洲关税同盟成立的研究小组起草制定了《海关商品估价公约》，其中附件一第一条规定，完税价格应当是进口货物的正常价格，即相互独立的买卖双方之间在公开市场上进行交易的货物的销售价格。该公约于 1950 年 12 月 15 日在布鲁塞尔签署，习惯上被称为《布鲁塞尔公约》。此后，以正常价格为基础的估价规则一度成为国际上较为流行的海关估价制度，先后被 100 多个国家（地区）采用，或者将其作为制定本国（地区）海关估价法规的参考。但正常价格的估价原则经常被一些缔约方滥用，有的国家甚至将海关内部指定价格、参考价格、行情价格或者最低限价作为"正常价格"征收关税，海关估价被利用成为阻碍国际贸易发展的壁垒。当时美国和加拿大等国并未加入《布鲁塞尔公约》，国际商会（ICC）也认为正常价格的估价原则不符合商业习惯。经过多轮贸易谈判，GATT 各缔约方在东京回合谈判中达成了《关于实施关税与贸易总协定第七条的协定》，规定：完税价格应当是进口货物的成交价格；当成交价格不能确定时，可以依次采用其他方法。GATT 各缔约方在乌拉圭回合谈判中，增加了海关估价的程序性条款，达成了《关于实施 1994 年关税与贸易总协定第七条的协定》。1995 年，世界贸易组织（WTO）成立，该协定也被称为《WTO 估价协定》。《WTO 估价协定》作为 WTO 项下一揽子多边贸易协定的组成部分，承认国际贸易中价格的多样性，强调海关要尊重贸易实际，尽可能采用成交价格进行估价，只有当成交价格不能确定时，才可以依次采用其他方法确定进口货物的完税价格，禁止用武断或虚构的价格估价。截至 2023 年 6 月底，WTO 拥有 164 个成员，占国际贸易的 98%，还有 24 个国家正寻求加入。所以说，《WTO 估价协定》确立的海关估价规则是当今国际通行的海关估价规则。

二、我国海关估价规则的沿革

中华人民共和国成立以来，我国海关长期沿用正常价格的估价规则。1951 年制定的《中华人民共和国暂行海关法》第一百一十五条规定：从价完纳进口税的货物，应以到岸价格作为完税价格。所称到岸价格，系指货物在采购地的正常批发价格、出口税以及运抵我国境内输入地点起卸前的包装费和运费、保险费、手续费等一切费用，经海关审查确定的价格。改革开放后，我国于 1983 年加入海关合作理事会，即现今的世界海关组织（WCO），并接受《布鲁塞尔公约》。1987 年 7 月 1 日起实施的《中华人民共和国海关法》（以下简称《海关法》）第三十八条规定："进口货物以海关审定的正常到岸价格为完税价格，出口货物以海关审定的正常离岸价格扣除出口税为完税价格。到岸价格和离岸价格不能确定时，完税价格由海关估定。"由于正常价格概念不符合 GATT 第七条关于以成交价格为基础的规定，在我国恢复 GATT 缔约方合法席位和加入 WTO 的谈判过程中，我国开始改变原有的海关估价规则。2000 年修改的《海关法》第五十五条被调整为："进出口货物的完税价格，由海关以该货物的成交价格为基础审查确定。成交价格不能确定时，完税价格由海关依法估定。"2001 年 12 月 11 日，我国加入世界贸易组织（WTO），并承诺自加入之日起全面实施《WTO 估价协定》，对该协定的任何条款不作保留。为了履行承诺，我国制定了新的《中华人民共和国进出口关税条例》（以下简称《进出口关税条例》）和《中华人民共和国海关审定进出口货物完税价格办法》（以下简称《审价办法》），此后又进行了数次修订，并先后制定或修改了《中华人民共和国海关进出口货物征税管理办法》《中华人民共和国海关计核违反海关监管规定案件货物、物品价值办法》《中华人民共和国海关计核涉嫌走私的货物、物品偷逃税款暂行办法》《中华人民共和国海关审定内销保税货物完税价格办法》等行政规章。可以说，我国的海关估价规则完全符合《WTO 估价协定》的规定，只不过国内立法使用了中文表述。

三、我国海关估价引发的争议的现状

海关估价是海关对进出口货物进行监督管理的一项常规性作业，关税的征收、减免、退补以及违法案件偷漏税款的计核、涉案货物价值的计算等，都需要运用海关估价作出的认定结论作为依据，所以因海关估价引起的争议是海关执法中常见多发的法律纠纷。在我国加入WTO的前后几年间，纳税复议案件一度成为海关系统行政复议案件中占比较高的案件类型，而且基本上都是涉及进出口货物通关过程中海关估价的争议问题，其中还未包括减免税、退补税、保税核查、稽查以及海关查处案件和司法机关办理走私罪案件涉及的海关估价问题。近年来，我国海关全面推行“两步申报”的通关改革，进出口货物通关过程中发生的估价争议有所减少，但通过保税核查和海关稽查作出的追补税个案却大幅度增加，由此引发的估价争议问题也增多。其中，以涉及特许权使用费、关联交易、公式定价、协助费等问题的争议居多，有的企业被追补巨额税款，有的企业则需为漏报价格要素而“买单”。大量的海关行政处罚案件和走私罪案件在办理过程中因涉及偷漏税款计核、违法标的物价值计算以及海关估价等问题，由此引发的争议往往从案件调查、侦查开始，一直延伸到行政处罚决定的执行或者刑事判决的生效为止。近年来，我国企业海外投资增多，我国海外投资企业与所在国（地区）海关发生估价问题的争议也迅速增加，有的甚至成为新闻热点，引发了业界的高度重视和社会的广泛关注。

四、海关估价争议的解决方法和途径

探讨解决海关估价争议的方法和途径，是撰写本书的主要目的。《海关法》第六十四条规定：“纳税义务人同海关发生纳税争议时，应当缴纳税款，并可以依法申请行政复议；对复议决定仍不服的，可以依法向人民法院提起诉讼。”解决海关估价争议，绝不能仅限于行政复议和行政诉讼。在海关估价过程中的申报、审查、质疑、磋商、审定等不同环节，在海关进行价格核查、保税核查、稽查以及调查违法案件的过程中，甚至是在司法机关办理走私罪案件的侦查、审查起诉以及审判阶段，纳税义务人都可以根据法律规定或者应海关、司法机关的要求，通过依法变更或者补充申报，口头解释说明，书面回复质疑，交换价格信息，提供单证、资料和证据，委托律师或者专业机构出具专业意见等方法，尽可能将疑问、矛盾或者纠纷化解在海关、司法机关作出正式结论之前。由于海关估价问题的涉外性特点，有些海关估价争议案件，还可以探索国内的涉外争议解决机制，域外的司法管辖机制，甚至是WTO争端解决机制下的解决方法和途径。

第一章　海关估价的权力

01

凡是从事进出口贸易的企业和人员都会经常与海关打交道，如办理报关、纳税手续，配合海关查验货物、补充资料等，有时候遇到海关查验货物、检查物品、扣留单证、封存场所等问题，会出现不知所措的情况。这时候该怎么办呢？本章通过介绍海关估价的权力、企业纳税的义务以及权利的保障，来解答大家的疑难困惑。

第一节　海关估价的权力

海关是国家进出境监督管理机关，被赋予征收进出口关税等职责任务。为了实现其职能作用，法律授予海关一定的权力，这对于履行其职责是必需的，但相关权力的行使应当在法定的范围内进行。

一、一般权力

在日常的工作、生活中，企业或个人会碰到这样的情形，产生这样的疑问：我公司的货物被海关查扣了，海关可以这样做吗？我经过海关时，不但行李被翻出来检查，而且还被搜查身体，像对待“犯人”一样，我的心情糟透了；今天海关来我公司，翻查了公司的会计财务资料，还把公司的电脑都搬走了；海关把我们公司负责人带走调查了；公司的车辆和货物都被海关扣留了，海关可以这样做吗？

根据《海关法》的规定，海关有权检查进出境运输工具以及怀疑藏匿走私货物、物品的场所，检查走私嫌疑人身体，查验进出境货物、物品，查问违法嫌疑人，查阅进出境人员证件，查阅和复制与进出境运输工具、货物、物品有关的文件、资料，查询进出口企业的存款、汇款，扣留走私罪嫌疑人以及涉嫌违法的运输工具、货物、物品，还可以配备和使用武器、警械。海关行使权力主要是针对进出境运输工具、货物、物品及与此有关的出入境人员，与进出境运输工具、货物、物品无关的，不是海关行使权力的范围。为了便于大家更好地理解海关的职权，以下列举一些常见的问题和案例。

问题 1.1　“经直属海关关长或者其授权的隶属海关关长批准”的规定有什么意义？

海关扣留货物、物品、运输工具或者走私罪嫌疑人，查询有关单位或者个人的存款、汇款，或者采取税收保全、税收强制执行等措施，由于涉及当事人的重大利益，一般需经过直属海关关长的批准。直属海关关长可以授权隶属海关关长批准行使上述权力，隶属海关关长经过直属海关关长授权的，可以批准隶属海关工作人员行使上述权力。隶属海关关长未经直属海关关长的授权，不得擅自批准行使前述权力。隶属海关关长未经直属海关关长的授权，越权擅自批准隶属海关工作人员行使前述权力的，或者隶属海关工作人员未经批准就行使前述权力的，均属违法。

问题 1.2 海关可以任意查询正常开展经营活动的企业、单位或者个人的存款、汇款吗?

海关不得随意查询正常开展经营活动的企业、单位或者个人的资金往来情况。只有当该企业、单位或者个人涉嫌走私，或者海关为了审查进出口货物申报价格的真实性、准确性、完整性和规范性时，经直属海关关长或者其授权的隶属海关关长的批准，海关才可以向金融机构或者邮政企业查询有关企业、单位或者个人的存款、汇款。

案例 1-1 挂 33××号拖挂车涉嫌走私进口汽车案

N 海关根据举报，在某国道上拦截了正在行驶中的挂 33××号集装箱拖挂车。经检查，集装箱内装载了无合法证明的保时捷和宾利牌越野车各一辆。N 海关以涉嫌走私为由，将集装箱拖挂车和无合法证明的两辆越野车予以扣留，并委托 C 海关保管。

海关有权检查进出境运输工具，查验进出境货物、物品，对违反法律、行政法规的，海关有权扣留。在海关监管区以外正常行驶中的交通运输工具，没有载运进出境货物、物品或者人员的，海关无权检查，除非该运输工具涉嫌走私，并经直属海关关长或者其授权的隶属海关关长批准实施检查；对其中有证据证明有走私嫌疑的运输工具、货物、物品，海关可以扣留。因此，没有合理的怀疑，海关在监管区和海关附近沿海沿边规定地区以外设卡随意查车是不允许的。本案中，虽然没有证据显示在普通公路上行驶中的挂 33××号集装箱拖挂车载运了进出境货物、物品或者人员，但由于 N 海关根据举报怀疑其有走私行为，经直属海关关长或者其授权的 N 海关关长批准，就可以进行检查。经检查，N 海关掌握了初步证据证明该集装箱拖挂车有涉嫌走私行为，因而，N 海关可以扣留该集装箱拖挂车及其载运的两辆涉嫌走私进口越野车。

案例 1-2 粤渔 06×号渔船涉嫌走私红油案

T 海关关员驾驶缉私艇在珠江口某水域内检查粤渔 06×号渔船，发现该船载运了红色柴油（我国香港专供国际航行船舶使用的保税柴油）28 吨，无任何合法证明，于是将船上人员、渔船及其载运的红色柴油带回 T 海关调查并予以扣留，扣留凭单上加盖了 T 海关的印章。

在海关监管区和海关附近沿海沿边规定地区，无须经过直属海关关长或其授权的隶属海关关长批准，关员有权检查有走私嫌疑的运输工具和有藏匿走私货物、物品嫌疑的场所；但扣留有走私嫌疑的运输工具、货物、物品和走私犯罪嫌疑人，则应当经直属海关关长或者其授权的隶属海关关长批准。本案中，渔船是沿海沿江渔民的渔业生产作业工具，不具有承运进出口货物的资质。粤渔06X号渔船运输依法应当缴纳税款的进口红色柴油，没有相关资质和合法证明，有走私的嫌疑，经直属海关关长或其授权的隶属海关关长批准，T海关可依法扣留。但扣留凭单加盖了T海关印章，就能证明T海关的扣留行为获得了直属海关关长或其授权的隶属海关关长的批准吗？答案是否定的。扣留凭单上加盖了T海关的印章，只能证明该扣留行为是T海关作出的，但并不能证明该扣留行为获得了直属海关关长或其授权的隶属海关关长的批准，除非该扣留凭单上有直属海关关长或者T隶属海关关长的签名或者盖章。

二、估价权力

对进出口货物征收关税和进口环节代征增值税、消费税等税费，是海关的一项重要职责。进出口企业有依法纳税的义务，应当配合海关开展征税管理。但企业通常会遇到这样的困惑：为什么海关经常不按我公司申报的价格进行征税？为什么海关要查阅、复制、审查我公司与进出口货物有关的单证资料？为什么海关在货物征税放行后还要稽查我公司的进出口业务？海关可以这样做吗？

根据《海关法》《进出口关税条例》的规定，海关是关税的征收管理机关，进出口关税由海关以货物的成交价格为基础审查确定，成交价格不能确定的，海关经过价格磋商后，可以依法估定完税价格。为了审查进出口货物申报价格的真实性、准确性、完整性和规范性，海关有权查阅、复制与进出口货物有关的文件、资料，向纳税义务人及其客户进行调查，查询进出口企业的资金往来情况，对进出口货物进行查验、检验、化验，进入纳税义务人的有关场所检查货物和生产经营情况，向税务机关查询了解情况。海关在行使相关职权时，纳税义务人及有关公民、法人或者其他组织应当如实反映情况，提供有关书面资料和电子数据，不得拒绝、拖延和隐瞒，但是如果企业认为海关行使相关权力侵犯其合法权益的，可以通过法律途径寻求救济。为了便于企业了解海关估价的权力，以下列举了一些问题和案例。

问题1.3 进出口关税只能由海关征收吗？

是的。海关是国家进出境监督管理机关，依法征收关税及进口环节代征增值税、消费税等税费，是海关的重要职责之一。进出口关税只能由海关负责征收，其他任何机构不具有征收关税的职责，海关不能将征收进出口关税及进口环节代征增值税、消费税等税费的职责任务，委托给其他任何单位、机构履行。

问题 1.4 海关审查、查阅、复制或者扣留企业与进出口货物有关的单证、账册、资料，企业的商业秘密如何保障？

《海关法》规定，海关工作人员必须秉公执法、廉洁自律、忠于职守、文明服务，不得有泄露国家秘密、商业秘密和海关工作秘密的行为。如果海关在审查、查阅、复制、扣留企业与进出口货物有关的合同、发票、账册、结付汇凭证、单据、业务函电、录音录像制品和其他反映买卖双方关系及交易活动的资料过程中，泄露了企业的商业秘密，企业应当保存证据，可以进行投诉、申诉、控告；造成损失的，企业可以依法申请国家赔偿，要求赔偿由此造成的实际损失。

案例 1-3 常安公司财务账册被封存投诉案

D 海关进入从事进料加工贸易业务的常安公司进行保税核查，封存了该公司的财务账册资料和财务部门的电脑。常安公司向 D 海关的上级海关 H 海关投诉，经审查，H 海关责令 D 海关解除封存措施。

为了审查申报价格的真实性、准确性、完整性和规范性，海关进行价格核查，可以查阅、复制与进出口货物有关的合同、发票、账册、结付汇凭证、单据、业务函电、录音录像制品和其他反映买卖双方关系及交易活动的资料，但是不能实施封存、扣留。海关查阅、复制的单证、账册、资料仅限于与进出口货物有关的范围内，与进出口货物无关的单证、账册、资料，海关无权查阅、复制，更不能封存、扣留。如果进出境运输工具、货物、物品涉嫌违反法律、行政法规，而企业的单证、账册、资料与涉嫌违法的运输工具、货物、物品有关的，海关可以依法扣留，但应当经直属海关关长或者其授权的隶属海关关长的批准才能实施。本案中，D 海关进入常安公司开展加工贸易业务的保税核查，是正常的执法活动，可以查阅、复制与进出口货物有关的单证、账册、资料。但如果常安公司并未涉嫌违法，即使封存行为经过 H 海关关长批准，或者经过 H 海关关长授权的 D 海关关长批准，D 海关封存、扣留常安公司单证、账册、资料和电脑的行为也不符合法定条件，应予撤销或者确认违法。

案例 1-4　肇康公司行政处罚案

肇康公司向 Z 海关申报进口钛白粉颜料 50 吨，其中二氧化钛含量 80%，申报的税号为 32061190（进口关税税率 6.5%），并提供了供货商出具的品质报告。经 Z 海关取样送检化验，实为以其他二氧化钛为基料的制品，二氧化钛含量低于 78%，应归入税号 32061900（进口关税税率 10%）。Z 海关更正了报关单申报项目，按税号 32061900 及对应的税率 10%计征税款，并科处少报税款额等值的罚款。

海关有权对进出口货物进行取样化验，但如果海关检验、化验、鉴定结果与企业提供的检验报告不一致，应以哪一方的结论为准呢？根据《中华人民共和国海关进出口货物商品归类管理规定》的规定，其他化验、检验机构作出的化验、检验结果与海关技术机构或者海关委托的化验、检验机构作出的化验、检验结果不一致的，以海关认定的化验、检验结果为准。企业有异议的，可以在收到结果的 15 天内向海关提出书面复验申请，海关应当组织复验；但已经复验的，不得对同一样品再次申请复验。本案中，肇康公司提交的供货商的检验报告，只能反映货物装运前的实际状态，不能反映货物进口时的实际状态；而海关化验中心的鉴定结论，是根据货物进口时的状态取样送检的，可以反映货物进口时的实际状态，Z 海关应予采纳。

案例 1-5　前山贸易公司不服 X 海关处罚行政诉讼案

前山贸易公司不服 X 海关作出的行政处罚决定，向 X 市中级人民法院提起行政诉讼。原告代理人指出，被告前往原告办公场所，其工作人员未曾穿着制服，未出示工作证件，带走公司会计账册时，未经公司经办人员确认，也未出具任何手续。原告据此无法确认被告向法庭出示的公司有关会计账册是否真实、完整、齐全，也无法确定是否属于原件、模仿件，是否被篡改过，主张其不具有证据效力。该主张获法庭采纳。

海关有权进入纳税义务人的生产经营场所、货物存放场所，检查与进出口活动有关的货物和生产经营情况，进行价格核查。海关工作人员应当规范着装，出示工作证件，表明身份，开启执法记录设备，执法工作人员不得少于 2 人，事后应当制作检查、查验、核查记录；扣留货物、物品的，应当出具扣留凭证和清单。本案中，X 海关工作人员未规范着装，未出示证件表明身份，不符合行政执法的公开性原则。X 海关扣留前山贸易公司的会计账册资料，未经直属海关关长或者其授权的隶属海关关长批准，未出具扣留凭证，扣留凭证未随附清单，也未经该公司负责人或者有关经办人员核对清点签章确认，属于以非法手段取得的证据。对此，法院经过全面客观地审查，作出了不得作为认定案件事实的根据的结论，并在判决书中说明了理由。

三、其他相关权力

长期从事进出口活动的企业通常都可能遇到海关稽查等问题；个别企业经营困难无力缴纳税款，可能会遭遇海关通知银行强行扣款或者将货物拍卖抵缴税款的情形；有些企业还可能遇到海关责令其提供税款担保或者不放行货物以保全税款的情况。因此，企业除了要了解海关的一般权力和估价的权力外，还应当关注海关的以下三项权力：海关税收强制执行、海关税收保全和海关稽查。

（一）海关税收强制执行

海关税收强制执行是指海关根据法律授权，对拒不履行纳税义务的纳税义务人或者其担保人强制征收税款的行为。海关税收强制执行是海关保障国家税收的终极手段，纳税义务人收到海关税款缴款书后，应当在 15 天内缴纳税款；如果超期未缴税，海关会按日征收滞纳税款万分之五的滞纳金，直到税款缴纳完毕为止；如果纳税义务人、担保人超过三个月仍未缴税，经直属海关关长或其授权的隶属海关关长批准，海关可以采取税收强制执行措施，对纳税义务人、担保人未缴纳的税款和滞纳金同时强制执行。强制执行开始前，海关应当以书面形式催告纳税义务人履行纳税义务，纳税义务人收到催告书后有权进行陈述和申辩。对纳税义务人提出的事实、理由和证据，海关应当充分听取，进行记录、复核；纳税义务人提出的事实、理由或者证据成立的，海关应当采纳。经催告，纳税义务人在期限内仍不履行纳税义务，且无正当理由，或者是其提出的事实、理由和证据不成立的，海关可以作出强制执行决定，书面通知纳税义务人开户银行或者其他金融机构从其存款中扣缴税款；或者将应税货物委托公开拍卖，以拍卖款抵缴税款；或者扣留并拍卖纳税义务人的其他财产以抵缴税款。在催告期间，如果纳税义务人有转移或者隐匿财物行为的，海关可以作出立即强制执行的决定。

问题 1.5 缴税期限届满日是星期六、星期日等休息日或者法定节假日，纳税义务人无法到银行缴纳税款，是否意味着已超出缴纳税款的期限？

不是。如果缴税期限届满日是星期六、星期日等休息日或者法定节假日，应当顺延至休息日或者法定节假日之后的第一个工作日；如果国务院临时调整休息日与工作日，海关应当按照调整后的情况计算缴税期限。另外，即使是在休息日或者节假日，企业仍可以通过网上银行转账等方式及时缴纳税款，以避免产生超期、滞纳等情形。

案例 1-6　保德利公司申请延期纳税案

保税物流园区内企业保德利公司从事保税仓储业务，因遭遇强台风袭击，生产经营设施受到严重破坏，其出区货物不能按期缴纳税款，保德利公司向B海关申请延期纳税并以部分区内货物交海关封存作为税款担保，B海关经审查后同意其延期缴纳税款六个月。

纳税义务人应当自海关填发海关税款缴款书之日起15天内缴纳税款，但如果纳税义务人遇到不可抗力，或者遇到国家税收政策调整而不能按期缴纳税款，经提供担保后，可以延期缴纳税款，但是最长不得超过六个月。本案中，保德利公司遭遇强台风的不可抗力，符合申请延期缴纳税款的法定条件，经书面申请并提供担保，海关可以同意其延期缴纳税款。

案例 1-7　保德利公司税款强制执行案

保税物流园区内企业保德利公司超过六个月担保期限仍未缴纳税款，B海关以书面催告函通知其缴纳税款。保德利公司回复称，企业遭遇了强台风的不可抗力，损失惨重，暂时无力缴税，要求继续延期缴税。B海关认为，保德利公司所述虽然属实，但其已获得了延期纳税，现延期缴税的期限已经届满，保德利公司所提理由不符合法定条件，应依法缴纳税款，因此，B海关未采纳保德利公司再次延期纳税的请求。催告期满后，B海关作出强制执行决定，委托拍卖行拍卖担保货物抵缴税款。

被担保人在规定的期限内未履行有关法律义务，海关可以依法从担保财产、权利中抵缴。本案中，纳税义务人保德利公司超过规定的延期纳税期限仍未缴纳税款，B海关应当采取税收强制执行措施，依法拍卖保德利公司提供的税款担保物，以拍卖所得抵缴税款。如果抵缴税款后仍有余款，应将余款退还纳税义务人；如拍卖所得不足以抵缴全部应缴税款，B海关还可以委托拍卖保德利公司的其他财产以抵缴税款。

（二）海关税收保全

海关税收保全是指海关为了防止税收流失而对纳税义务人采取的临时性税款保障措施。如果海关在出具海关税款缴款书或者发出海关补税通知书之后，发现纳税义务人有明显规避纳税的行为，可以责令其提供担保；如果纳税义务人不能提供，则海关可以采取不放行货物、通知纳税义务人开户银行暂停支付税款等值的存款、扣留纳税义务人的财产等税收保全措施。如果纳税义务人在规定的纳税期限内缴纳税款，海关应当立即解除税收保全措施；期限届满纳税义务人仍未缴纳税款的，经海关关长批准，海关可以用税收保全的财产或者权利抵缴税款。

问题 1.6 什么是“有明显地规避纳税的行为”？

“有明显地规避纳税的行为”是指进出口货物的纳税义务人在规定的纳税期限内有明显地转移、藏匿其应税货物以及其他财产迹象的情形。在此情形下，为了保障进出口税款的征收，海关应当不放行货物，或者责令纳税义务人提供税款担保，纳税义务人不能提供担保的，海关可以通知纳税义务人开户银行暂停支付与税款等值的存款，或者扣留纳税义务人的其他财产。

问题 1.7 为什么法律要赋予海关税收保全措施的权力？该权力的行使有无限制？

海关是进出口关税的征收管理机关，为了保证税款及时、完整入库，国家必须赋予海关税款保全的相关权力。海关采取税收保全措施，应以保障税款安全、及时、完整入库为限，不得超出规定的条件和范围实施税收保全措施，纳税义务人缴纳税款后，海关应当及时解除保全措施；由于未及时解除税收保全措施而造成企业损失的，海关应当依法赔偿实际损失。

问题 1.8 海关税收保全措施有哪些方式？

海关税收保全措施主要有以下三种方式：(1) 责令纳税义务人提供担保；(2) 书面通知纳税义务人开户银行或者其他金融机构暂停支付纳税义务人相当于应纳税款的存款；(3) 扣留纳税义务人价值相当于应纳税款的货物或者其他财产。

问题 1.9 进出口货物税款担保有哪些形式？

纳税义务人可以以海关依法认可的财产、权利为进出口货物提供担保，一般应当采取保证金或者金融机构、保险公司保函等方式，担保金额不得超过可能承担的最高税款总额，担保期限不得短于海关要求的纳税期限。

案例 1-8 高光公司进口减免税货物申请税款担保案

高光公司向主管海关 T 海关申请办理进口货物减免税审核确认手续，手续尚未办结，进口货物已经到港，高光公司向 T 海关申请先予放行货物。T 海关经审查，制发了中华人民共和国海关准予办理减免税货物税款担保通知书（以下简称“准予办理减免税货物税款担保通知书”，并通知申报地海关 Q 海关准予凭担保放行货物。Q 海关凭 T 海关制发的担保通知书以及高光公司提供的银行保函，办理了减免税货物的税款担保和提前放行手续。高光公司在减免税货物税款担保期限届满前取得了T海关签发的中华人民共和国征免税确认通知书，Q海关据此解除了税款担保。

进出口货物的有关海关手续尚未办结，经申请人提供担保，可以要求海关提前放行货物。本案中，高光公司进口货物的减免税确认手续正在办理中，通过向T海关提供担保，申请Q海关提前放行已经进口的货物，应由T海关进行审查批准，制发准予办理减免税货物税款担保通知书，通知Q海关办理；Q海关应凭T海关制发的准予办理减免税货物税款担保通知书以及高光公司提供的担保，办理减免税货物的税款担保和货物提前放行手续。如果高光公司的申请不符合有关规定，则T海关应当制发中华人民共和国海关不准予办理减免税货物税款担保通知书，并通知Q海关。

（三）海关稽查和补征、追征税款

海关稽查是指海关自进出口货物放行之日起三年内或者在保税货物、减免税进口货物的海关监管期限内及其后的三年内，对与进出口货物直接有关的企业、单位的会计账簿、会计凭证、报关单证以及其他有关资料和有关进出口货物进行核查，监督其进出口活动的真实性和合法性的执法行为。进出口货物在放行后的三年内，保税货物、减免税进口货物在海关监管期限内及其后的三年内，海关可以对进出口企业实施稽查。对发现少征、漏征税款的，海关可以自缴纳税款或者货物放行的一年内补征；如果属于纳税义务人违反规定造成少征或者漏征的情形，海关可以在三年内追征。

问题1.10 海关如何开展稽查执法？

一般情况下，海关应当提前三天向被稽查企业发出海关稽查通知书；在紧急情况下，也可以不事先通知。海关稽查人员不得少于两人，并应当出示海关稽查证。海关实施稽查活动，可以进入被稽查企业的生产经营场所、货物存放场所，查阅、复制账簿、单证等有关资料，检查与进出口活动有关的生产经营情况和货物，询问被稽查企业的法定代表人、主要负责人员和其他有关人员与进出口活动有关的情况和问题，也可以委托会计、税务等方面的专业机构就相关问题作出专业结论，但不得妨碍被稽查企业正常的生产经营活动。稽查结束，海关应当向被稽查企业制发稽查结论。

问题1.11 海关如何补征、追征税款？

海关补征或者追征税款，应当制发海关补征税款告知书，纳税义务人应当自收到海关补征税款告知书之日起15天内到海关办理补缴税款的手续。纳税义务人未在期限内办理补税手续的，海关在规定期限届满之日填发海关税款缴款书；根据有关规定需加收滞纳金的，海关另行加收自缴款期限届满之日起至缴清税款之日止滞纳税款的滞纳金。

问题 1.12 海关稽查与追征税款的期限重叠，是否意味着：如果海关在货物放行后三年内实施稽查，在作出稽查结论并决定补征或者追征税款时，可能存在已部分超出补征、追征税款期限的情形？

海关稽查的期间与进出口货物补征、追征税款的期限有重叠，因此，不但海关稽查应当在货物放行后的三年内实施，而且少征、漏征税款的认定结论和补征、追征税款的决定也应当在此期限内作出，否则就有可能发生部分超出法定期限无效的行政行为。就单独的进口货物而言，如果海关通过稽查在进出口货物放行的三年后才作出补征、追征税款的决定，确实会超出货物放行后的一年补征税款的期限和三年追征税款的期限，该补征、追征税款行为可能会构成了无效的行政行为。但是，如果纳税义务人属于履行同一合同分多批次进出口相同货物的情形，企业进出口货物被视为连续性、持续性的行为，只要海关补征、追征税款时尚未超出最后一批货物放行后的一年补征期限或者三年追征期限的，该补征、追征行为仍然可能合法有效。

案例 1–9 对普能公司稽查追征税款案

N 海关稽查普能公司近三年的进出口情况，稽查结论认为，其进口复印机零部件所含的商标使用费未申报，也未计入进口货物的成交价格，造成海关漏征税款 860 万元人民币（以下简称“元”）。N 海关作出稽查结论后，依法追征三年来漏缴税款 860 万元。

进出口货物放行后三年内，海关可以对收发货人实施稽查；发现少征、漏征税款的，海关可以补征或者追征。本案中，N 海关有权对普能公司近三年的进出口情况进行稽查，发现普能公司未申报与进口货物有关的商标使用费，造成海关漏征税款，N 海关有权进行追征。但由于海关追征税款的期限也是货物放行后的三年内，与海关稽查的时间范围重叠，而稽查一般会持续数月之久，所以 N 海关作出稽查结论认定少征、漏征税款并决定补征或者追征税款时，有可能会出现对部分进出口货物的补征或者追征税款超出法定期限的状况。

第二节　企业纳税的义务

《海关法》规定，进口货物的收货人、出口货物的发货人、进出境物品的所有人，是关税的纳税义务人，有依法缴纳进出口关税的义务。本节介绍企业的纳税义务。

一、申报义务

进出口货物的收发货人是关税的纳税义务人，有如实申报进出口货物情况、依法缴纳进出口关税及进口环节海关代征税的义务。在申报进出口货物时，企业应当按照规定的时间期限、方式、渠道和要求进行申报，其中进口货物应当自运输工具申报进境之日起 14 天内，出口货物应当在货物运抵海关监管区后、装货的 24 小时前，由进出口货物的收发货人或者其代理人，按照《中华人民共和国海关进出口货物报关单填制规范》（以下简称《报关单填制规范》）的要求，以电子数据报关单方式或者以纸质报关单方式，向海关申报，并提交与进出口货物有关的合同、发票、装箱清单、运输单证、支付凭证、许可证件、代理报关授权委托书等随附资料。

问题 1.13 什么是申报？进出口货物应当如何申报？

申报是指进出口货物的收发货人、受委托的报关企业，依照《海关法》以及有关法律、行政法规和海关规章的要求，在规定的期限、地点，采用电子数据报关单或者纸质报关单形式，向海关报告实际进出口货物的情况，并且接受海关审核的行为。进出口货物可以由收发货人自行申报，也可以委托报关企业代理申报；一般应采取传输电子数据的方式申报，经海关同意也可以采取纸质方式进行申报；通常应按进出口货物的批次进行申报，经批准也可以进行集中申报。

问题 1.14 自行申报或者委托申报分别有什么具体要求？

进出口货物的收发货人，可以自行向海关申报，也可以委托报关企业向海关申报。以自己的名义向海关申报的，报关单应当由收发货人签名盖章，并且随附有关单证；报关企业接受收发货人委托，以自己的名义或者以委托人的名义向海关申报的，应当向海关提交由委托人签署的授权委托书，并且按照委托书的授权范围办理有关海关手续。报关企业接受收发货人委托办理报关手续的，应当与收发货人签订有明确委托事项的委托协议，收发货人应当向报关企业提供委托报关事项的真实情况；报关企业接受收发货人的委托，办理报关手续时，应当对委托人所提供情况的真实性、完整性进行合理审查；报关企业未对进出口货物的收发货人提供情况的真实性、完整性履行合理审查义务或者违反海关规定申报的，应承担相应的法律责任。

问题 1.15 进出口货物的申报应采取什么方式？

进出口货物的申报应采用电子数据报关单申报形式或者纸质报关单申报

形式，二者均具有法律效力。电子数据报关单申报形式是指进出口货物的收发货人、受委托的报关企业通过计算机系统按照《报关单填制规范》的要求向海关传送报关单电子数据并且备齐随附单证的申报方式。纸质报关单申报形式是指进出口货物的收发货人、受委托的报关企业，按照海关的规定填制纸质报关单，备齐随附单证，向海关当面递交的申报方式。

进出口货物的收发货人、受委托的报关企业应当以电子数据报关单形式向海关申报，特殊情况下经海关同意，允许先采用纸质报关单形式申报，电子数据事后补报。补报的电子数据应当与纸质报关单内容一致。在向未使用海关信息化管理系统作业的海关申报时可以采用纸质报关单申报形式。

问题 1.16　企业进出口货物申报错误，会产生什么法律后果？

不同类型的申报错误，面临的法律后果也不同。(1) 报关人员操作或者书写失误，经书面申请和海关认可，可以修改或者撤销报关单及其内容；海关发现进出口货物报关单需要修改或者撤销的，可以主动修改或者要求当事人修改或者撤销。(2) 进出口货物的品名、税则号列、数量、规格、价格、贸易方式、原产地、启运地、运抵地、最终目的地或者其他应当申报的项目未申报或者申报不实，不影响海关统计准确性、海关监管秩序、国家许可证件管理、税款征收、外汇或者出口退税管理的，不予处罚；影响海关统计准确性、海关监管秩序、国家许可证件管理、税款征收、外汇或者出口退税管理的，由海关处以罚款；有违法所得的，没收违法所得。(3) 以瞒报、伪报等方式逃避海关监管，进出口国家禁止、限制或者应税的货物，构成走私行为的，由海关没收走私货物及违法所得，可以并处罚款；构成犯罪的，依法追究刑事责任。(4) 法定检验检疫进出口商品未按规定报检的，按照进出口商品检验检疫的有关规定处理；构成犯罪的，依法追究刑事责任。

案例 1-10　精玖公司进口塑料申报不实行政处罚案

精玖公司向 D 海关申报进口聚丙烯 100 吨，而实际进口数量为 103 吨。这一行为影响税款征收，被 D 海关罚款 6000 元。进口货物应按照实际进口数量计征税款。

进出口货物应当如实申报，依法缴纳关税和进口环节海关代征税。本案中，精玖公司少报进口聚丙烯的数量，违反了如实申报的法定义务，且影响国家税款征收，构成了进出口货物数量申报不实的违反海关监管规定的行为，海关除了给予罚款的行政处罚外，还应纠正报关单的申报数量，依法按照实际进口数量计征税款。需要指出的是，如果散装进出口货物溢装数量在合同、发票标明数量 3% 以内，或者短装的，海关会根据审定的货物单价，按照合同、发票标明数量计征税款，一般不予处罚；如果溢装数量超过合同、发票标明数量3%的，海关按照实际进出口数量计征税款，构成申报不实或者伪、瞒报的，还会依照《中华人民共和国海关行政处罚实施条例》进行处理。非散装进出口货物不适用前述规定。

二、纳税义务

企业从事国际贸易业务，就会涉及货物通关和纳税等问题。其中，进出口货物可能缴纳的税款包括：进口关税、出口关税、进口环节增值税、进口环节消费税、反倾销税、反补贴税等。纳税义务人应当在收到海关开出的海关税款缴款书或者海关补征税款告知书之日起15天内缴清税款。如果纳税义务人未按期缴纳税款，从滞纳税款之日起，海关会按日加收滞纳税款万分之五的滞纳金，并可以对纳税义务人欠缴税款的情况予以公告。

问题 1.17 进出口货物的关税纳税义务人具体是哪些范围？

进出口货物的关税纳税义务人是指对外签订合同，将货物进口到境内或者出口到境外，依法应当向海关缴纳进出口关税的企业、单位或者个人，一般是指向海关申报时随附商业运输单证上的进口货物的收货人或者出口货物的发货人。例如，进口提单中的收货人、出口装箱单中的发货人等。

问题 1.18 进出口货物的纳税义务人应当履行哪些具体的义务？

主要包括：（1）如实申报，如实申报进出口货物的商品名称、税号、规格型号、价格、运保费及其他相关费用、原产地、数（重）量等报关单项目，必要时进行补充申报；（2）提供资料，提供有关确定完税价格、进行商品归类、确定原产地以及采取反倾销、反补贴或者保障措施等所需的资料，如资料为外文，海关需要时，还应提供译文；（3）配合义务，配合海关查验、检验、化验鉴定进出口货物以及进行核查价格、检查场所和查阅、复制单证资料等作业；（4）纳税义务，在规定的期限内缴清税款；（5）保管义务，妥善保管与进出口货物有关的合同、发票、运输单证、收付汇凭证等单证资料不少于三年，以备海关核查、调查、稽查。

问题 1.19 企业因故不方便缴纳税款，应怎么办？

可以通过担保申请延期纳税或者先放行货物。纳税义务人因不可抗力或者国家税收政策调整不能按期缴纳税款时，经提供税款担保后，可以向海关办理延期缴纳税款手续。有以下情形，按照海关初步确定的应缴税款提供足额税款担保后，可以申请先放行货物：（1）海关尚未确定商品归类、完税价格、原产地；（2）未办结海关减免税审核确认手续；（3）正在办理延期缴纳税款手续；(4) 暂时进出境；(5) 进境修理和出境加工；(6) 残损、品质不良或者规格不符，纳税义务人申报进口或者出口无代价抵偿货物时，原进口货物尚未退运出境或者尚未放弃交由海关处理，或者原出口货物尚未退运进境；(7) 其他按照有关规定需要提供税款担保的情形。税款担保期限一般不超过六个月，特殊情况需要延期的，应当经主管海关核准；税款担保一般应当为保证金、银行或者非银行金融机构的保函，其中，银行或者非银行金融机构的税款保函，其保证方式应当是连带责任保证。

问题 1.20 纳税义务人违反纳税义务，有何法律后果?

主要包括：(1) 如超期缴税，会被征收滞纳金；严重超期的，会被强制执行；欠税情况可能被海关公告，严重影响商誉。(2) 如因违反规定造成海关少征或者漏征税款的，海关可以自缴纳税款或者货物放行后三年内追征。(3) 如因未申报或者申报不实影响国家税款征收的，海关按漏税额 30% 至 2 倍进行罚款，并没收违法所得。(4) 如因违反规定致使海关不能或者中断监管的，按货值 5% 至 30% 罚款，并没收违法所得；还造成漏税的，按漏税额 1 倍以下进行罚款。(5) 如通过走私偷逃税款的，没收走私货物及违法所得，可以并处偷税额 3 倍以下罚款；构成犯罪的，追究刑事责任。

案例 1-11 民赢公司委托领英公司进口货物申报纳税案

民赢公司没有进出口经营权，领英公司有进出口经营权。民赢公司委托领英公司代理进口以下货物：(1) 领英公司对外签订合同并将化妆品进口到境内，交付给民赢公司；(2) 民赢公司与领英公司共同对外签订合同并将机械设备进口到境内；(3) 民赢公司对外签约进口服装并履行合同义务，由于民赢公司没有进出口经营权，委托领英公司以其名义申报进口。

进出口货物的收发货人，是进出口关税的纳税义务人。虽然《海关法》没有对进出口货物的收发货人进行定义，但在实际操作中，收发货人一般是指对外签订合同，将货物进口到境内或者出口到境外的企业。在本案中，民赢公司委托领英公司进口货物，领英公司对外签订合同并将化妆品进口到境内，交付给民赢公司，领英公司实施了对外签约并将化妆品进口到境内的行为，领英公司是进口化妆品的收货人和关税的纳税义务人，而民赢公司不是。其次，民赢公司与领英公司共同对外签订合同并将机械设备进口到境内，因此，民赢公司和领英公司对外是进口机械设备的共同收货人和进口关税的共同纳税义务人，而对内则是委托代理关系。另外，民赢公司对外签约进口服装，是进口服装的收货人和关税的纳税义务人，由于民赢公司没有进出口经营权，故需要委托领英公司代理其向海关申报进口，因此，尽管领英公司是名义上的进口单位，但由于民赢公司实际承担了进口服装合同的所有义务，因此，海关仍应将民赢公司视为进口货物的纳税义务人。

案例 1-12 对港发公司证收滞纳金案

港发公司经营进料加工毛衣业务，其向 F 海关申报内销保税毛衣 3000 件，F 海关于 2022 年 1 月 18 日出具海关税款缴款书，港发公司于 2 月 11 日缴纳税款。由于港发公司超出了规定的 15 天纳税期限，F 海关依法征收了滞纳金。

如果缴税期限届满日是星期六、星期日等休息日或者法定节假日，缴税期限应当顺延至休息日或者法定节假日之后的第一个工作日。本案中，港发公司于 2022 年 1 月 18 日签收海关税款缴款书，纳税期限届满日为 2 月 2 日，因 2022 年 1 月 31 日至 2 月 6 日是春节假期，纳税期限应顺延至 2 月 7 日。由于港发公司于 2 月 11 日才缴纳税款，产生了四天的滞纳期间，因此，F 海关除了征收税款外，还应当按天征收万分之五的滞纳金。

三、其他义务

（一）提交单证

进出口货物的收发货人、受委托的报关企业除了应当如实申报以外，还应当按海关要求提交发票、合同、提单、装箱清单等单证。如果海关要求解释、说明情况或者补充材料，收发货人应当及时进行说明，提供与货物买卖有关的支付凭证以及证明申报价格真实、准确的其他商业单证、书面资料和电子数据。如果货物买卖中发生了价格调整或者运输及其相关费用，需要分摊计算的，还应当根据商业惯例、公认的会计原则和客观量化的数据进行分摊，并提供分摊的依据。

问题 1.21 纳税义务人申报进出口货物情况时，应当向海关提交哪些单证、资料？

纳税义务人向海关申报时，应当如实向海关提供发票、合同、提单、装箱清单等单证；根据海关要求，纳税义务人还应当如实提供与货物买卖有关的支付凭证以及证明申报价格真实、准确的其他商业单证、书面资料和电子数据；如果海关以成交价格为基础确定进口货物的完税价格，纳税义务人还应当申报未包括在该货物实付、应付价格中但应当计入完税价格的成本、费用或者价值，并提供前述成本、费用或者价值的客观量化数据资料。纳税义务人通过中国国际贸易单一窗口平台进行无纸化申报时，可以简化提供有关单证、资料。

问题 1.22 纳税义务人应如何提供海关估价所需的进出口货物的单证、资料？

纳税义务人向海关申报时，应当根据进出口货物的报关要求，通过海关信息化管理系统向海关传输报关单随附的发票、合同、提单、装箱清单等单证；如海关要求，还应当传输与货物买卖有关的支付凭证以及证明申报价格真实、准确的其他商业单证、书面资料和电子数据。如海关认为需要验证纸质单证、资料的，纳税义务人应当前往提供，纸质单证、资料需纳税义务人或者代理人签字或者盖章确认。

案例 1-13 云凯公司进口化学品试剂估价案

云凯公司向J海关申报进口某类型化学品试剂，J海关对申报价格的真实性、准确性、完整性和规范性有疑问，发出海关价格质疑通知书。该公司在五日内向J海关提交了合同、发票、装箱清单、银行付款凭证、外汇部门核销单、公司财务会计记录以及卖方确认收款的电子邮件等单证资料，J海关审查后予以认可。

纳税义务人向海关申报时，应当如实向海关提供发票、合同、提单、装箱清单等单证。根据海关要求，纳税义务人还应当如实提供与货物买卖有关的支付凭证以及证明申报价格真实、准确的其他商业单证、书面资料和电子数据。本案中，云凯公司收到J海关质疑后，在规定期限内提供了与进口化学品试剂有关的完整商业单证和书面资料，并获得了J海关的认可。如果云凯公司未提供有关单证和资料、未能在海关规定期限内提供，或者提供单证和资料后仍不能排除海关的合理怀疑，则J海关会不接受申报价格，另行估价。

（二）补充申报

如果纳税义务人以报关单及随附单证进行申报，仍不能满足海关审查确定进出口货物完税价格的需要，应海关要求，或者纳税义务人认为有必要，可以进行补充申报。纳税义务人进行补充申报，应当如实填报补充申报单，以电子数据传输方式通过海关信息化管理系统向海关申报；不能采用电子数据方式补充申报的，可以报送纸质补充申报单，并随附有关单证、资料和证据。

问题 1.23 在哪些情况下，进出口货物纳税义务人应当补充申报？

纳税义务人认为需要补充申报时，或者海关要求纳税义务人补充申报时，纳税义务人应当对进出口货物进行补充申报。在通常情况下，纳税义务人认为需要对进出口货物的申报价格、商品归类、原产地等内容作进一步说明的，可以进行补充申报；海关要求纳税义务人对申报价格、收付汇等情况通过补充申报方式作进一步说明时，企业应当作补充申报。

问题 1.24 进出口货物的纳税义务人应当如何进行补充申报？

纳税义务人、受委托的报关企业对进出口货物进行补充申报时，应当如实填写补充申报单，以电子数据方式通过海关信息化管理系统向海关传输，或者以纸质方式向海关递交，同时提交支持补充申报单的与进出口货物有关的单证、资料。

案例 1-14 联达公司进口板材估价案

联达公司向 W 海关申报进口板材一批，境外卖方为香港港达公司。W 海关怀疑买卖双方存在特殊关系且可能影响成交价格，向联达公司发出海关价格质疑通知书。联达公司填报了补充申报单，并向 W 海关声明，其与进口货物的境外卖方港达公司不存在特殊关系，进口货物的处置和使用未受到限制，也未受到使价格难以确定的因素的影响，进口货物的价格不存在确定完税价格需要调整的项目、因素。

应海关要求，或者纳税义务人认为有必要时，纳税义务人应当填写补充申报单，对进出口货物进行补充申报。本案中，面对 W 海关的质疑，联达公司通过提交补充申报单的方式，对其进口板材买卖双方的关系进行了补充申报，消除了 W 海关的合理怀疑，货物以成交价格为基础确定了完税价格并完成了报关纳税手续，顺利通关。

（三）保存单证、账册、资料

由于海关有权对企业进行稽查，因此，企业应当依照法律法规规定，保存与进出口货物有关的单证、账册、资料。与进出口货物直接有关的企业、单位，应当依法编制财务会计账册，保存与进出口货物有关的单证、资料，以备海关稽查、核查、调查、检查。

问题 1.25 进出口企业应当如何制作会计资料？

与进出口货物直接有关的企业、单位应当依法设置、编制会计账簿、会计凭证、会计报表和其他会计资料，真实、准确、完整地记录和反映进出口业务的有关情况；会计制度健全，能够通过计算机正确、完整地记账、核算的，其计算机储存和输出的会计记录视同会计资料。

问题 1.26 进出口企业应当如何保存会计资料？

与进出口货物直接有关的企业、单位应当依照有关法律、行政法规规定的保管期限，保管会计账簿、会计凭证、会计报表和其他会计资料，其中报关单证、进出口单证、合同以及与进出口业务直接有关的其他资料，应当保存的期限不少于进出口货物放行之日起三年或者在保税货物、减免税进口货物的海关监管期限内及其后的三年。

问题 1.27 进出口企业不按要求制作、保存会计资料有什么法律后果？

进出口企业未按照规定编制或者保管报关单证、进出口单证、合同以及与进出口业务直接有关的其他资料的，由海关责令限期改正，逾期不改正的，由海关处 1 万元以上 5 万元以下的罚款；情节严重的，撤销其报关备案；对负有直接责任的主管人员和其他直接责任人员处 1000 元以上 5000 元以下的罚款。未按照规定设置或者编制账簿的，或者转移、隐匿、篡改、毁弃账簿的，依照《中华人民共和国会计法》的有关规定追究法律责任。

（四）配合海关查验、检查、核查、稽查

配合海关执法是企业的法定义务。进出口货物通关时，海关需要查验、检验进出口货物的，企业应当派人到场，负责搬移货物，开拆和重封货物的包装。海关对申报价格有疑问的，企业应当在规定期限内作进一步书面说明，提交有关单证资料；海关核查、稽查进出口企业时，企业应当予以配合，并提供方便。

问题 1.28 进出口企业应当如何配合海关查验进出口货物？

进出口货物应当接受海关查验。海关查验货物时，进口货物的收货人、出口货物的发货人或者其委托的报关企业应当派人到场，并负责搬移货物，开拆和重封货物的包装。企业不配合海关查验进出口货物的，不影响海关实施查验。海关认为必要时，可以径行开验、复验货物或者提取货样。

问题 1.29 进出口企业应当如何应对海关价格核查？

海关为审查申报价格的真实性、准确性、完整性和规范性，进行价格核查时，纳税义务人及有关公民、法人或者其他组织应当如实反映情况，提供有关书面资料和电子数据，不得拒绝、拖延和隐瞒。纳税义务人或者其代理

人收到海关发出的海关价格质疑通知书的，应当在五个工作日内，以书面形式提供相关资料或者其他证据，证明其申报价格真实、准确、完整和规范或者买卖双方之间的特殊关系未影响成交价格；有正当理由无法在规定时间内提供有关资料的，可以在规定期限届满前以书面形式向海关申请延期，但延期不得超过十个工作日。

问题 1.30 进出口企业应当如何配合海关稽查、核查？

海关到进出口企业实施稽查、核查，查阅、复制被稽查人的账簿、单证等有关资料或者进入被稽查人的生产经营场所、货物存放场所检查时，被稽查人的法定代表人、主要负责人员或者其指定的代表应当到场，并按照海关的要求清点账簿、打开货物存放场所、搬移货物或者开启货物包装，配合海关清点货物，解答海关有关问题。

第三节 企业权利的保障

海关有对进出口货物征收关税的权力，纳税义务人有缴纳税款的义务，但并不代表纳税义务人只能被动应付和承受，法律赋予纳税义务人一定的权利，以平衡海关的征税权力与纳税义务人的纳税义务。本节介绍纳税义务人权利的保障。

一、知情权

知情权是指知悉、获取信息的自由和权利。根据行政法的一般原理，如果行政机关需要作出对相对人不利的行政行为，应当告知其事实、理由和依据。在审查确定进出口货物完税价格计征税款的过程中，如果海关需要进行价格质疑、价格磋商、决定征收或者强制执行，应当在作出前述行为时，以适当方式通知纳税义务人，使纳税义务人及时知悉实情，做好配合工作。

问题 1.31 法律对纳税义务人的知情权作了哪些具体规定？

主要规定包括：如果海关对进出口货物的申报价格有怀疑，应当向纳税义务人制发海关价格质疑通知书；如果海关需要进行价格磋商，应当发出海关价格磋商通知书；如果海关作出征税决定，应当填制海关税款缴款书；如果海关作出补征、追征决定，应当发出海关补征税款告知书；如果纳税义务人要求海关就如何确定完税价格作出说明的，海关应当制作海关估价告知书；如果海关作出强制执行征税决定，应当发出强制执行决定书。

问题 1.32 如果海关没有让纳税义务人获得法律赋予的知情权，

会产生哪些法律后果？

依法获得官方的相关信息，是相对人履行法定义务的基本前提。如果海关没有依法行使法定职权，让纳税义务人获取相关纳税信息，可能导致行政行为违法或者无效。例如，若海关未经价格质疑或者磋商就以成交价格估价方法以外的其他方法确定完税价格，未经填制和发出海关税款缴款书、海关补征税款告知书就征收税款，未经催告就作出强制执行征税决定，都可能导致行政行为违法或者无效。

问题 1.33 纳税义务人可以通过什么方式获得知情信息？

一般情况下，行政相对人通过行政机关的告知获得知情信息。进出口货物的纳税义务人一般可以通过海关的口头告知或者书面通知等方式获得纳税方面的信息。法律、行政法规、海关规章对海关告知、通知的方式有具体规定的，海关应当按照法律、行政法规、海关规章明确规定的要求告知、通知纳税义务人。例如，海关作出征税决定，应当填制海关税款缴款书；作出补征、追征决定，应当发出海关补征税款告知书。

问题 1.34 纳税义务人应通过什么方式行使知情权？

行政相对人可以通过主动或者被动的方式行使法律赋予的知情权。主动方式是指相对人主动要求而知悉行政机关公开的其制作、获得的政府信息，被动方式是指相对人通过行政机关公告或者口头告知、书面通知被动地知悉有关政府信息。一方面，进出口货物的纳税义务人可以主动要求海关公开其制作或者收集的政府信息，例如，如果纳税义务人要求海关就如何确定完税价格作出说明，海关应当按照纳税义务人的要求，制作海关估价告知书，告知纳税义务人确定完税价格的事实、理由和依据；另一方面，纳税义务人也可以通过海关公告、口头告知、书面通知等方式，被动知悉海关质疑、磋商、征收、执行等信息。

二、陈述、申辩权

陈述、申辩权是指行政相对人根据行政主体的行为陈述情况和进行辩解的权利。进出口货物的纳税义务人对海关征税过程中作出的价格质疑、价格磋商、责令担保、税收保全、征税决定、强制执行等行为，有权陈述自己的意见、观点，进行解释、说明、辩解，海关应当充分听取纳税义务人的意见并记录在案，对纳税义务人的陈述、申辩意见符合相关规定的，应当予以采纳；不予采纳的，应当说明理由、依据。

问题 1.35　纳税义务人在海关征税过程中如何进行陈述、申辩？

进出口货物的纳税义务人在海关征税过程中，可以以主动或者被动的方式陈述自己的意见、观点。主动方式是指纳税义务人通过主动申报、补充申报、提交单证资料或者书面说明等的方式表达意见和观点，被动方式是指纳税义务人根据海关要求通过补充申报、补充提交单证资料或者书面说明等的方式表达意见和观点。法律、行政法规、海关规章中对纳税义务人陈述意见、表达观点有具体要求的，纳税义务人应当按照规定的具体要求进行陈述意见、表达观点；法律、行政法规、海关规章或者海关没有明确、具体要求的，纳税义务人可以用自己认为合适的方式来陈述意见、表达观点，但一般应尽可能以书面方式进行，以便日后备查、举证。

案例 1-15　神英公司不服 L 海关征税决定申请复议案

神英公司向 L 海关申报进口饼干一批，L 海关对申报价格有疑问，发出了海关价格质疑通知书。神英公司提交书面说明后，L 海关未予理会。在磋商期间，神英公司再次提交书面说明提出申辩意见，海关也未接受。最后，L 海关以相同货物成交价格法确定完税价格。神英公司不服，向上一级海关 M 海关申请行政复议。M 海关经过审查，撤销了 L 海关的原征税决定，责令其重新作出征税决定。

海关对进出口货物的申报价格有怀疑，有权进行价格质疑，纳税义务人提交书面说明后，海关应当进行审查。纳税义务人提出的意见符合法律规定的，海关应当采纳。本案中，L 海关在价格质疑、磋商过程中，未依法听取、审查和回答神英公司提出的陈述、申辩意见，违反了海关估价的法定程序，导致其拒绝申报价格的理由和依据不足，最终被确认违法，由上一级海关 M 海关撤销原征税决定并责令依法重新作出新的征税决定。

案例 1-16　百通公司进口红酒估价案

百通公司申报以铁路运输方式进口匈牙利红酒一批，C 海关审查认为其申报的运费明显偏低，经审核随附合同，发现合同约定该货物以海上运输方式进口。经价格质疑，百通公司提交了书面说明、买卖双方往来电子邮件以及有关运输单证资料，证明因苏伊士运河发生轮船搁浅造成堵塞，出口商为保证及时交付货物，改为铁路运输，增加的运输及其相关费用由出口商负担。C 海关审查后仍按申报的海上运输费用计算完税价格。

行政机关应当充分听取相对人的陈述、申辩意见，对符合法律规定的，应当予以采纳。本案中，C海关充分听取了百通公司的陈述意见，证明其申报属实。虽然百通公司进口的红酒通过铁路运输进口，但由于其仍按合同约定支付海上运输费，增加的铁路运输及其相关费用由出口商承担，百通公司支付的海上运输费符合实付、应付的价格条件，故C海关确定完税价格时，应计入海上运输费而不是铁路运输费。

三、复议、诉讼权利

进出口货物的纳税义务人不服海关作出的估价决定，可以在法定期限内向上一级海关申请行政复议；对复议决定不服的，还可以依法提起行政诉讼。因海关估价引发的行政复议和行政诉讼，我们将在第六章第一、二节作详细介绍。

问题1.36 纳税义务人不服海关征税决定，是否必须缴纳税款才能申请行政复议或者提起行政诉讼？

不是。《海关法》规定，纳税义务人同海关发生纳税争议时，应当缴纳税款，并可以依法申请行政复议。依法纳税是纳税义务人的法定义务，但不是复议机关或者人民法院不予受理的法定事由，故复议机关不会因复议申请人未缴纳税款而不予受理，人民法院也不会因未缴纳税款而不予受理。只要符合法定受理条件，复议机关或者人民法院都应当受理。纳税义务人申请纳税复议或者提起行政诉讼，仍应当缴纳税款，是指原征税行为在行政复议或者行政诉讼期间一般不停止执行，如果纳税义务人拒不履行纳税义务，海关可以采用征收滞纳金、税款保全、税收强制执行、公告纳税义务人欠税情况等措施。

案例1-17 欧日公司不服G海关征税决定复议诉讼案

G海关经过对欧日公司开展稽查，认为其单独向境外支付的商标使用费与进口零部件有关，且构成了进口零部件向我国境内销售的条件，应计入进口零部件的完税价格，决定追征税款7200万元。欧日公司不服，向上一级海关A海关申请复议，A海关经审查作出了维持原追征税款的复议决定，欧日公司以G海关和A海关为共同被告提起行政诉讼。

纳税义务人与海关发生纳税争议，应当缴纳税款，可以向上一级海关申请行政复议，对复议决定不服的，还可以提起行政诉讼。本案中，欧日公司对G海关追征税款的决定不服，有权向上一级海关A海关申请行政复议。A海关作出复议决定后，欧日公司对复议决定不服，还可以提起行政诉讼。欧日公司申请行政复议和提起行政诉讼，原征税决定不停止执行，欧日公司仍应当缴纳税款。在行政复议或者诉讼期间，欧日公司都可以申请中止执行，但如未获批准，欧日公司仍拒不缴纳税款的，G海关可以依法征收滞纳金、采取税收保全甚至是税收强制执行措施。

四、其他权利

海关及其工作人员在征税管理过程中如有违法、违纪行为，任何单位和个人都有权进行控告、检举；收到控告、检举的机关有处理权的，应当依法按照职责分工及时查处。如海关及其工作人员侵犯纳税义务人的权利并造成实际损失，纳税义务人有依照法律规定获得赔偿的权利。需要注意的是，纳税义务人行使申诉、控告、投诉、检举、揭发、批评、建议等权利时，应当尊重事实和遵守法律，防止滥用权利，更不要捏造或者歪曲事实进行诬告陷害，否则将承担相应的法律责任。

案例1-18　长航公司建议调低航空发动机燃油泵进口税率案

长航公司是长期从事航空材料进出口业务的企业，其坚持向各级海关及人大、政府有关部门反映进口航空发动机燃油泵关税税率过高，建议下调。经国务院关税税则委员会研究决定，从2020年起，对进口航空发动机燃油泵实施低于最惠国税率的暂定税率。

航空发动机燃油泵是国内制造航空发动机的重要部件之一，国内产品无法满足，需要从国外大量进口。本案例中，长航公司经过不懈努力，其要求调低进口航空发动机燃油泵进口税率的建议，正式获得国家有关部门的采纳，这是企业依法行使建议权的很好例证。

案例1-19　港洁公司不服海关扣留油污水复议诉讼案

港洁公司是经港务和环保部门批准设立的专业清污公司，其根据港口安排为入境油轮清洗船舱油污所得的油污水，未向N海关申报，被N海关以涉嫌走私（进境货物未依法申报）为由实施扣留。港洁公司先申请行政复议，后提起行政诉讼，案件经复议和一审、二审。二审法院司法建议书认为：港洁公司清洗入境船舶舱底残留油污所得的油污水，不属于海关监管的进口货物。最终，N海关解除扣留，返还原物，承担货物被扣期间的仓储费。

行政机关及其工作人员违法行使查封、扣押、冻结等行政强制措施，造成实际损失的，受害人有取得赔偿的权利。本案中，港洁公司清洗入境船舶舱底残留油污所得的油污水，其性质不属于进口货物，N 海关将其作为非法进口的涉嫌走私货物予以扣留，属于依据不足，适用法律错误。对此，港洁公司有权获得行政赔偿，N 海关应返还原物，并承担货物扣留期间的仓储费；如果被扣留货物是易腐、易烂、易变质的货物，货物已被海关委托拍卖的，则应返还拍卖价款。

第二章　海关估价的程序

02

海关对进出口货物估价的程序，一般包含价格审核、价格质疑、价格磋商、价格审定、估价告知五个环节。本章逐一介绍每个环节。

第一节　价格审核

海关对进出口货物的价格审核，是指进出口货物提交报关单向海关申报后，海关进行申报内容的审核，通过对报关单申报项目的逻辑审查，对合同、发票、装箱单、运输单证、收付汇凭证等报关单随附单证的核对，必要时对货物进行查验甚至抽样送检，以确定进出口货物是否如实申报、归类是否正确、申报价格是否真实准确完整、产地是否正确、买卖双方是否存在特殊关系以及特殊关系是否影响成交价格的行为。海关对进出口货物申报价格的审核是进出口货物海关估价的必经程序，在一般情况下，海关对报关单及随附单证采取计算机逻辑审核或者人工书面审核的方式；有时候，海关可以对进出口货物进行查验、检验或者取样化验；必要时，海关还可以通过价格核查手段审核进出口货物的申报价格。

一、报关单及随附单证的审核

报关单及随附单证的审核，是指海关通过审核报关单及随附的合同、发票、装箱单和运输单证，根据需要扩大到审核收付汇凭证、其他商业单据、企业的补充申报单以及补充提交的其他单证资料，以审查进出口货物的申报价格是否真实、是否准确，是否符合成交价格条件，是否存在价格调整项目，是否存在使价格受到不能确定的条件和因素的影响，以及买卖双方是否存在特殊关系的行为。报关单及随附单证的审核是海关估价的必经程序，一般以计算机系统逻辑审核与海关工作人员人工书面审核相结合的方式进行。即先由计算机系统进行逻辑审核，计算机审核不通过的，通常会作退单处理；退单后，企业可重新申报。计算机审核通过的，海关工作人员会进行人工抽查复审，审核企业提交的报关单及随附的合同、发票、装箱单、运输单证以及收付汇凭证、其他商业单据、补充申报单和企业补充提交的其他单证资料。海关还可以通过价格核查对申报价格的真实性、准确性、完整性和规范性进行审核。其方式包括：查阅、复制与进出口货物有关的合同、发票、账册、结付汇凭证、单据、业务函电、录音录像制品和其他反映买卖双方关系及交易活动的商业单证、书面资料和电子数据；向进出口货物的纳税义务人及与其有资金往来或有其他业务往来的公民、法人、其他组织调查与进出口货物价格有关的问题；对进出口货物进行查验或者提取货样进行检验、化验；进入纳税义务人的生产经营场所、货物存放场所，检查与进出口活动有关的货物和生产经营情况；经直属海关关长或者其授权的隶属海关关长批准，凭海关账户查询通知书及有关海关工作人员的工作证件，查询纳税义务人在银行或者其他金融机构开立的单位账户的资金往来情况，并且向银行业监督管理机构通报有关情况；向税务部门查询了解与进出口货物有关的缴纳国内税情况。

问题 2.1 海关审核进出口货物的申报价格，具体会审核哪些单证、资料？

海关审核进出口货物申报价格时，一般会审核进出口货物报关单及随附的合同、发票、装箱单、运输单证，根据需要会扩大到收付汇凭证、其他商业单据、企业的补充申报单以及补充提交的其他单证资料；必要时，海关会开展价格核查，查阅、复制与进出口货物有关的合同、发票、账册、结付汇凭证、单据、业务函电、录音录像制品和其他反映买卖双方关系及交易活动的商业单证、书面资料和电子数据，查询纳税义务人在银行或者其他金融机构开立的单位账户的资金往来情况，了解与进出口货物有关的缴纳国内税情况。

问题 2.2 海关审核进出口货物的申报价格，会审核哪些具体项目和内容？

海关审核进出口货物的申报价格，具体会审核进出口货物的商品名称、商品编码、规格型号、原产国（地区）［或最终目的国（地区）］、数量及单位、单价、总价、征免性质、进出口岸、经营单位、收发货单位、进出口日期、申报日期、运输工具、提运单号、贸易方式、征免比例、启运国（地区）［或运抵国（地区）］、装货港（或指运港）、境内目的地（或境内货源地）、成交方式、结付汇方式、运费、杂费、保费、合同协议号、件数、包装种类、毛重、净重等项目。通过审查这些项目和内容，以确定进出口货物的申报价格是否真实、是否准确、是否符合成交价格条件、是否存在价格调整项目、是否存在使价格受到不能确定的因素的影响、买卖双方是否存在特殊关系，以及特殊关系是否影响成交价格等问题。

问题 2.3 海关审核进出口货物的申报，通常会作出哪些处理？

通常会有以下几种处理结果：（1）进出口货物的申报通过海关审核，海关以成交价格估价方法确定完税价格，计征税款；（2）进出口货物的申报无法通过海关计算机系统的逻辑审核，作退单处理；（3）海关已接受申报的报关单电子数据，人工审核确认需要退回修改的，企业可修改相关内容或者重新申报；（4）海关对进出口货物申报价格的真实性、准确性、完整性和规范性有疑问，或者认为买卖双方之间的特殊关系影响成交价格，海关会制发海关价格质疑通知书，要求纳税义务人作出书面说明、补充申报，提供相关资料或者其他证据，以证明其申报价格真实、准确、完整和规范或者买卖双方的特殊关系未影响成交价格。

案例 2-1　新宁公司进口集成电路征税案

新宁公司向D海关申报进口某品牌某型号集成电路一批，D海关审核进口货物报关单及随附合同、发票、提单、装箱单后发现，进口货物的卖方Xinning Holding Co. 的公司名称与新宁公司相同，怀疑进口货物的买卖方双方存在特殊关系，遂制发海关价格质疑通知书，要求其作出书面说明、补充申报，提供相关资料或者其他证据，以证明其申报价格真实、准确、完整和规范，或者买卖双方之间是否存在特殊关系，如有，要求其说明该特殊关系是否影响成交价格。新宁公司提交了书面说明、进出口货物价格补充申报单及有关单证资料，说明进出口货物买卖双方确实存在特殊关系，但该特殊关系并没有影响成交价格，理由是该申报价格与境外卖方将货物销售给无特殊关系第三方的价格非常接近。海关审查了纳税义务人的书面说明、补充申报单及有关单证资料，接受其申报价格，以成交价格估价方法确定完税价格。

海关对进出口货物申报价格的真实性、准确性、完整性和规范性有疑问，认为买卖双方可能存在特殊关系，且该特殊关系可能影响成交价格的，可以进行价格质疑。本案中，D海关发现进口货物买卖双方的公司名称相同，有理由认为双方之间存在特殊关系，而且该特殊关系可能影响成交价格，有权发出海关价格质疑通知书，告知怀疑的理由，提出价格质疑，要求新宁公司对D海关的怀疑限期答复。由于新宁公司及时提交书面说明和有关资料，且能够证明特殊关系没有影响成交价格，故D海关接受申报价格，以成交价格估价方法确定完税价格；如果新宁公司未能在规定期限内书面回复，或者未能证明特殊关系未影响成交价格，则D海关应当不接受申报价格，以成交价格估价方法以外的其他方法进行估价。

二、进出口货物的查验、化验

海关对进出口货物的查验，是指海关对进出口货物进行检查、验核，以确定其申报的商品名称、商品编码、规格型号、数（重）量、原产地、包装种类等项目与货物的进出口实际状态是否相符的行为。海关查验的方式包括机检和人工查验两种方式。机检是指海关运用大型集装箱检查设备对装载进出口货物的车辆或者集装箱体进行电子扫描的非侵入式查验方式；人工查验是指由海关工作人员对进出口货物当场进行人工的外观检查、抽查、取样送检或者全面检查的查验方式。

海关化验是指海关对进出口货物的属性、成分、含量、结构、品质、规格等项目进行检测分析，并根据《中华人民共和国进出口税则》《中华人民共和国进出口税则商品及品目注释》《中华人民共和国进出口税则本国子目注释》等有关规定作出鉴定结论的活动。

并非所有的进出口货物都会经过海关的查验，只有海关认为有必要时，才会对进出口货物实施查验，海关有时还会提取货样送检化验。海关查验、化验鉴定进出口货物的目的，是为了确定进出口货物是否如实申报，包括其申报的商品名称、商品编码、规格型号、数（重）量、包装种类、原产地等项目是否正确、准确。进出口货物的查验既是进出口货物通关申报手续的一个环节，也是海关审核进出口货物申报价格的一种重要方法和必要手段。查验的方式、手段由海关根据需要确定，海关查验时，进出口货物的收发货人或其代理人应当到场予以配合，负责搬移货物，开拆和重封货物的包装。海关认为必要时，也可以径行开验、复验或者提取货样。

针对进出口货物的外观、特性的不同，海关查验的方法、手段也会有所不同。对于散装、裸装货物，海关一般会采取外观查验，拍照备查的方式进行；对于由船舶载运的单一品种散装、裸装货物，海关会通过观察船舶吃水线的方式估算货物的重量；对于包装货物，会采取观察外包装的文字和图案标识、拆包抽查、清点包装数量等方法确定商品属性并估算数（重）量；对于集装箱载运货物会采取机检加抽查的方式；对于油气化工品，会通过专业电子计量设备测算数（重）量，通过取样化验确定商品属性；对于大型机械设备，则会通过外观查验或者目的地安装调试时外验的方式进行查验。

问题 2.4 进出口货物的查验、化验对海关估价有什么作用?

进出口货物的查验、化验是海关监管进出口货物的手段之一。海关通过对进出口货物的查验、化验，验证进出口货物的品名、规格型号、数（重）量、商品编码、原产地等法定申报项目的准确性，为判别申报价格真实性、准确性、完整性和规范性提供参考和依据。海关通过查验、化验发现进出口货物与申报不符的，可以直接修改或者要求纳税义务人修改报关单的申报项目，并以货物进出口时的实际状态征收税款。

案例 2-2　鸿泰公司进口聚乙烯行政处罚案

鸿泰公司申报进口一批聚乙烯塑料粒“翻新料”，规格型号为“等外品”。经查验，H海关初步认定进口货物是聚乙烯塑料粒新料正品。经取样送检化验，海关化验中心确认货物实为“聚乙烯塑料粒、新料、一级品”。经鸿泰公司重新申报和价格质疑、磋商，H海关以进口货物“聚乙烯塑料粒、新料、一级品”的相同货物成交价格估价方法确定完税价格，计征税款。另外，H海关认为鸿泰公司构成“申报不实”的违反海关监管规定的行为，影响了海关统计准确性和国家税款征收，对鸿泰公司处以税款等值的罚款。

进出口货物应当如实申报。本案中，鸿泰公司未依法履行如实申报义务。经H海关审核、查验、取样送检并确认货物的实际属性后，鸿泰公司根据货物实际进口状态重新申报。H海关按照货物进口的实际状态“聚乙烯塑料粒、新料、一级品”，对申报价格进行审核、质疑、磋商，最终以相同货物成交价格估价方法确定完税价格。

三、完税价格的预裁定

预裁定是指在货物实际进出口前，海关应对外贸易经营者的申请，对其拟实际进出口货物的商品归类、原产地以及完税价格相关要素、估价方法等海关事务作出预先确认的行为。在货物实际进出口前，申请人可以就进出口货物的商品归类、原产地或者原产资格、完税价格相关要素、估价方法以及海关总署规定的其他海关事务，向其报关备案地直属海关提交海关预裁定申请书，并随附海关要求的有关材料，申请海关作出预裁定决定。海关对申请人申请预裁定的海关事务，应当自受理之日起60天内作出预裁定决定，制发海关预裁定决定书。预裁定决定有效期三年，申请人在预裁定决定有效期内进出口与预裁定决定列明情形相同的货物，应当按照预裁定决定申报，海关予以认可。但对于其生效前已经实际进出口的货物，预裁定则没有溯及力。

问题 2.5　预裁定对海关估价有什么作用？

预裁定是海关对尚未实际进出口货物的商品归类、原产地和原产资格以及完税价格相关要素、估价方法等海关事务作出预先确认的行为。经海关预裁定的货物进出口时，应当按照预裁定决定申报，海关直接认可，大大减少了货物通关带来的不确定因素。

案例 2-3 深保通公司进口电池价格相关要素预裁定案

深保通公司拟长期进口大容量电池芯，因涉及与进口货物成交价格有关的合同条件、价格要素以及调整项目的成本、费用、价值的计核问题，向N海关申请完税价格相关要素、估价方法的预裁定。N海关经过审查，依法作出该进口大容量电池芯完税价格相关要素、估价方法的预裁定决定。

海关可以应对外贸易经营者的申请，就拟实际进出口货物的商品归类、原产地、完税价格相关要素、估价方法等海关事务进行预裁定。本案中，深保通公司拟长期进口大容量电池芯，为防止在货物实际进口时与海关发生估价争议，在货物实际进口前，深保通公司申请N海关作出完税价格相关要素、估价方法的预裁定，N海关根据深保通公司提交的有关材料依法作出相应的海关预裁定决定书。如果深保通公司进口与预裁定决定列明情形相同的货物，按照预裁定决定进行申报的，N海关应当予以认可。如果因N海关预裁定错误造成申报差错，预裁定决定需要撤销，货物应重新申报。这时，除非深保通公司申请预裁定时提供的材料不真实、不准确、不完整，否则不承担申报错误的责任。

第二节 价格质疑

在海关对进出口货物进行价格审核的过程中，如果海关对申报价格的真实性、准确性、规范性和完整性有疑问，或者认为买卖双方之间可能存在特殊关系并且影响成交价格，则应当进行价格质疑。

一、海关对申报价格的质疑

海关对进出口货物申报价格的质疑，是指海关对进出口货物申报价格的真实性、准确性、规范性和完整性有疑问，或者认为买卖双方之间的特殊关系影响成交价格，通过制发海关价格质疑通知书，将质疑的理由书面告知纳税义务人或其代理人，要求纳税义务人或其代理人自收到通知之日起五个工作日内，以书面形式补充申报、提供相关资料或者其他证据，并依法审查纳税义务人或其代理人的补充申报、相关资料和其他证据的行为。价格质疑不是进出口货物海关估价的必经程序，只有当海关对进出口货物申报价格的真实性、准确性、规范性和完整性有疑问，或者认为买卖双方之间的特殊关系影响成交价格时，海关才会对进出口货物的申报价格提出质疑。

海关对进出口货物申报价格的质疑，应当在线上通过海关信息化管理系统传输或者在线下通过直接送达的方式，向纳税义务人或其代理人发送电子数据或者纸质的海关价格质疑通知书。如果海关以口头质疑代替以电子数据或者书面送达的海关价格质疑通知书，而纳税义务人或其代理人也没有按照要求予以回复，则海关的质疑就会可能成为无效的行政行为，无法引起和达到应有的法律效果。另外，海关发送海关价格质疑通知书时，应当将怀疑的理由书面告知纳税义务人或其代理人，要求其在规定的五个工作日内书面作出说明，提供有关资料。如果海关未将质疑的理由以书面形式告知纳税义务人或其代理人，则纳税义务人或其代理人无从知晓海关的怀疑原因和理由，也就无法根据海关的要求提供相关资料或者其他证据，以证明其申报价格真实、准确、规范和完整或者双方之间的特殊关系未影响成交价格。

问题 2.6　海关通常会提出哪些价格质疑的理由？

只要海关对进出口货物申报价格的真实性、准确性、规范性和完整性有疑问，或者认为买卖双方有特殊关系并且可能影响成交价格，就可以提出价格质疑。海关提出价格质疑一般基于以下的理由：(1) 报关单及随附单证之间与申报价格有关的项目存在矛盾或者疑问，如合同条款明显不符合行业交易习惯、发票价格与合同约定不符、发票时间早于合同签订日期、支付与合同约定不符等；(2) 申报价格不完整、不准确或者不符合成交价格定义；(3) 申报价格明显高于或者明显低于海关掌握的国际市场行情、同时或者大约同时进出口的相同货物或者类似货物的成交价格；(4) 买卖双方之间存在特殊关系并且可能影响成交价格等。

问题 2.7　海关价格质疑有什么作用？

海关估价以进出口货物的成交价格为基础。如果海关对进出口货物申报价格的真实性、准确性、规范性和完整性有疑问，或者认为买卖双方之间的特殊关系可能影响成交价格，可以通过价格质疑将怀疑的理由书面告知纳税义务人或其代理人，纳税义务人或其代理人可以通过书面回复、提供资料或者补充申报进行解释说明；经海关审核采纳的，进出口货物仍可以按成交价格估价方法确定完税价格。

问题 2.8　为什么海关价格质疑要以书面方式进行？

价格质疑是海关估价中的一项重要程序，海关应当制作海关价格质疑通知书，将质疑的理由书面告知，直接送达或者通过电子方式传输给纳税义务人或其代理人。如果海关未以书面方式进行价格质疑，纳税义务人或其代理人无法知悉海关价格质疑的理由，将无法进行有针对性地书面回复，从而使海关也无法进一步审查申报价格的合法性、合理性和完整性，影响海关确定进出口货物的完税价格。

案例 2-4　寰宇公司不服 H 海关估价证税行政复议案

H 海关对寰宇公司申报的原产于意大利的进口大理石荒料价格有疑问，关员以口头方式进行了质疑，该公司报关员也口头作了答复，H 海关认为不能消除其怀疑，遂口头告知报关员，以同时进口的相同货物成交价格审查确定完税价格并计征税款。该公司不服，向 H 海关的上一级海关 X 海关申请复议。X 海关认为，被申请人 H 海关口头质疑的事实无证据支持，其使用相同货物成交价格估价方法确定完税价格的行为未经价格磋商。上述行为违反了法定程序，决定撤销原估价征税行为，责令被申请人依法重新作出征税行为。

海关对进出口货物的申报价格有疑问，应当向纳税义务人或其代理人制发海关价格质疑通知书；海关采用成交价格估价方法以外的其他方法进行估价，应当与纳税义务人或其代理人进行价格磋商。本案中，被申请人 H 海关对申报价格有疑问，有权提出价格质疑，但应当制发海关价格质疑通知书，将怀疑的理由书面告知申请人寰宇公司，口头质疑不符合法定形式；被申请人 H 海关不接受申报价格，有权首先以相同货物成交价格估价方法估定完税价格，但应当依法与纳税义务人寰宇公司进行价格磋商，H 海关以口头告知代替价格磋商，不符合法律规定。因此，复议机关 X 海关不支持被申请人 H 海关的主张，撤销原估价征税决定，责令其依法重新作出征税决定是正确的。

案例 2-5　新溢公司不服 L 海关估价证税行政复议案

L 海关对新溢公司进口家用不锈钢器具的申报价格有疑问，通过制发海关价格质疑通知书，要求新溢公司作出书面说明并提供相关资料和其他证据，但通知书并没有告知质疑的理由，新溢公司也未予理睬。L 海关估价征税后，新溢公司申请复议。复议机关 X 海关认为，被申请人 L 海关对申报价格有疑问，有权制发海关价格质疑通知书提出价格质疑，但应当将质疑的理由书面告知纳税义务人。由于被申请人 L 海关没有将质疑的理由告知申请人，违反了《进出口关税条例》第三十四条的规定，造成申请人不知晓被申请人质疑的原因和理由，无法有针对性地进行答复，构成了程序违法。复议机关 H 海关决定撤销原估价征税行为，责令被申请人依法重新作出征税决定。

海关进行价格质疑，应当制发海关价格质疑通知书，将怀疑的理由书面告知纳税义务人或其代理人。本案中，虽然L海关作出了海关价格质疑通知书，但由于通知书中没有书面告知纳税义务人价格质疑的理由，违反了海关估价的相关规定，造成新溢公司无从知道L海关价格质疑的原因、理由和依据，也不知道应当如何针对相关原因、理由和依据进行解释、说明、申辩，所以原估价征税行为仍然被撤销。

二、企业对价格质疑的书面回复

对于海关对进出口货物纳税义务人申报价格的质疑，纳税义务人应当在收到海关价格质疑通知书之日起五个工作日内，以书面形式提供相关资料或者其他证据，或者提交进出口货物价格补充申报单，以证明其申报价格真实、准确或者买卖双方之间的特殊关系未影响成交价格。假如纳税义务人或其代理人确有正当理由无法在规定时间内提供上述资料的，可以在规定期限届满前以书面形式向海关申请延期，延期不得超过十个工作日，除非有特殊情况并经海关批准。

纳税义务人或其代理人以书面形式提供相关资料或者其他证据，是为了消除海关提出的价格质疑，应当围绕海关提出价格质疑的理由进行说明、解释、申辩、举证，以解决货物申报价格与海关掌握价格存在差异、买卖双方的特殊关系是否影响成交价格、单证之间与价格有关的项目存在矛盾或者疑问问题，以及其他怀疑申报价格真实性或者准确性等问题。

如果纳税义务人或其代理人在规定期限内，以书面形式提供了相关资料或者其他证据，足以证明其申报价格真实、准确、规范和完整，或者买卖双方之间的特殊关系未影响成交价格，海关应接受其申报价格，以成交价格估价方法确定完税价格。如果纳税义务人或其代理人在海关规定期限内，未能提供进一步说明，或者其提供有关资料、证据后，海关经审核仍然有理由怀疑申报价格的真实性、准确性、规范性和完整性，或者海关仍然有理由认为买卖双方之间的特殊关系影响成交价格的，海关可不接受申报价格，依法估价，在与纳税义务人进行价格磋商后，依次使用其他估价方法审查确定进出口货物的完税价格。

问题2.9 为什么纳税义务人应当主动、及时回答海关的价格质疑？

海关在审查确定进出口货物完税价格过程中，如果怀疑申报价格的真实性、准确性、规范性和完整性，或者发现进出口货物买卖双方存在特殊关系，容易先入为主地认为特殊关系可能影响进出口货物的成交价格，因此，只要进出口货物的申报价格与海关掌握的同时或者大约同时进口的相同、类似货物的价格有差异，海关一般都会进行质疑。此时，如果进出口货物的纳税义务人或其代理人不主动及时地回复质疑，提供证据和资料证明其价格的真实性、准确性、规范性和完整性以及特殊关系不影响成交价格，海关就会另行估定完税价格，从而增加进出口货物税负的不确定性，也影响进出口货物的通关进程。

问题 2.10 纳税义务人为什么要在规定期限内书面回复海关对申报价格的质疑？不回复会有什么法律后果？

缴纳税款是进出口货物通关的重要环节和前提条件。如果纳税义务人未在规定的五个工作日期限内作出书面回复、提供资料或者补充申报，海关将不接受申报价格，经过价格磋商后，以成交价格估价方法以外的其他方法确定完税价格，进出口货物的税负成本将难以确定，也影响进出口货物的通关进程。

案例 2-6 宏泰公司进口液化石油气估价案

宏泰公司向 S 海关申报进口液化石油气 2 万立方米，S 海关对申报价格的真实性、准确性、规范性的完整性有疑问，制发了海关价格质疑通知书，要求宏泰公司于五个工作日内提供相关资料和其他证据。宏泰公司以部分资料需要境外卖方协助提供为由，在期限届满前申请延期提供。S 海关同意延期十个工作日提供。期限届满，宏泰公司仍无法提供，希望再次延期。S 海关不予接受，依法估价。

进口货物纳税义务人或其代理人应当在海关规定的五个工作日内提交针对价格质疑的相关资料和其他证据；不能按期提供的，应当在期限届满前申请延期。本案中，申请人宏泰公司提供海关要求的资料和证据时，需要境外买方的配合，属于可以申请延期的正当理由，故 S 海关依法批准其延期十个工作日提供。延期期限届满后，宏泰公司仍然无法提供相关资料和其他证据，构成了“纳税义务人或者其代理人在海关规定期限内，未能提供进一步说明”的情形，故 S 海关可不接受申报价格，另行估定完税价格。

案例 2-7 广达公司进口汽车零部件估价案

广达公司申报进口汽车零部件一批，X 海关认为其申报的价格明显偏低，经审查发现其为卖方的子公司，认为买卖双方之间的特殊关系可能影响成交价格，遂发出海关价格质疑通知书，要求其补充申报或者说明理由。广达公司提供了卖方向境内无特殊关系的第三方出售的相同进口货物的成交价格资料，证明其成交价格与大约同时进口的售予境内无特殊关系的买方的相同货物的价格非常接近。海关审核后接受申报价格。

在关联方之间的交易中，只要进口商证明成交价格非常接近同时或者大约同时发生的出口销售至同一进口国的相同货物售予无特殊关系买方的成交价格，则该成交价格应被接受。本案中，广达公司提供卖方向境内无特殊关系的第三方出售的相同货物的成交价格资料，证明其成交价格与大约同时进口的售予境内无特殊关系的买方的相同货物的价格非常接近，应当视为特殊关系未对进口货物的成交价格产生影响。故 X 海关接受申报价格，以成交价格估价方法确定完税价格。

第三节　价格磋商

如果海关采用进出口货物成交价格估价方法以外的其他估价方法确定完税价格，则应当与纳税义务人进行价格磋商，除非纳税义务人书面表示放弃磋商，或者在接到海关价格磋商通知书后规定的期限内未前往海关进行磋商。

一、价格磋商的前提条件

价格磋商是指进出口货物不存在成交价格、成交价格不能确定或者买卖双方之间的特殊关系影响成交价格时，海关在决定以成交价格以外的估价方法审查确定完税价格之前，与进出口货物纳税义务人互相交换价格信息的行为。价格磋商不是进出口货物海关估价的必经程序。海关使用进出口货物成交价格估价方法审查确定完税价格，不需要与纳税义务人进行价格磋商。只有当海关使用相同或者类似货物成交价格估价方法、倒扣价格估价方法、计算价格估价方法、合理方法估定完税价格时，才会与纳税义务人进行价格磋商。

问题 2.11　为什么纳税义务人要参加价格磋商？不进行价格磋商有什么后果？

价格磋商是海关使用进出口货物成交价格估价方法以外的其他方法确定完税价格的必经程序。如果纳税义务人在收到海关价格磋商通知书的五个工作日内未与海关进行价格磋商，海关将以自己掌握的、以客观量化数据为基础的价格信息资料审查确定完税价格，从而增加进出口货物税负的不确定性，也影响进出口货物的通关进程。

问题 2.12 进出口货物“不存在成交价格”是指哪些情形?

进出口货物不存在成交价格，是指货物以捐赠、赠送、租赁、寄售、代销、来料加工、补偿贸易、易货贸易等不存在销售行为的贸易方式进出口的情形。当货物以上述贸易方式进出口时，由于货物不存在销售行为，进出口货物不存在成交价格，因此不可能使用进出口货物成交价格估价方法审查确定完税价格，只能采用进出口货物成交价格估价方法以外的其他估价方法。

问题 2.13 进出口货物的“成交价格不能确定”是什么意思?

进出口货物成交价格不能确定，是指进出口货物的申报价格不符合海关估价规则规定的成交价格的定义或者条件，缺乏客观量化的数据，以及海关对进出口货物申报价格真实性、准确性、规范性和完整性的疑问经价格质疑仍无法排除的情形。例如，易货贸易项下进出口货物，如果合同双方只是以各自货物进行对价，没有以客观量化的数据对货物的价格予以确定，则可视为成交价格不能确定。又如，虽然进出口货物存在成交价格，但是如果海关审查发现进出口货物有关的合同、发票、收付汇凭证、运输单证等证据之间有矛盾，而纳税义务人又无法进行合理解释的，也应视为成交价格不能确定。

问题 2.14 什么是“特殊关系影响成交价格”?

特殊关系影响成交价格是指有特殊关系的买卖双方不是以公平原则为基础进行交易，使进出口货物的价格不能反映其应有的市场价值的情形。海关估价以进出口货物在充分竞争的市场环境下形成的真实交易价格为基础，充分尊重买卖双方的实际成交结果，其前提是进出口货物必须如实申报。如果买卖双方之间存在特殊关系，则有可能为了规避税款征收、外汇管制或者转嫁风险而扭曲进出口货物的实际价格，使进出口货物的成交价格不能反映充分竞争的市场环境下的应有市场价值。例如，有特殊关系的买卖双方故意将进口货物的定价低于其售予境内无特殊关系的第三方，以规避进口税收或者转移风险，在此情况下，海关可以认定买卖双方之间的特殊关系影响了成交价格，通过价格磋商，以其他估价方法审查确定完税价格。

案例 2-8 嘉鸿公司寄售进口工程机械臂磋商估价案（1）

嘉鸿工程机械贸易有限公司（简称“嘉鸿公司”）向 B 海关申报寄售、代销进口的某型号工程机械臂 5 套，价格 750000 元，B 海关审核后直接制发海关价格磋商通知书，经价格磋商，B 海关以倒扣价格估价方法确定完税价格为 850000 元。

海关经过审查认为进口货物无成交价格的，可以不进行价格质疑，经与纳税义务人进行价格磋商后，按照成交价格估价方法以外的其他估价方法审查确定完税价格。本案中，嘉鸿公司以寄售、代销贸易方式申报进口工程机械臂，表明嘉鸿公司作为进口货物的收货人（买方），其与卖方之间不存在销售，不存在成交价格，嘉鸿公司只是根据进口货物在境内的销售结果向境外卖方收取代销费，因此，B 海关不能使用进口货物成交价格估价方法确定完税价格。在此情况下，B 海关可以不进行价格质疑，但应与纳税义务人嘉鸿公司进行价格磋商，以其他估价方法审查确定完税价格。

案例 2-9　某省机械公司代理进口汽车零部件估价案（1）

某省机械公司代理富升贸易公司进口维修用的某品牌汽车零部件，H 海关审查发现，合同约定：进口货物只能销售给卖方指定的国内售后服务中心（4S 店）；否则，卖方有权解除合同，并主张买方支付违约金。H 海关认为，该合同条款构成了对进口货物使用或者处置的限制，经价格磋商，海关以倒扣价格估价方法确定完税价格。

对买方处置或者使用进口货物进行限制，是指进口货物只能用于展示、免费赠送，只能销售给指定第三方，或者加工为成品后只能销售给卖方、指定第三方等的情形。本案中，买卖双方对进口货物只能销售给境内指定售后服务中心的约定，构成了“对买方处置或者使用进口货物进行限制”，因此，某省机械公司代理进口汽车零部件的成交价格不能确定，H 海关不能使用进口货物成交价格估价方法确定完税价格。在此情况下，H 海关可以不进行价格质疑，但应当通过价格磋商，以进口货物成交价格估价方法以外的其他估价方法确定完税价格。需要指出的是，法律、行政法规规定实施的限制、对货物销售地域的限制，以及对货物价格无实质性影响的限制，不构成“对买方处置或者使用进口货物进行限制”。

案例 2-10　灏景公司进口婴儿奶粉估价案（1）

灏景公司向 M 海关申报进口 6000 千克某品牌婴儿奶粉，申报价格 150000 美元，M 海关经审查确认，其申报的价格明显低于海关掌握的同时期国际市场行情，于是提出价格质疑。虽然灏景公司答复称，其与卖方属于长期合作的客户关系，卖方愿意以较低价格向其销售商品，但由于灏景公司不能提供相关资料和证据，证明其与卖方之间存在长期合作或者交易的事实，M 海关认为仍不能排除对其申报价格真实性、准确性和完整性的怀疑。经过价格磋商，海关以相同货物成交价格估价方法，按 1108800 元确定完税价格。

海关制发海关价格质疑通知书后，如果纳税义务人在海关规定期限内，未能提供进一步说明，或者纳税义务人提供有关资料、证据后，海关经审核仍然有理由怀疑申报价格的真实性、准确性和完整性，或者认为买卖双方之间的特殊关系影响成交价格的，海关可以不接受其申报价格，以进口货物成交价格估价方法以外的其他估价方法确定完税价格。本案中，虽然灏景公司提交了书面说明反映其与卖方存在长期合作关系，可以低价购得进口货物，但由于没有提供相关资料和其他证据佐证，其解释仍不能排除 M 海关对其申报价格真实性、准确性和完整性的合理怀疑，故 M 海关经过价格磋商后，以进口货物成交价格估价方法以外的其他估价方法确定完税价格。

二、价格磋商的过程

价格磋商并不是海关与纳税义务人之间就如何确定进出口货物的完税价格进行讨价还价，而是海关与纳税义务人双方在共同确保商业秘密和海关工作秘密的前提下，为了确定进出口货物的完税价格而交换各自知道的进出口货物价格信息的过程。海关进行价格磋商前，应当向纳税义务人制发海关价格磋商通知书，纳税义务人应当在收到通知的五个工作日内与海关进行价格磋商。如果纳税义务人在规定期限内与海关进行价格磋商，交换其掌握的真实价格信息和与进出口货物价格相关的客观可量化的数据，海关应当制作海关价格磋商记录表。如果纳税义务人在通知规定的时限内未与海关进行磋商，则视为其放弃价格磋商的权利，海关可以直接使用进出口货物成交价格以外的其他估价方法，审查确定进出口货物的完税价格。

在某些情况下，如果纳税义务人提出书面申请，海关可以不进行价格质疑以及价格磋商，直接按照进出口货物成交价格估价方法以外的其他估价方法，审查确定进出口货物的完税价格。例如，同一合同项下分批进出口的货物，如果海关对其中一批货物已经实施过估价，则其后的其他批次货物均可按照已经估定的完税价格进行征税。又如，如果进出口货物属于危险品、鲜活品、易腐品、易失效品、废品、旧品等，或者进出口货物的完税价格在人民币 10 万元以下或者关税及进口环节海关代征税总额在人民币 2 万元以下，而且经纳税义务人书面申请，海关可直接以进出口货物成交价格估价方法以外的其他估价方法审查确定完税价格。但是如果纳税义务人未提出书面申请，海关不接受申报价格而决定另行估价的，仍需要与纳税义务人进行价格磋商。

问题 2.15 纳税义务人应当如何参加价格磋商？

价格磋商是海关与纳税义务人在确保海关工作秘密和商业秘密前提下为了审定进出口货物完税价格而互相交换各自掌握的价格信息的过程。在磋商过程中，纳税义务人应当主动交换其掌握的与进出口货物有关的价格信息，同时通过了解海关交换的价格信息，提出于己有利的意见建议，争取海关采用合适的估价方法和价格信息。

案例 2-11 嘉鸿公司寄售进口工程机械臂估价案（2）

嘉鸿公司向 B 海关申报寄售贸易方式下进口的某型号工程机械臂 5 套，价格人民币 750000 元，B 海关审核后直接制发海关价格磋商通知书。在磋商过程中，嘉鸿公司表示无法提供该进口货物相同或者类似货物的成交价格，也无法提供该进口货物的生产成本和进一步的信息，但可以提供该进口货物在境内第一销售环节销售的价格。B 海关制作海关价格磋商记录表后，以该进口工程机械臂在境内第一销售环节销售的价格为基础，扣除境内发生的通常利润和一般费用及通常支付的佣金，境内运保费，进口关税、进口环节海关代征税和其他国内税后，确定进口货物完税价格为 850000 元。

进口货物无成交价格的，海关可以不进行价格质疑而直接与纳税义务人进行价格磋商。本案中，嘉鸿公司以寄售贸易方式申报进口工程机械臂，表明嘉鸿公司作为进口货物的收货人（买方），其与境外卖方之间不存在销售，即不存在成交价格，嘉鸿公司只是根据进口货物在境内的销售结果向境外卖方收取佣金，因此，B 海关可以不经价格质疑，直接与纳税义务人嘉鸿公司进行价格磋商。B 海关发出海关价格磋商通知书后，嘉鸿公司提供了进口工程机械臂在境内第一销售环节销售的价格，B 海关制作了海关价格磋商记录表。由于进口货物不存在成交价格，嘉鸿公司和 B 海关都没有符合条件的相同或者类似货物的成交价格，因此，B 海关以倒扣价格估价方法确定完税价格。

案例 2-12 某省机械公司进口汽车零部件估价案（2）

某省机械公司代理富升贸易公司进口维修用的某品牌汽车零部件，H 海关审查发现，合同条款约定：合同项下所有商品只能销售给卖方指定的国内售后服务中心（4S 店）；否则，卖方有权解除合同，并主张买方支付违约金。H 海关认为，该合同条款构成了对进口货物使用或者处置的限制。H 海关制发海关价格磋商通知书后，富升公司提供了进口货物的交易价格和进口货物在境内第一销售环节销售的价格信息，H海关与富升公司共同签署了海关价格磋商记录表，H海关以倒扣价格估价方法确定完税价格。

对买方处置或者使用进口货物进行限制，是指进口货物只能用于展示、免费赠送，只能销售给指定第三方，或者加工为成品后只能销售给卖方或者指定第三方等的情形。本案中，买卖双方约定进口汽车零部件只能销售给指定的境内售后服务中心，属于“对买方处置或者使用进口货物进行限制”的情形，进口货物不能使用成交价格估价方法确定完税价格。H海关制发海关价格磋商通知书后，虽然富升公司提供了进口汽车零部件的交易价格和境内第一销售环节销售的价格，但由于合同条款构成了对进口汽车零部件处置或者使用的限制，进口汽车零部件不符合成交价格条件，H海关不能使用成交价格估价方法；其次，如果富升公司和H海关都没有相同或者类似货物的成交价格资料，则H海关也不能使用相同或者类似货物成交价格估价方法；另外，由于富升公司提供了进口汽配件在境内第一销售环节的销售价格，故H海关可以以倒扣价格估价方法确定完税价格。需要指出的是，如果富升公司有证据证明该合同条款的限制对进口货物价格无实质性影响，如卖方将相同货物进口销售给境内无特殊关系第三方的价格与富升公司的申报价格非常接近，则本案进口货物仍可以以成交价格估价方法确定完税价格。

案例2-13　灏景公司进口婴儿奶粉估价案（2）

灏景公司向M海关申报进口6000千克某品牌婴儿奶粉，申报价格150000美元，M海关经审查确认，其申报的价格明显低于海关掌握的同时期国际市场行情，于是提出价格质疑。虽然灏景公司答复称，其与境外卖方属于长期合作的客户关系，卖方愿意以较低价格进行销售，但由于灏景公司提供的相关资料和证据不能证明其与境外卖方有长期合作的事实，M海关认为其书面说明仍不能排除海关对其申报价格真实性、准确性、规范性和完整性的怀疑，于是制发了海关价格磋商通知书。在价格磋商过程中，灏景公司只提供了进口货物的交易价格和境内第一销售环节销售的价格，无法提供相同或者类似货物的成交价格，M海关与其交换了所掌握的价格信息资料。最后，M海关根据其掌握与被估货物同时进口的相同货物的价格资料，以相同货物成交价格估价方法，按1108800元确定完税价格。

价格磋商，实际上是海关与纳税义务人交换所掌握的价格信息的过程，并不是双方就确定进出口货物完税价格进行讨价还价。本案中，虽然灏景公司提供了进口货物的交易价格和在境内转售的价格信息，但由于经过价格磋商的进出口货物一般不可能适用成交价格估价方法，而M海关交换了其掌握与被估货物大约同时进口的相同货物的价格资料，且相同货物成交价格估价方法是最优先适用的其他估价方法，因此，M海关应优先以相同货物成交价格估价方法确定完税价格。

第四节　价格审定和估价告知

一、完税价格的审定

进出口货物完税价格的审定，是指海关经过对申报价格的审核或者质疑、磋商等程序后，根据《进出口关税条例》规定的估价方法，审查确定进出口货物完税价格的行为。完税价格的审定，是进出口货物海关估价的必经程序。海关审查确定进出口货物完税价格，应当首先使用成交价格估价方法；如果进出口货物不存在成交价格、成交价格不能确定或者买卖双方之间存在特殊关系且影响成交价格，海关应当依次使用相同货物成交价格估价方法、类似货物成交价格估价方法、倒扣价格估价方法、计算价格估价方法和合理方法确定完税价格；但是，如果纳税义务人提交相关资料后提出申请，海关也可以颠倒倒扣价格估价方法和计算价格估价方法的适用次序。

案例 2-14　中矿公司进口铁矿砂价格预裁定案

中矿公司与澳大利亚某矿业公司签订了五年期的进口铁矿砂合同，为了通关便利，中矿公司向B海关书面申请进口铁矿砂的商品归类、原产地和完税价格相关要素的预裁定，B海关审核后分别作出了海关预裁定决定书。中矿公司每批次进口货物报关时，B海关经审核认为货物进口状态与决定书描述相符，认可决定书确定的商品编码、原产地和完税价格。

进口货物完税价格的确定一般都发生在该货物进口报关之后，并且经过价格审核、质疑、磋商等程序，除非收货人经过提前申报或者申请预裁定。本案中，中矿公司在货物实际进口前，向B海关申请其进口铁矿砂的商品归类、原产地以及完税价格相关要素的预裁定，免去了每批次进出口货物报关纳税时重复审查的程序，为每批次进口货物顺利通关提供了极大的便利。如果中矿公司未申请海关预裁定，其每批次进口铁矿砂时，海关都可能要求其就商品归类、原产地以及成交价格相关要素等问题进行解释、说明、举证，增加了许多重复劳动和烦琐的程序，而且可能造成每批次进口铁矿砂确定的完税价格都不一样。

二、估价告知

估价告知是指海关根据进出口货物的纳税义务人提出的书面申请，出具海关估价告知书，就如何确定进出口货物完税价格进行书面说明的行为。进出口货物的完税价格虽然是以货物的成交价格为基础，但海关在审查确定进出口货物完税价格的过程中，会根据成交价格的定义，对影响成交价格的费用、成本、项目或者因素进行审核、调整，有的可能进行扣减、有的可能进行计入，对不能使用成交价格估价方法估价的进出口货物，会依次使用相同货物或者类似货物成交价格估价方法、倒扣价格估价方法、计算价格估价方法、合理方法确定完税价格。为了保障纳税义务人的知情权，海关估价规则规定，经纳税义务人书面申请，海关应当出具海关估价告知书，就如何确定完税价格作出书面说明。估价告知不是进出口货物海关估价的必经程序，如果纳税义务人不提出书面申请，海关不会主动进行估价告知。

我国海关估价制度把估价告知程序放在完税价格审定程序之后，而不是放在完税价格审查确定的过程之中，这样的规定虽然在一定程度上保障了纳税义务人的知情权，但由于此时完税价格已经被海关审查确定，纳税义务人再要求海关就如何估价作出书面说明，已经没有太大意义了。《WTO 估价协定》第十六条规定，进口商有权书面申请进口国海关书面说明其如何确定进口货物的完税价格。《WTO 估价协定》并没有规定进口商要求海关说明其如何确定完税价格的申请，是在完税价格确定之前，还是在完税价格确定之后，显然比我国海关估价制度的规定要更合理一些。

问题 2.16 估价告知对纳税义务人有什么意义？

知情权是纳税义务人依法享有的权利。如果纳税义务人提出书面申请，海关应当出具海关估价告知书，就如何确定完税价格作出书面说明。纳税义务人可以通过估价告知，获得海关如何确定进出口货物完税价格的进一步信息，作为以后公司财务会计和审计的参考和依据。如果纳税义务人对海关估价决定不服申请行政复议或者提起行政诉讼，估价告知书是纳税争议事实的证据和依据。

案例 2-15 龙河公司易货贸易进口无烟煤估价案

龙河公司与俄罗斯某贸易公司签订易货贸易合同，龙河公司从俄罗斯进口 2.5 万吨无烟煤，以出口 5000 套羽绒服作为支付对价。H 海关经审查认为龙河公司进口的无烟煤不存在成交价格，经过价格磋商，以相同货物成交价格估价方法确定完税价格。龙河公司为了了解海关确定完税价格的情况，向H海关提出书面申请，H海关向龙河公司出具了海关估价告知书。

海关审查确定进出口货物的完税价格后，纳税义务人可以提出书面申请，要求海关就如何确定其进出口货物的完税价格作出书面说明，海关应当根据要求出具海关估价告知书。本案中，龙河公司以易货贸易方式进口无烟煤，买卖双方没有对进口货物的价值进行标价，也没有以货币支付的方式进行交易，而是以出口5000套羽绒服的方式以货换货，属于进口货物不存在成交价格的情形，海关应以进口货物成交价格估价方法以外的其他估价方法审查确定完税价格。龙河公司不清楚海关如何确定完税价格，经书面申请，H海关出具海关估价告知书，告知其海关是如何确定完税价格的。

第三章　海关估价的方法（上）

——进口货物成交价格估价方法

03

从本章开始，我们介绍海关估价的具体方法，其中本章介绍的进口货物成交价格估价方法，是海关最优先使用的估价方法，也是海关使用最多的估价方法。

第一节　进口货物的完税价格

海关估价，就是海关审查确定进出口货物完税价格的作业过程。在了解海关是如何进行估价之前，我们应当先了解完税价格的这个概念。本节我们介绍进口货物的完税价格及其确定的方法。

一、进口货物的完税价格

完税价格是指从价税的计税价格。进口货物的完税价格，是指海关在对进口货物计征进口关税时使用的计税价格。完税价格，是海关征收进出口关税、核算进出口货物减免税、补征或者追征税款、退税、计核违反《海关法》案件偷漏税款额或者计算违反《海关法》案件货物价值的基础。审查确定进出口货物的完税价格，是海关对进出口货物计征关税的前提条件，只有确定了完税价格，海关才可以核算计征税款，出具进出口关税的海关税款缴款书并送达纳税义务人，完成作出征收的税款决定的行为。

从价关税的计算公式：

应纳税额=完税价格×关税税率

进口环节增值税的计算公式：

应纳税额=（完税价格+实征关税税额+实征消费税税额）×增值税税率

进口环节消费税的计算公式：

应纳税额=［（完税价格+实征关税税额）/（1-消费税税率）］×消费税税率

案例3-1　浙泰公司进口小汽车估价案

浙泰公司向W海关申报平行进口某品牌小汽车6辆，单价FOB 500000元/辆、国际运费48000元、保险费12000元。W海关审核后，以成交价格估价方法，确定完税价格为3060000元。

完税价格是从价税的计税价格，进口货物关税的完税价格包括该货物的货价、货物运抵我国境内输入地点起卸前的运输及其相关费用、保险费。本案中，浙泰公司申报进口小汽车6辆，单价为FOB 500000元/辆，货价未包含货物运抵我国境内输入地点起卸前的运输及其相关费用、保险费，W海关在确定进口关税的完税价格时，应当计入运输费48000元和保险费12000元，因此，6辆小汽车进口关税的完税价格是3060000元，计算公式如下：

完税价格（X）＝货价+境外运费+境外保险费

$$X=500000\times6+48000+12000$$

$$X=3060000\text{（元）}$$

二、完税价格的确定方法

进出口货物关税的完税价格，由海关以该货物的成交价格为基础审查确定。其中，进口货物的完税价格包括该货物的货价、货物运抵我国境内输入地点起卸前的运输及其相关费用、保险费，因此，确定进口货物完税价格最优先使用的方法是进口货物成交价格估价方法，其他方法还包括相同货物成交价格估价方法、类似货物成交价格估价方法、倒扣价格估价方法、计算价格估价方法、合理方法。经海关审查，如果进口货物的申报价格符合成交价格的定义和条件，则海关应当以该成交价格为基础，并对影响成交价格的项目进行调整，从而确定完税价格，这就是进口货物成交价格估价方法。如果进口货物不存在成交价格、成交价格不能确定或者买卖双方之间存在特殊关系且影响成交价格，则海关应当与纳税义务人进行价格磋商，并依次以相同或类似货物成交价格估价方法、倒扣价格估价方法、计算价格估价方法、合理方法估定完税价格。经纳税义务人向海关提供有关资料并提出申请，海关可以颠倒倒扣价格估价方法和计算价格估价方法的适用次序。

案例3-2　潮裕公司进口玉石原石估价案

潮裕公司在国外通过拍卖购买了一块重50吨的玉石原石，自行安排运输入境。潮裕公司向Z海关申报进口玉石原石，申报价格为EXW 800000元、运输费100000元、保险费50000元，并提交了拍卖证书、运输发票、保险费凭据等资料。Z海关以成交价格估价方法确定完税价格。

进口货物存在销售行为，其申报的交易价格符合成交价格的定义和条件的，海关应当使用进口货物成交价格估价方法审查确定完税价格。本案中，潮裕公司进口玉石原石的申报价格符合成交价格的定义和条件，Z海关应当以成交价格估价方法确定完税价格，还需将货价及货物运抵我国境内输入地点起卸前的运输费、保险费计入完税价格，所以，完税价格为950000元。

第二节　成交价格及其估价方法

成交价格是海关审查确定进出口货物完税价格的基础，而了解成交价格的含义是掌握成交价格估价方法的基础。本节，我们介绍进口货物的成交价格及其估价方法。

一、进口货物的成交价格

进口货物的成交价格，是指卖方向我国境内销售进口货物时，买方为进口该货物向卖方实付、应付的并且按照价格的调整项目进行调整后的价款总额，包括直接支付的价款和间接支付的价款。在充分竞争的市场环境下，没有特殊关系的买卖双方之间基于真实意愿，不存在欺诈、胁迫或者乘人之危等情形所达成的交易价格，符合一般商业规则、惯例，买方通过支付货款和接收货物取得进口货物的所有权，其处置、使用进口货物不会受到限制，转售进口货物可以获得收益，不受进口货物卖方的限制，或者说卖方不会从中再获得任何收益，方可成为海关估价规则中的“成交价格”。

问题 3.1　为什么进出口货物的完税价格必须以成交价格为基础，而不是以正常价格为基础？

《WTO 估价协定》对成交价格的定义是“该货物出口销售至进口国时依照第八条规定进行调整后的实付、应付的价格”。我国作为 WTO 的成员，毫无保留地加入了包括《WTO 估价协定》在内的 WTO 一揽子多边贸易协定，修改了《海关法》《进出口关税条例》《审价办法》等涉及海关估价的法律法规和规章，使我国的海关估价制度符合 WTO 估价规则。因此，我国尊重国际贸易实际，遵循以成交价格为基础的 WTO 估价原则，摒弃了以正常价格为基础的海关估价规则。

案例 3-3　京通公司进口腰果估价案

京通公司向越南湄越公司购买 100 吨进口腰果，价格为 CIF 天津 5800 美元/吨，合同约定：京通公司应于发货当日向湄越公司支付货款的 20%，于货物到港之日向湄越公司支付货款的 60%，货物到港后十天内向第三方合旺公司支付货款的 20%，以冲抵湄越公司对合旺公司的债务。进口货物到港后，京通公司向 T 海关申报，但尚未支付第三笔货款。T 海关以成交价格估价方法确定完税价格。

进口货物的成交价格是卖方向我国境内销售进口货物时买方为进口该货

物向卖方实付、应付的价款总额，包括直接支付的价款和间接支付的价款。本案中，湄越公司是向我国境内销售进口腰果的卖方，京通公司是向我国境内购入进口越南腰果的买方，通过履行付款义务，购入货物，并且为此承担风险，享有收益。进口腰果的成交价格，即买方京通公司为进口越南腰果而向卖方湄越公司实付、应付的价款总额：580000 美元（5800×100），包括实付价款 464000 美元（80%货价）和应付价款 116000 美元（20%货价），其中，向卖方湄越公司支付的货款属于直接支付的价款，应向第三方合旺公司支付的货款属于间接支付的价款。

进口货物的成交价格不一定就是进口货物的合同价格，也不一定就是进口货物的申报价格。理解成交价格的定义，我们必须进一步深入了解成交价格涉及的有关术语。

（一）销售

进口货物成交价格定义中的销售，是指将进口货物实际运入我国境内，货物的所有权和风险由卖方转移给买方，买方为此向卖方支付价款的交易行为。使用进口货物成交价格估价方法的重要前提，是进口货物买卖双方存在销售行为，如果进口货物不存在销售，则海关不能使用成交价格估价方法。进口货物有以下情形的，不存在销售：免费交付的货物（如礼品、货样、广告品）；寄售的进口货物；代销的进口货物；由非独立法人实体的分支机构进口的货物；按租借或者租赁合同价款进口的货物；以出借方式提供但所有权仍属于出借方的货物；发货人向进口商支付劳务费用，为在境内处理、销毁而进口的货物；来料加工、来件装配进口货物；补偿贸易进口货物；其他不存在销售的进口货物。

问题 3.2 合同价格、申报价格、成交价格、完税价格等概念有什么区别、联系和作用？

合同价格是指进出口货物的买卖双方订立合同时约定的价格；申报价格是指进出口货物的收发货人向海关申报时根据合同约定以及海关规定在报关单上填报的价格；成交价格是指货物跨境销售时，买方为进口该货物向卖方实付、应付的并且按照价格的调整项目进行调整后的价格；完税价格是指进出口货物以从价税征收进出口关税时的计税价格。在国际贸易中，买卖双方签订合同达成交易，就形成合同价格，也称交易价格；进出口商根据申报要求填写报关单，就形成了申报价格；海关通过审核报关单及随附合同、发票等单证资料，符合成交价格条件的，就可以确定成交价格；再经过价格项目的调整，最终审定完税价格，计征进出口关税。

案例 3-4　羊城公司租赁进口盾构机估价案

羊城公司向 H 海关申报租赁进口盾构机一套，价值 2900 万元。合同约定，租期 5 年，租金 600 万元/年，租赁期满后需退运出境。但 3 年后，境外所有人以 1900 万元的价格将该盾构机售予深交公司。

销售是指将进口货物实际运入我国境内，货物的所有权和风险由卖方转移给买方，卖方为此向买方收取价款的交易行为。本案中，羊城公司以租赁方式进口盾构机，虽然存在货物进口、支付价款的行为，进口货物的风险也通过交付转移到羊城公司，但是由于所有权没有转移，不构成将进口货物向我国境内销售的行为，因此，被估价的进口盾构机不存在成交价格，H 海关不得使用成交价格估价方法确定完税价格，可以以租赁期间的租金 600 万元/年为基础，确定完税价格，分期征收进口税款；深交公司以 1900 万元购买该盾构机，所有权和风险转移给买方深交公司，对于深交公司留购的二手盾构机，H 海关应当以留购价格 1900 万元确定完税价格。

（二）实付、应付

进口货物成交价格定义中的实付、应付价格，是指买方为购买进口货物已经支付的价款，以及应当支付但尚未支付的价款总额，包括直接或者间接支付的价款总额，即作为卖方销售进口货物的条件，由买方向卖方或者为履行卖方义务向第三方已经支付或者将要支付的全部款项。

案例 3-5　致远公司进口空调压缩机估价案

致远公司向 K 海关申报进口空调压缩机，价格为 CIF 800 元/台，K 海关审核发现，致远公司与卖方松菱公司另行签订的商标专用权许可合同约定：松菱公司授权致远公司使用进口的空调压缩机在境内组装制造松菱牌空调器，致远公司需按空调器销售额的 5%，支付卖方商标使用费；如违反约定，致远公司需支付进口空调压缩机价格 10%的违约金。此时，进口货物价款已支付，但商标使用费尚未支付。

作为卖方销售进口货物的条件，由买方向卖方或者为履行卖方义务向第三方已经支付或者将要支付的全部款项，构成了进口货物的实付、应付价格。本案中，买方致远公司为进口空调压缩机而向卖方松菱公司支付的实付价格（800 元/台）、应付价格（用进口压缩机制造的空调器销售额的 5%的商标使用费），都应一并计入进口空调压缩机的完税价格。

在国际贸易中，进出口货物可以有各自不同的定价方式，以下介绍一些特别的定价方式。

1. 折扣

折扣是指卖方根据买方的购买情况而给予买方的价格减让，可分为现金折扣、数量折扣、交易折扣、实物折扣、购买折扣等不同类型。现金折扣是指卖方因买方以现金而非信用来支付货款而给予的价格优惠；数量折扣是指卖方因买方购买数量较多的货物而给予买方的价格优惠；交易折扣是指卖方因买方是长期客户或者大客户而给予的价格优惠；实物折扣是指卖方向买方免费赠送一定数量的相同或者其他货物的促销方式；购买折扣是指卖方因买方在约定的到期日之前付款而给予的价格优惠。折扣是在商业上可以接受的一种销售手段，进口货物折扣之后的实付、应付价格，一般可用于海关估价。对存在折扣价格的进出口货物的估价，应遵循以成交价格为基础的估价原则，折扣的类型、方式、幅度以及卖方对其他买方获得折扣的限制，通常都不应成为拒绝接受成交价格的理由，除非是买卖双方之间存在特殊关系，且卖方只给予买方独家的折扣或者非正常的折扣。

问题 3.3 存在折扣价格的进出口货物应如何确定完税价格?

折扣是在商业上可以接受的一种促销手段，是卖方根据买方的购买情况而给予买方的价格减让。进口货物折扣之后的实付、应付价格，一般都可用于海关估价。发生在货物进出口之前的价格折扣，海关经审查应予以认可；但发生在向海关申报以后的回溯性折扣，海关一般不予认可。对存在折扣价格的进出口货物的估价，仍应遵循以成交价格为基础的估价原则，只要买卖双方之间不存在特殊关系，卖方并非只给予买方独家折扣或者非正常的折扣，折扣的类型、方式、幅度以及卖方对其他买方获得折扣的限制，通常都不应成为拒绝接受成交价格的理由。

案例 3-6 尚礼公司进口舞台控制系统估价案

尚礼公司向 F 海关申报进口舞台声光电气控制系统一套，价格为 CIF 76 万元。F 海关审查发现，双方合同约定：货物价格为 CIF 80 万元，但如果买方在货物签订之日起 1 个月内付款，可享受 5%的折扣；如果超出一个月付款，则无折扣。尚礼公司于签订合同的 1 个月内支付了货款。F 海关按 76 万元确定完税价格。

进口货物的成交价格，是指卖方为向我国境内销售进口货物而向买方收取的实付、应付价款总额。本案中，虽然合同约定进口货物的价格是 CIF 80 万元，但由于存在购买折扣条款，买方尚礼公司的实付、应付价款总额是 CIF 76 万元，F 海关应在该价款总额的基础上，审查确定尚礼公司进口舞台控制系统的完税价格。

案例 3-7　果实公司进口榴梿估价案（1）

果实公司与境外卖方约定，在规定时段内购买榴梿可享受以下数量折扣：10 吨以下无折扣；10~50 吨，5%的折扣；超过 50 吨，10%的折扣。果实公司第一笔交易购买了 15 吨，从 Q 海关进口；第二笔交易购买了 40 吨，货物分两批各 20 吨，分别从 R 海关和 S 海关进口。Q、R、S 海关以进口榴梿的实付、应付价格为基础，分别确定完税价格，其中 Q 海关以扣除 5%数量折扣后的价格为完税价格，R 海关和 S 海关均以扣除 10%数量折扣后的价格作为完税价格。

完税价格以进口货物的成交价格为基础。本案中，果实公司进口榴梿存在数量折扣优惠。其中，第一笔交易的数量是 15 吨，可以享受 5%的数量折扣，故 Q 海关应当以扣除 5%折扣后的价格确定完税价格；第二笔交易的数量是 40 吨，其累计交易数量超过 50 吨，可以享受 10%的数量折扣，故 R 海关和 S 海关都应当以扣除 10%折扣后的价格，分别确定各 20 吨进口榴梿的完税价格。

案例 3-8　果实公司进口榴梿估价案（2）

果实公司第二笔购买 40 吨榴梿时，其累计购买数量已经超过 50 吨，境外卖方决定对其第一笔交易的 15 吨榴梿再给予 5%的回溯性数量折扣，该折扣价款用于冲抵第二笔交易的等值应付价款。R 海关和 S 海关仍以扣除 10%折扣后的价格分别确定各 20 吨进口榴梿的完税价格；果实公司申请 Q 海关退还多征税款，但 Q 海关未予接受。

成交价格是指卖方为向我国境内销售进口货物而向买方收取的实付或者应付价款的总额，完税价格应当以进口货物的成交价格为基础而确定。本案中，果实公司进口榴梿的第二笔交易可享受 10%的数量折扣，卖方基于购买总数量超过 50 吨而再给予第一笔交易货物 5%的折扣，被用于冲抵第二笔交易的等值应付价款，属于第二笔交易的间接支付，并非针对本次第二笔交易的折扣，因此，R 海关和 S 海关仍应以实付、应付价格为基础，即以扣除 10%数量折扣后的价格确定完税价格。由于果实公司第一笔 15 吨进口榴梿是一项独立的交易，Q 海关审查确定该笔进口榴梿的完税价格，应当以扣除 5%数量折扣后的价格为基础；除非第一笔进口榴梿申报时，第二笔 40 吨进口榴梿的交易也已经生效，且卖方再次给予果实公司第一笔交易货物 5%的数量折扣也已经生效，Q 海关方可以扣除 10%数量折扣后的价格确定完税价格。

案例 3-9 果实公司进口榴梿估价案（3）

果实公司两笔交易共三批榴梿分别进口后，境外供应商基于果实公司购买了数量较多的榴梿，再给予 2%的额外回溯性折扣。果实公司分别申请 Q、R、S 海关退税，但均未获接受。

进口货物应当如实申报，其完税价格以该货物的成交价格为基础由海关审查确定，并且以该货物申报时所提供的单证、资料、证据为依据。本案中，果实公司第一批 15 吨进口榴梿申报时，其购买数量未达到卖方再给予 2%额外折扣的额度，故 Q 海关不可能接受其退税申请；果实公司第二、第三批进口榴梿申报时，如果未能提供其已经获得该 2%额外回溯性折扣的相关单证、证据，则该 2%的额外折扣也不能从完税价格中进行扣减。因此，除非在第二、第三批榴梿进口时，卖方的 2%额外折扣已经发生，果实公司照实申报并且提供了相关单证、证据，R 海关和 S 海关方才应当按扣除 12%折扣的价格确定完税价格，否则，Q、R、S 海关均应不接受果实公司的退税申请。

案例 3-10 童乐公司进口玩具估价案

童乐公司向 X 海关申报进口某品牌型号玩具 5500 件，单价为 CIF 100 元/件，总价为 CIF 500000 元。X 海关审查发现，买卖双方之间的合同约定：如买方购买数量达到 5000 件及以上，卖方免费赠送 10%同品牌型号的玩具。童乐公司订购了该品牌型号玩具 5000 件，卖方免费赠送了 500 件。X 海关最终确定童乐公司进口的 5500 件玩具的完税价格为 550000 元。

实物折扣中卖方免费赠送的货物，由于买方不需要承担付款义务，所以，不存在销售行为，也不存在成交价格，海关应当采用其他估价方法确定其完税价格。本案中，童乐公司以 CIF 100 元/件的单价订购玩具 5000 件，卖方免费赠送 500 件作为实物折扣。X 海关应当以 100 元/件的价格为基础，确定合同项下 5000 件进口玩具的完税价格为 500000 元；而免费赠送的 500 件玩具由于不存在销售，不存在成交价格，X 海关应当以相同货物成交价格估价方法，以同时进口的相同品牌型号玩具的成交价格（100 元/件），确定完税价格为 50000 元。最终，全部 5500 件进口玩具的完税价格为 550000 元。

2. 一揽子交易

一揽子交易是指买卖双方以一笔单一的总价款同时销售不同种类的货物的情形。一揽子交易包括：不同种类的货物以单一的总价款销售、不同品质的货物以单一的总价款销售、同一交易中不同种类的货物仅因关税或者其他原因而单独定价等。假设买卖双方就一批不同种类的进口货物确定一个总价款进行一揽子交易，且不同种类的进口货物分别归入不同的商品编码，如果经海关审查认为一揽子交易价格符合成交价格条件的，则仍应以成交价格为基础，确定一揽子交易中不同种类货物的完税价格，同时，应当根据公认的会计原则对归入不同商品编码的货物的一揽子总价款进行合理分摊，海关可以使用以前进口的相同或者类似货物的成交价格进行分摊，纳税义务人可以基于公认的会计原则和客观量化的数据资料提出合理分摊价格的意见。如果经海关审查认为一揽子交易价格不符合成交价格条件的，则应当依次使用其他估价方法，分别确定一揽子交易中不同种类货物的完税价格。

问题 3.4 海关在确定一揽子交易项下进口货物的完税价格时，如何进行价格分摊？

如果一揽子交易价格符合成交价格条件，海关应以成交价格为基础，确定一揽子交易中不同货物的完税价格，并根据公认的会计原则对归入不同商品编码的货物的一揽子总价款进行合理分摊。既可以使用以前进出口的相同或者类似货物的成交价格进行分摊，也可以基于公认的会计原则和客观量化的数据进行合理的价格分摊。但如果一揽子交易价格不符合成交价格条件，或者一揽子交易的不同货物无法采用以前进口过的相同或者类似货物的成交价格进行分摊，也无法以公认的会计原则和客观量化的数据进行合理的价格分摊，则应当依次使用其他方法分别估定。

案例 3-11　天旅公司进口旅行用品估价案

天旅公司向 Z 海关申报进口运动帐篷、铲子、指南针、手电筒、水桶、烧锅等旅行用品一批，以上商品可以组合成套装，以一揽子价格 CIF 20 万元交易。Z 海关经审查，决定以成交价格估价方法确定完税价格，并根据之前进口相同或者类似货物的情况和天旅公司对一揽子交易总价款的分摊意见，分别确定每一种类货物的完税价格。

进口货物一揽子交易价格只要符合成交价格条件，就不应当排除使用成交价格估价方法确定完税价格。本案中，天旅公司通过一揽子交易进口不同种类的旅行用品，如果其交易价格符合成交价格条件，Z 海关应当以成交价格为基础，使用以前进口相同或者类似货物的成交价格，对一揽子交易价格进行合理分摊，或者由天旅公司根据公认的会计原则和客观量化的数据提出的分摊意见，确定每一种类旅行用品的完税价格。

案例 3-12　美丽生活公司进口纸浆估价案

美丽生活公司向 X 海关申报由“海洋之鹰”号货轮装载进口的高、中、低三种不同品质的纸浆3000吨。该批纸浆是按照CIF 1000元/吨的一揽子交易价格购得。X海关经质疑、磋商，以合理方法分别确定不同品质纸浆的完税价格。

如果进口货物符合成交价格条件，海关应当以成交价格估价方法确定完税价格；否则，应当以其他方法估定。本案中，美丽生活公司通过一揽子交易进口不同品质的纸浆，如果每一种品质的纸浆是按照一定比例进口的，则仍可以使用成交价格估价方法，在一揽子交易的成交价格基础上，以申报进口的不同品质的纸浆占整批货物总量的比例，计算出该部分纸浆的价格，确定完税价格；如果无法根据公认的会计原则和客观量化的数据对一揽子交易总价款分摊出每一种不同品质纸浆的价格，则应当视为成交价格不能确定，使用其他方法，分别确定不同品质进口纸浆的完税价格。

案例3-13　中饮公司进口苹果酒及灌装容器估价案

中饮公司向D海关申报一揽子交易项下进口苹果酒及灌装容器一批，中饮公司为了降低税负，要求供货商压低进口苹果酒的发票价格，提高灌装容器的发票价格，但总价款未改变。由于D海关对申报价格有疑问，经价格质疑、磋商，D海关以合理方法分别估定进口苹果酒和灌装容器的完税价格。

进口货物的完税价格不能确定的，不能使用成交价格估价方法。本案中，中饮公司进口的苹果酒和灌装容器虽然一起进口，但由于灌装容器未装有苹果酒，不是苹果酒的组成部分，所以灌装容器和苹果酒应当分开申报和纳税。同时，灌装容器和苹果酒存在一揽子交易下的价格对冲问题，其申报价格不合理且不能排除海关的怀疑，这种定价方式虽然未改变一揽子交易下的应付总价款，但是由于进口苹果酒和灌装容器的成交价格受到了使其无法确定的条件和因素的影响，成交价格不能确定，只能使用成交价格估价方法以外的其他方法确定完税价格。需要指出的是，通过修改价格的方法来减少进口税负，有可能违背如实申报的法定义务，具有承担相应法律责任的潜在风险。

3. 公式定价

公式定价是指在向我国境内销售货物所签订的合同中，买卖双方未以具体明确的数值约定货物价格，而是以约定的定价公式确定货物结算价格的定价方式。结算价格是指买方为购买该货物实付、应付的价款总额。在农产品、原油及石化产品、金属及矿产等大宗货物的国际贸易中，采用公式定价进行交易的情况非常普遍。买卖双方会先在合同中约定一个暂定的价格，结算价格根据约定时段内针对市场行情变化进行调整的定价公式而确定。如果买卖双方在货物的进口前书面约定了定价公式，而结算价格取决于买卖双方均无法控制的客观条件和因素，自货物申报进口之日起六个月内，进口货物能够根据合同约定的定价公式确定结算价格，且结算价格符合成交价格有关规定的，海关应当以合同约定定价公式所确定的结算价格为基础，确定完税价格；如果不符合上述条件，海关应当另行估价。由于大宗商品的长期交易合同往往会涉及市场行情变化、贴水、折扣、回扣、代理、佣金、担保、运费保费、利息、结算方式、赔偿金等诸多条件和因素，如果在报关时还无法确定结算价格，纳税义务人应当在公式定价合同项下首批货物进口或保税货物内销前，向首批货物申报地海关或企业备案地海关提交公式定价合同海关备案表，提供进口货物或者保税货物的合同、定价公式的作价基础、计价期、结算期、折扣、成分含量、数量等影响价格的要素，以及进境关别、申报海关、批次和数量安排等情况说明和其他有关资料，办理备案确认手续。公式定价货物进口时，如果结算价格不能确定，以暂定价格申报的，纳税义务人应当向海关办理税款担保。纳税义务人应当在公式定价货物结算价格确定之日起 30 天内向海关提供确定结算价格的相关材料，办理报关单修改手续，同时办理税款缴纳及其他海关手续。如果进口货物自申报起六个月内不能确定结算价格，或者结算期限延长至九个月仍不能确定结算价格的，海关另行估价征税。

问题 3.5 如何区分公式定价、定价公式、暂定价格、结算价格、申报价格等概念？

公式定价是指在向我国境内销售货物所签订的合同中，买卖双方未以具体明确的数值约定货物价格，而是以约定的定价公式确定货物结算价格的定价方式。定价公式是指公式定价交易中买卖双方约定的确定进出口货物结算价格的公式、条件或者其他要素。暂定价格是指公式定价交易中买卖双方为了便于办理进出口货物的报关、运输、保险等手续而临时约定的并非用于最终结算的货物的价格。结算价格是指公式定价交易中买卖双方根据定价公式最终确定的该货物的实付、应付价格。申报价格是指进口货物收货人向海关申报时根据合同约定和海关规定在报关单上填报的价格。

问题 3.6 进口货物报关时结算价格尚未确定，海关如何审定完税价格？

公式定价货物进口前，纳税义务人可以向海关办理公式定价备案确认手续。货物进口时，纳税义务人以暂定价格申报，并办理税款担保手续。纳税义务人应当在结算价格确定后 30 天内向海关提交确定结算价格的相关资料，办理报关单修改手续，海关以结算价格为基础确定完税价格并计征税款。如果进口货物在规定期限内无法确定结算价格，或者结算价格不符合成交价格条件，海关应另行估价。

案例3-14　北方公司进口铜锭估价案

北方公司通过公式定价合同长期购买铜锭进口到国内，其向T海关提交的公式定价合同海关备案表显示，进口铜锭的结算价格以发货当月伦敦金属交易所公布的月平均价格加减贴水构成，T海关予以备案。货物进口时，北方公司以暂定价格申报，并办理税款担保。结算价格确定后，北方公司向T海关提供了确定结算价格的相关材料，办理报关单修改手续，T海关以结算价格为基础审定完税价格，北方公司缴税后，T海关解除了税款担保。

公式定价货物进口前，纳税义务人应当向海关办理备案手续；结算价格确定后，纳税义务人应当办理报关单变更手续并缴纳税款。本案中，北方公司通过公式定价合同进口的铜锭向T海关办理了备案手续。货物进口时，如果结算价格尚未确定，北方公司应当凭暂定价格进行申报，同时办理税款担保手续。在结算价格确定后30天内，北方公司应当办理报关单变更手续。如果结算价格符合成交价格条件，T海关应当以结算价格为基础，确定完税价格征收税款；如果结算价格不符合成交价格条件，或者自货物申报起六个月内仍不能确定结算价格的，T海关应另行估价征税。

案例3-15　大谷公司进口小麦稽查补税案

大谷公司与维京谷物公司通过公式定价合同长期购买进口大豆、小麦、玉米等大宗农产品。S海关通过稽查发现：大谷公司通过代理人在芝加哥商品交易所（CME）进行过多笔大宗粮食交易，其中在近一年内，大谷公司曾两次将合约期货转单给维京谷物公司，而维京谷物公司直接按照转单期货合约的买入价确定为进口小麦的结算价格。T海关认为买卖双方存在操控价格的行为，使进口小麦的结算价格受到使价格无法确定的条件和因素的影响，决定对大谷公司原进口的两批小麦进行重新估价，补征税款。

在公式定价交易中，如果结算价格取决于买卖双方都无法控制的客观条件和因素且符合成交价格规定的，海关以结算价格为基础审定完税价格，否则应另行估价。本案中，买卖双方在CME相互进行期货交易，买方大谷公司通过选择性的转单方式，将本公司持有的低价小麦合约转让给卖方维京谷物公司，维京谷物公司再以转单期货合约的买入价作为公式定价进口小麦的结算价格。进口小麦的结算价格（成交价格）受到买卖双方的人为操控，该结算价格不应成为完税价格的基础，S海关应当以其他方法确定完税价格。

（三）直接支付、间接支付

进口货物成交价格定义中的直接支付，是指买方将货款的全部或者部分直接支付给卖方的付款方式；间接支付，是指买方根据卖方的要求，将货款的全部或者部分支付给第三方，或者冲抵买卖双方之间的其他资金往来的付款方式。买方为进口货物而向卖方直接支付或者间接支付的价款总额，构成该进口货物的成交价格。

问题 3.7 成交价格中的“实付”与“应付”、“直接支付”与“间接支付”，有什么具体意义？

进口货物的成交价格，是指卖方向我国境内销售进口货物时，买方为进口该货物向卖方实付、应付的价款总额，包括直接支付和间接支付的价款总额。进出口货物的成交价格，既是实付价格和应付价格的总额，也是直接支付价款和间接支付价款的总额，是进出口货物完税价格的基础。海关估价应当先确定进出口货物的成交价格，再进行价格项目的调整，才能最终确定该货物的完税价格。

案例 3-16 银江公司进口厨具估价案

银江公司向 Y 海关申报进口厨具一批，价格为 CIF 180000 元，实际上银江公司只支付 100000 元，另有 80000 元用卖方马六甲公司之前对银江公司的欠款冲抵。Y 海关以进口货物成交价格估价方法，确定完税价格为 180000 元。

进口货物的成交价格是指买方为进口货物而向卖方支付，或者为履行合同义务而向第三方支付的价款的总额，既包括直接支付的价款，也包括间接支付的价款。本案中，银江公司进口厨具的价款总额是 180000 元，包括直接支付的 100000 元，也包括间接支付的 80000 元。Y 海关应当以直接支付和间接支付的价款总额 180000 元，作为进口厨具的完税价格。

案例 3-17 大地公司进口天然气估价案

大地公司向 K 海关申报进口天然气 20000 立方米，K 海关经审查认为价格存疑。经 K 海关价格质疑，大地公司提供了书面说明和有关材料，说明买卖双方以滚动结算方式将前次交易的余款在本次交易中进行了扣减。K 海关将扣减金额计入完税价格并计征税款。

在国际贸易中，买方可以根据卖方的要求，将货款的全部或者部分支付给第三方，或者冲抵买卖双方之间的其他资金往来。本案中，大地公司将前次交易的应收余款在本次交易中进行相应的扣减，构成了对卖方的间接支付行为，扣减的金额应当计入进口天然气的应付价款中。大地公司为进口天然气而向卖方直接支付或者间接支付的价款总额，构成该笔交易的成交价格。因此，K海关将扣减金额计入完税价格的行为是正确的。

二、进口货物成交价格的条件

进口货物的成交价格，应当符合以下条件：对买方处置或者使用进口货物不予限制，法律、行政法规规定实施的限制、对货物转售地域的限制和对货物价格无实质性影响的限制除外；进口货物的价格未受到使该货物成交价格无法确定的条件或者因素的影响；卖方不得从买方直接或者间接获得因货物进口后转售、处置或者使用而产生的任何收益，或者虽有收益但可以以客观量化的数据进行调整；买卖双方之间没有特殊关系，或者虽有特殊关系但未对成交价格产生影响。

（一）对买方处置或者使用进口货物未予限制

进口货物成交价格的条件之一，是对买方处置或者使用该进口货物不予限制。如果进口货物只能用于展示、免费赠送，只能销售给指定的第三方或者加工为成品后只能销售给卖方或者指定的第三方，则海关会认为买方处置或者使用进口货物受到了限制，进口货物不符合成交价格条件，不得使用进口货物成交价格估价方法确定完税价格。但是，如果仅仅是属于法律、行政法规规定实施的限制、对货物转售地域的限制或者是对货物价格无实质性影响的限制，则不受影响，进口货物仍然可以认定为符合成交价格的条件，可以使用进口货物成交价格估价方法确定完税价格。

问题3.8 为什么要规定成交价格的条件？

进口货物的完税价格以该货物的成交价格为基础，而成交价格以该货物的销售为前提，没有销售就没有成交（销售）价格。海关估价规则规定成交价格的条件，就是为了进一步解释销售这一概念。在国际贸易中，只有发生了销售行为，进口货物的所有权才可能发生变化，买方才会为取得货物的所有权而支付价款，货物才会因交付而发生风险转移，买方使用、转售、处置进口货物才不会受到限制。因此，海关估价规则进一步规定成交价格的条件，就是为了确保进口货物的价格构成、价格条件以及影响价格的因素都符合成交价格的定义。

问题 3.9 “对买方处置或者使用进口货物不予限制”的规定具有什么含义？

“对买方处置或者使用进口货物不予限制”是进口货物成交价格的条件之一，是指买方通过支付货款和接收货物取得了进口货物完整的所有权，有权自行转售、处置或者使用进口货物，不受卖方的任何约束，卖方不会因买方转售、处置或者使用进口货物而获得收益，进口货物可以以成交价格估价方法确定完税价格。如果买方处置或者使用进口货物受到卖方的限制，或者卖方可以从买方在境内转售进口货物获得收益，除非该转售收益可以以客观量化的数据计算，否则，该进口货物不符合成交价格的条件，不能使用成交价格估价方法进行估价。

案例 3-18 顺大公司进口电脑估价案

顺大公司向 P 海关申报进口 1000 台某品牌某型号台式电脑，价格为 CIF 500 美元/台。P 海关审查后发现，买卖双方合约约定：卖方出售给买方顺大公司的电脑，只能售予某高校用于教学目的，否则买方顺大公司应支付 100 美元/台的违约金。P 海关认为顺大公司申报的价格不符合成交价格条件。

进口货物只能销售给指定的第三方，应当视为对买方处置或者使用进口货物进行了限制。本案中，卖方出售给买方顺大公司的电脑只能售予某高校用于教学目的，该限制不属于法律、行政法规规定实施的限制，也不属于对货物转售地域的限制，而是进口货物只能销售给指定第三方的限制。违约金条款说明了该限制对货物价格有实质性影响，因此，该申报价格不符合进口货物成交价格的条件，成交价格不能确定，不能使用进口货物成交价格估价方法。

（二）不存在使成交价格无法确定的因素

进口货物成交价格的条件之二，是货物的价格未受到使该货物成交价格无法确定的条件或者因素的影响。如果进口货物的价格以买方向卖方购买一定数量的其他货物为条件，则海关会认为进口货物的价格受到了使该货物的成交价格无法确定的条件或者因素的影响，不符合进口货物成交价格的条件，进口货物成交价格无法确定，不能使用进口货物成交价格估价方法确定完税价格；如果进口货物的价格以买方向卖方销售其他货物为条件，则海关同样也会认为进口货物的价格受到了使该货物的成交价格无法确定的条件或者因素的影响，不符合进口货物成交价格的条件，进口货物成交价格无法确定，不能使用进口货物成交价格估价方法确定完税价格。

问题 3.10 “货物的价格不得受到使该货物成交价格无法确定的条件或者因素的影响”指的是什么条件、因素？

成交价格是反映进出口货物的成本、价值、费用的依据和标准，通常以一定数额的货币进行衡量。如果进出口货物的价格以一定数额货币以外的其他条件、因素进行约定，例如，进口货物的价格除了以一定数额的货币衡量外，买卖双方还约定以买方销售或者购买其他货物作为条件，则该进口货物的价格视为受到使成交价格无法确定的条件的影响。

案例 3-19　深安公司进口放射性医疗检测仪估价案

深安公司向N海关申报进口某品牌某型号放射性医疗检测仪，N海关审核发现，买卖双方合同约定：买方应当在合同生效后五年内每年购买不少于2000个单位的相同品牌型号检测仪专用的检测试剂；违反约定，卖方有权主张合同标的10%的违约金。N海关认为，该进口放射性医疗检测仪的价格受到使成交价格无法确定的条件或者因素的影响，不应采用进口货物成交价格估价方法确定完税价格。

进口货物的成交价格应当是进口货物向境内销售时对应的价格，如果销售行为不仅针对被估价的进口货物，还受到其他无法客观、可量化的因素的影响，则海关有理由认为进口货物的价格受到了使该货物成交价格无法确定的条件或者因素的影响。本案中，深安公司进口的放射性医疗检测仪的合同约定，五年内每年购买2000个单位的检测试剂，显示进口货物存在搭售行为，N海关可以认定，该约定使进口医疗检测仪的成交价格受到了影响而无法确定，申报价格不符合进口货物成交价格的条件，成交价格无法确定，不应使用进口货物成交价格估价方法确定完税价格。

案例 3-20　桂优公司进口瓷砖估价案

M海关通过对桂优公司进行价格核查发现，桂优公司是蒂尔公司的国内独家代理商，蒂尔公司是某著名品牌的进口瓷砖的制造商。双方独家代理协议约定：货物在进口国的销售价格由双方根据市场行情共同商定；如违反约定，蒂尔公司有权主张违约金，并且取消桂优公司的独家代理商资格。M海关据此认定，桂优公司进口瓷砖的价格受到使成交价格无法确定的条件或者因素的影响，不符合成交价格条件，成交价格不能确定，应另行估价。

进口货物的成交价格不得因搭售或者其他条件、因素的影响而无法确定。如果进口货物的价格以买方向卖方购买或者销售其他货物为条件，则海关会认为进口货物的价格受到了使该货物的成交价格无法确定的条件或者因素的影响，不符合进口货物成交价格的条件，进口货物成交价格无法确定，不能使用进口货物成交价格估价方法确定完税价格。本案中，“货物在进口国的销售价格由双方根据市场行情共同商定”的约定，使进口货物在国内的销售价格仍受到卖方的影响，但该约定的条件对货物的进口价格并没有任何影响，因此，M 海关的认定有误，应当予以纠正。

（三）进口货物的卖方不能获得转售收益

进口货物成交价格的条件之三，是卖方不得从买方直接或者间接获得因该货物进口后转售、处置或者使用而产生的任何收益，或者虽有收益但能够以客观量化的数据进行调整。在一般情况下，买方通过支付货款和交付货物，获得进口货物的所有权，便可以自由支配、处置、使用或者转售进口货物。但如果卖方仍可以从买方通过进口货物的转售、处置或者使用而产生收益，则海关可以认定进口货物不符合成交价格的条件，成交价格无法确定。如果转售收益可以通过客观量化的数据来衡量，则海关仍应认定进口货物符合成交价格条件，并按照公认的会计原则，把转售收益计入进口货物的实付、应付价格中。

问题 3.11 什么是转售收益？如何区分转售收益和股权收益？

转售收益是指进口货物的买方将该进口货物在境内转售他人而获得的收益。进口货物成交价格的条件之一，就是卖方不得从买方进口货物的使用、处置或者销售中获得收益。如果卖方存在转售收益，且该收益未包含在进口货物的成交价格中，则海关估价时应当将转售收益计入完税价格。股权收益是指公司股东根据其占有的公司股权份额而从公司的赢利分红中获得的收益。股权收益与进口货物无关，也不是货物向我国境内销售的条件，不构成进口货物完税价格的组成部分，不应计入进口货物的完税价格。

案例 3-21 云尚公司被稽查追征税款案

A 海关通过对云尚公司稽查发现，云尚公司是乐童公司的国内经销商，乐童公司是某著名品牌进口儿童服装、玩具及日用品的国外供应商，双方的经销协议约定：云尚公司应当每年将进口货物国内销售总额的 5%支付给乐童公司，乐童公司可以自行或者委托第三方对云尚公司进口货物销售情况进行审计；如违反约定，乐童公司有权主张违约金，并且取消云尚公司国内经销商资格。A 海关据此认定云尚公司进口货物申报价格不符合成交价格条件，作出追征税款的稽查结论。

卖方不得从买方直接或者间接获得因该货物进口后转售、处置或者使用而产生的任何收益，但如果卖方直接或者间接从买方获得的该货物进口后转售、处置或者使用的收益有客观、可量化的数据，则应当计入完税价格。本案中，“云尚公司应当每年将进口货物国内销售总额的5%支付给乐童公司”的约定，虽然构成了“卖方从买方转售进口货物的收益”，但由于该约定有客观、可量化的数据支撑，属于收益能够根据规定进行调整的情形，因此，云尚公司进口货物符合成交价格的条件，A海关应当将云尚公司从乐童公司进口货物在国内销售价格的5%，计入进口货物的完税价格。

（四）买卖双方之间没有特殊关系

进口货物成交价格的条件之四，是买卖双方之间没有特殊关系，或者虽有特殊关系，但未对成交价格产生影响。如果进口货物的买卖双方之间存在特殊关系并且影响成交价格，则进口货物申报价格不符合成交价格的条件，进口货物成交价格无法确定的，不能使用进口货物成交价格估价方法确定完税价格；如果进口货物的买卖双方有特殊关系但未对成交价格产生影响，则进口货物申报价格仍然视为符合成交价格的条件，可以使用成交价格估价方法确定完税价格。至于什么是特殊关系，在哪些情况下买卖双方的特殊关系影响成交价格，在哪些情况下不影响成交价格，将在本章第四节详细介绍。

三、进口货物成交价格估价方法

进口货物成交价格估价方法是海关以进口货物的成交价格为基础，按照估价规则对影响价格的条件和因素进行调整后，最终确定完税价格的估价方法。成交价格估价方法是海关对进出口货物审定完税价格最优先使用的方法，也是进口货物最常用的海关估价方法。

海关使用成交价格估价方法审查确定进口货物的完税价格，其方法和步骤是：第一步，审核进口货物是否存在销售行为。如果进口货物存在销售行为，买方为取得进口货物所有权需要支付价款，则进口货物存在成交价格；反之，如果进口货物不存在销售行为，则不存在成交价格，不能使用成交价格估价方法确定完税价格。第二步，审查进口货物的申报价格是否符合成交价格的定义、条件。如果成交价格存在对买方处置或者使用该货物的限制，受搭售等因素或者条件的影响而无法确定，卖方从买方转售、处置或者使用进口货物而产生收益，买卖双方之间有特殊关系且对成交价格产生影响，则不能使用成交价格估价方法；反之，则可以使用成交价格估价方法。第三步，审查进口货物的成交价格是否需要进行价格要素的调整。如果需要，则依照海关估价规则规定进行计入或者扣减项目的调整；如果不需要，则不用调整。第四步，确定完税价格。如果进口货物存在销售行为，申报价格符合成交价格定义、条件，且依照估价规则进行了调整，则该申报价格或者经过调整后的成交价格即可成为为完税价格的基础。

问题 3.12 为什么确定成交价格对于海关估价非常重要？

成交价格是进出口货物完税价格的基础，海关审查确定进出口货物的完税价格，必须先审查确定进出口货物的成交价格。如果进出口货物的成交价格不能确定，海关就无法以成交价格为基础确定完税价格，只能使用进出口货物成交价格以外的其他估价方法确定完税价格。因此，确定进出口货物的成交价格对于海关估价非常重要。

问题 3.13 海关如何确定进出口货物是否存在成交价格？如何确定成交价格？

海关在审查进出口货物的申报时，应当先审核进出口货物是否存在销售。如果存在销售行为，海关应进一步审查该货物的申报价格是否符合成交价格的定义、条件；如果符合，就应当确定进出口货物的成交价格，经过价格项目调整后，确定进出口货物的完税价格；如不符合，则进出口货物的成交价格不能确定，需另行估定完税价格。如果进出口货物不存在销售行为，则不存在成交价格，应以其他方法估定完税价格。

案例 3-22　湛海公司进口船用雷达估价案

湛海公司向 Z 海关申报进口船用雷达 2 套，价值为 CIF 68000 元。Z 海关经查验、质疑和核查，发现该进口雷达的外罩是由湛海公司通过境外第三方以 38800 元的价格所购得，免费提供给制造商安装好后进口，雷达外罩的价格未包含在进口雷达的申报价格内。Z 海关以成交价格估价方法确定完税价格为 106800 元。

进口货物成交价格估价方法要求，如果进口货物的申报价格符合成交价格定义、条件，海关根据估价规则对影响价格的条件或者因素进行计入或者扣除的调整后，即可确定其完税价格。本案中，虽然 Z 海关经审核认为进口雷达的申报价格 68000 元符合成交价格的定义和条件，但作为该雷达价格组成部分的雷达外罩的价格 38800 元未包含在进口雷达的申报价格之中，应对影响价格的条件、因素进行调整，将未计入申报价格的雷达外罩的价格，计入该进口雷达的完税价格，最终确定进口雷达的完税价格是 106800 元。

第三节　成交价格的项目调整

一、成交价格的调整项目

根据成交价格的定义，进口货物的成交价格包含两个组成部分：一部分是卖方向我国境内销售进口货物时买方为进口该货物向卖方实付、应付的价款，另一部分是按照价格的调整项目进行调整后的价款。进口货物成交价格的调整项目，简称“价格调整项目”，是指依据海关估价规则应当计入进口货物成交价格或者从成交价格中扣减的货物或者服务的成本、价值和费用。进口货物的完税价格以该货物的成交价格及该货物运抵我国境内输入地点起卸前的运输及其相关费用、保险费为基础，海关在以成交价格估价方法审查确定完税价格时，除了审查认定进口货物的申报价格符合成交价格定义和条件以外，对存在价格调整项目的，还应当依照估价规则对构成成交价格调整项目的货物或者服务的成本、价值或者费用进行计入或者扣除的调整，使其符合完税价格的标准，并最终确定完税价格。进口货物存在价格调整项目，纳税义务人应当向海关提供价格调整项目的成本、价值或者费用的客观量化数据资料；否则，海关可认定成交价格不能确定，在与纳税义务人进行价格磋商后，以进口货物成交价格估价方法以外的其他方法审查确定完税价格。

问题 3.14　什么是价格调整项目？为什么要进行价格项目调整？

价格调整项目，是指依据海关估价规则应当计入进出口货物成交价格或者从成交价格中扣减的货物或者服务的成本、价值和费用，包括应计入的调整项目和应扣减的调整项目。进出口货物存在价格调整项目的，海关审查确定进出口货物的完税价格时，为确保最终确定的完税价格符合海关估价规则的规定，需要对成交价格进行项目调整，将依法应当计入成交价格且未包含在成交价格中的货物或者服务的成本、价值和费用计入进口货物的成交价格，将依法应当从成交价格中扣减且包含在成交价格中的货物或者服务的成本、价值和费用从进口货物的成交价格中扣除。

案例 3-23　三元公司进口水污染处理系统设备估价案

三元公司向 M 海关申报进口水污染处理系统设备一套，价值 CIF 1500 万元。M 海关审查发现，该价格包含设备安装费 150 万元。另外，三元公司与卖方代理人金利公司另行签订销售代理合同，并支付给金利公司 80 万元销售佣金。M 海关确定进口设备的完税价格为 1430 万元。

以进口货物成交价格估价方法确定完税价格时，海关应当按照估价规则的规定，对构成成交价格的货物或者服务的成本、价值和费用进行计入或者扣除的调整，使其符合完税价格的定义，最终确定完税价格。本案中，三元公司进口的水污染处理系统设备申报价格为CIF 1500万元，其中包含在成交价格中的设备安装费150万元，是设备进口后在境内发生的费用，属于法定扣减的价格调整项目，应当在完税价格中予以扣减；另外，三元公司支付给金利公司的80万元销售佣金，未包含在进口设备的成交价格之中，该费用属于应当计入完税价格的价格调整项目，M海关审查确定完税价格时，应当将其计入进口设备的完税价格。最终，M海关确定进口设备的完税价格是1430万元。

二、应计入的调整项目

应当计入成交价格的价格调整项目，简称“应计入的调整项目”，是指根据海关估价规则，除了买方为进口货物而向卖方实付、应付的价款（包括直接支付和间接支付的价款）以外的应计入成交价格但尚未包含在进口货物成交价格内的其他货物或者服务的成本、价值和费用。只有在使用进口货物成交价格估价方法时，海关才会依照估价规则，对进口货物的价格调整项目进行调整。进口货物的实付、应付价款一般反映在该货物的销售发票上，但如果进口货物的交易还涉及其他独立于销售行为的安排，如知识产权、协助生产的实物补偿、对于货物包装的特别要求、货物进口后的保修等，买卖双方通常会以单独合同约定的方式进行，相关费用未被包含在进口货物的合同销售价格内，也不会记入被估价的进口货物的采购成本，而是被记入费用栏目。在海关估价规则中，这些成本、费用被认为与进口货物的生产、销售密切相关，构成进口货物的完税价格。如果上述价格调整项目包含在成交价格内，则海关确定完税价格时不需要进行调整；如果未包含在成交价格内，则应当依照估价规则计入完税价格。

（一）除购货佣金以外的佣金、经纪费

由买方负担的除了购货佣金以外的其他佣金、经纪费，都应当计入进口货物的完税价格。

购货佣金，也称买方佣金、买方代理费，是指买方委托采购代理商（买方代理人）代为向境外购买被估价的进口货物而向其支付的佣金，即买方代理人为买方寻找供应商和商品并提供采购服务的劳务而取得的报酬。由于购货佣金是进口货物的买方自行从事活动而支付的价款，与卖方向境内销售进口货物无关，不是买方为了进口货物而向卖方支付的货价，不构成进口货物

的实付、应付价格，因此，购货佣金不计入进口货物的完税价格。过去我国有很多公司都没有进出口经营权，需要委托有进出口经营权的公司代理进出口货物。没有进出口经营权的公司（收货人）委托有进出口经营权的公司（买方代理人）代理进口货物，如果海关有证据证明实际销售行为发生在收货人与卖方之间，海关应以没有进出口经营权的收货人作为买方和纳税义务人；而有进出口经营权的买方代理人的购货佣金，不应计入进口货物的完税价格。

问题 3.15　为什么购货佣金不应计入进口货物的完税价格？

进口货物的成交价格，是指卖方向我国境内销售进口货物时，买方为进口该货物而向卖方实付、应付的并且按照价格调整项目进行调整后的价款总额。购货佣金也称买方佣金，是指买方委托采购代理商（买方代理人）代为向境外购买被估价的进口货物而向其支付的佣金，其本质是买方代理人为买方寻找供应商和商品并提供采购服务的劳务而取得的报酬。购货佣金不是买方为进口货物而向卖方直接或者间接支付的价款，不是进口货物成交价格的组成部分，因此，购货佣金不应计入进口货物的完税价格。

案例 3-24　丰乐公司委托进口红酒估价案

丰乐公司没有进出口经营权，委托闽漳公司代理进口法国红酒，价格为 CIF 300 万元，为此向闽漳公司另行支付了 0.8%的代理费，X 海关以成交价格估价方法确定完税价格。

买方佣金是买方向其采购代理商支付的寻找供应商的劳务报酬，不属于买方为进口货物向卖方支付的价款，也不构成买方为进口货物而应当向卖方履行的义务，不计入进口货物的完税价格。本案中，丰乐公司为进口法国红酒而向闽漳公司支付的 24 万元代理费，属于买方佣金，不属于买方丰乐公司为进口红酒而向卖方实付或者应付的价款，不计入进口红酒的完税价格。X 海关应确定该进口法国红酒的完税价格为 300 万元。

销售佣金，也称卖方佣金、卖方代理费，是卖方代理商为卖方寻找买家、征集订单或者视情况安排货物的储存、交付等事宜，为卖方促成交易而获得的报酬。以卖方代理形式销售的商品，如果买方未向代理商支付卖方佣金，则无法购买该货物。在一般情况下，卖方佣金由卖方支付，并且包括在进口货物的成交价格内。如果境外供应商通过卖方代理商销售货物，并且自行支付佣金，卖方佣金包含在进口货物的价格中，则海关在审查确定完税价格时，无须对进口货物的成交价格进行调整；如果销售合同要求买方直接支付卖方佣金，并且该卖方佣金未包含在进口货物的价格内，则海关以成交价格估价方法确定完税价格时，应当进行价格项目调整，将卖方佣金计入完税价格。

案例 3-25 万里行公司进口橡胶估价案

万里行公司向D海关申报进口马来西亚橡胶800吨，海关审核有关单证发现，万里行公司另行向南洋行支付了18万元的代理费，南洋行是马来西亚橡胶的代理商。D海关确定完税价格时将18万元代理费计入进口橡胶的完税价格。

如果进口货物的买方在向卖方支付货款的同时，还必须根据卖方要求向卖方代理商支付佣金，则该卖方佣金属于未计入货价的实付、应付价格的调整项目，应当计入进口货物的完税价格。本案中，买方万里行公司向卖方代理商南洋行支付的18万元代理费，属于卖方佣金，未包含在进口橡胶的成交价格内，D海关应根据估价规则进行价格项目调整，将销售佣金计入进口橡胶的完税价格。

经纪费是指经纪人（也称“中间人”“居间人”）向交易双方收取的费用。经纪人参与买卖双方对合同的商定，但一般不参加合同的签订，经纪人向买卖双方收取经纪费。如果卖方直接向经纪人支付经纪费，经纪费一般会被计入进口货物的成交价格，这时不存在价格调整问题。如果经纪费未被计入进口货物的成交价格，并且由买方承担，或者由买方支付，则应计入进口货物的成交价格。如果经纪费向买卖双方都收取，则只要该经纪费由买方承担并且未包含在进口货物的实付、应付价格中，且不构成买方佣金的，就应当计入进口货物的成交价格。

问题 3.16 购货佣金以外的佣金、经纪费为什么要计入进口货物的完税价格?

进口货物的成交价格，是指卖方向我国境内销售进口货物时，买方为进口该货物而向卖方实付、应付的并且按照价格的调整项目进行调整后的价款总额，包括直接支付和间接支付的价款总额。购货佣金以外的佣金、经纪费属于买方为进口货物而向卖方直接支付或者间接支付的价款，是进口货物成交价格的组成部分，如果未包含在进口货物的完税价格中，海关审查确定完税价格时，应当将其计入进口货物的完税价格。

案例 3-26 大洋公司进口精密数控机床估价案

大洋公司向S海关申报进口精密数控机床一台套，价值23500万元。S海关发现，大洋公司是通过经纪商德尔福公司的协助，才达成购买该精密数控机床的合同，为此向德尔福公司支付了2350万元经纪费。S海关以成交价格估价方法确定完税价格。

进口货物发生的经纪费已包含在货物成交价格内的，海关在确定完税价格时不需要进行价格项目的调整；如果进口货物的成交价格未包含经纪费，海关估价时则应当进行价格项目的调整，将经纪费计入进口货物的完税价格。本案中，大洋公司进口精密数控机床过程中发生的经纪费未包含在货物的成交价格中，S海关在确定完税价格时，应当进行价格项目的调整，将经纪费计入该进口数控机床的完税价格，确定完税价格为25850万元。

（二）容器费

在审查确定进口货物的完税价格时，由买方负担的与被估价进口货物视为一体的容器的费用，应计入进口货物的完税价格。在一般情况下，如果进口货物的包装容器与进口货物一并销售和使用，包装容器的价格会包含在进口货物的成交价格之中。如果容器的费用已计入进口货物的成交价格，则海关估价时不应进行价格项目的调整；如果容器的费用未计入进口货物的成交价格，买方需要另行支付包装容器费的，则海关在确定完税价格时，应当进行价格项目的调整，将容器费计入进口货物的实付、应付价格。其他不属于与货物视为一体的容器的费用，如可重复利用的集装箱、托板等的费用，不属于成交价格的调整项目，不计入成交价格，但仍有可能被视为运输相关费用处理。

问题3.17 哪些容器费用应计入进出口货物的成交价格？哪些不计入？

进出口货物的容器分为与货物视为一体的容器和其他容器。与货物视为一体的容器是指用于盛装货物，与所装货物同时使用，并且通常与所装货物一同出售的容器。在通常情况下，与货物视为一体的容器不单独作价，其成本、价值和费用包含在被估价进出口货物的成交价格中。如果进出口货物的成交价格未包含与货物视为一体的容器的费用，或者买方需要向卖方或者第三方另行支付与货物视为一体的容器的费用，则海关确定完税价格时，应当将该容器费用计入进口货物的完税价格。其他并非与货物视为一体的容器的费用，如集装箱、托板等独立容器的费用，则可能构成进出口货物的运输相关费用，需要按有关规定另行申报。

案例3-27 尚品公司进口葡萄酒估价案

尚品公司向G海关报关进口葡萄酒一批，G海关审查发现，进口货物使用了尚品公司另行指定的包装容器，为此，尚品公司向第三方支付了包装容器费360000元。G海关在确定完税价格时，将容器费计入实付、应付价格。

由买方负担的与进口货物视为一体的容器的费用，应计入进口货物的完税价格。本案中，G海关在审查确定尚品公司进口葡萄酒的完税价格时，包装容器被视为是进口葡萄酒不可分割的组成部分，因此，如果进口葡萄酒的成交价格未包含包装容器费，尚品公司单独向第三方支付的360000元包装容器费应当进行价格项目的调整，计入进口葡萄酒的完税价格中；如果申报进口的葡萄酒的成交价格已包含了该笔包装容器费，则G海关不需要进行价格项目的调整。

（三）包装材料费和包装劳务费

由买方负担的包装材料费用和包装劳务费用，应当计入进口货物的完税价格。在一般情况下，除了散装、裸装货物外，销售货物的卖方都会提供商品包装并将包装材料费和包装劳务费都计入商品的价格中。如果进口货物的包装材料费和包装劳务费已经包含在进口货物的成交价格中，海关确定完税价格时则不需要进行价格项目的调整；如果包装材料费和包装劳务费未包含在进口货物的成交价格中，海关估价时则应当进行价格项目的调整，将包装材料费和包装劳务费计入进口货物的成交价格。

问题3.18 为什么包装材料费用和包装劳务费用应当计入进出口货物的完税价格?

在国际贸易中，除了散装、裸装货物外，卖方一般都会提供货物的包装，且包装费通常都会包含在进出口货物的成交价格中，海关确定完税价格时不需要进行调整。如果进出口货物的包装材料费用和包装劳务费用未包含在货价内，或者买方需要向卖方或第三方单独支付进出口货物的包装材料费用和包装劳务费用，则海关在确定进出口货物的完税价格时，应当将其计入完税价格。

案例3-28 果王公司进口樱桃包装材料及劳务费估价案

果王公司向S海关申报进口智利樱桃。S海关经审查发现，果王公司委托安第斯公司负责分拣、包装和运输工作，为此向安第斯公司支付包装材料费、包装劳务费等共计460000元。S海关将其计入完税价格。

由买方负担的包装材料费和包装劳务费，如果未包含在进口货物的成交价格中，海关估价时应当将其计入进口货物的完税价格。本案中，由于果王公司负担的包装材料费和包装劳务费未包含在其进口樱桃申报的成交价格中，故S海关应进行价格项目的调整，将460000元包装材料费和包装劳务费计入完税价格中。

（四）协助费

海关以成交价格估价方法确定完税价格时，与进口货物的生产和向我国境内销售有关的，由买方以免费或者以低于成本的方式提供，并可以按适当比例分摊的货物或者服务的成本、价值和费用，即称之为“协助费”，应当进行价格项目的调整，并计入进口货物的完税价格。协助费是买方为了协助卖方生产或者销售被估价的进口货物而承担的货物或者服务的成本、价值和费用。在一般情况下，买卖双方通过对进出口货物定价进行交易，海关以成交价格为基础确定完税价格。但在某些特殊情况下，为了达到买方的特别要求，作为销售的条件，买方需要另行向卖方提供某些货物或者服务，以协助卖方对进口货物的生产、销售。如果买方以免费或者低于成本的方式另行向卖方提供相关货物或者服务，而卖方在销售进口货物时，未将买方免费或者低价提供的货物或者服务的成本、价值和费用（协助费）计算到进口货物的成交价格内，则海关应当进行价格项目的调整，将协助费计入进口货物的完税价格。

案例 3-29　致远公司进口成套发电设备估价案（1）

致远公司是一家国内发电企业，向 T 海关申报进口一套发电设备，T 海关经审查发现，致远公司存在以下行为：通过我国中电研究所向卖方免费提供了技术研究和设计方案，向中电研究所支付研发设计费 100 万元；委托我国香港港电公司向卖方免费提供一套使用过五年原价值为 150 万元的发电系统辅助设备；通过美国德州机器公司向卖方免费提供生产发电设备所需的特种钢材，向德州公司支付 350 万元；派遣本公司工程人员为发电设备制造商提供特种钢材切割、焊接等服务，未收取费用。以上材料、设备和设计、服务的费用均未包含在进口发电设备申报的成交价格内。T 海关对生产进口发电设备涉及的材料、安装、设计等费用进行价格项目的调整。

进口货物包含的材料、部件、零件及类似货物，进口货物生产过程中消耗的材料和使用的工具、模具及类似货物，以及在境外进行的为生产进口货物所需的工程设计、技术研发、工艺及制图等相关服务的费用，如果包含在进口货物的成交价格内，则不需要进行价格项目的调整；如果这些费用是由买方以免费或者低于成本的方式向卖方提供且未包含在进口货物的成交价格内，则海关在确定进口货物的完税价格时应当进行价格项目的调整，将其计入进口货物的实付、应付价格；除此以外的其他货物或者服务的费用，不计入完税价格。本案中，卖方获得的技术研究和设计方案，由致远公司通过境内第三方中电研究所免费提供，其价值属于卖方在境外进行的为生产进口货物所需的工程设计、技术研发、工艺及制图等相关服务的费用，为此，致远公司向中电研究所支付的100万元研发设计费应进行价格项目的调整，计入完税价格；致远公司向卖方免费提供其使用过五年的原价值为150万元的发电系统辅助设备，属于进口货物包含的材料、部件，按照发电设备15年折旧期的国内公认的会计原则，使用了五年的发电系统辅助设备折旧后的价值为100万元，应进行价格项目的调整，计入完税价格；致远公司通过德州机器公司免费提供卖方生产发电设备所需的特种钢材，属于生产进口货物过程中消耗的材料，为此，向德州机器支付的350万元也应进行价格项目的调整，计入完税价格；致远公司派遣本公司工程人员为发电设备制造商提供特种钢材切割、焊接等服务，属于买方自己的工程人员提供的工程服务，所涉及的费用不属于价格调整的项目，不应计入完税价格。如果致远公司不能提供协助费的客观量化数据资料，致使T海关无法进行上述价格项目的调整，T海关应认定成交价格不能确定，以其他估价方法确定进口发电设备的完税价格。需要指出的是，不应以协助提供者在境内还是境外作为区分协助费是否作为价格调整项目的标准，而应以协助行为的性质以及该协助行为是否免费或者低于成本提供作为衡量依据。

1. 协助的种类

海关估价规则中的协助，是专指买方为了被估价进口货物的生产或者销售，以免费或者低于成本的方式向卖方提供货物或者服务的行为，协助的种类包括：进口货物包含的材料、部件、零件和类似货物；在生产进口货物过程中使用的工具、模具和类似货物；在生产进口货物过程中消耗的材料；在境外进行的为生产进口货物所需的工程设计、技术研发、工艺及制图等相关服务。除此以外的其他货物或者服务产生的费用，即使是由买方提供的，也不进行价格项目的调整，不计入进口货物的完税价格。

案例 3-30　番船公司进口客船协助费调整估价案（1）

番船公司向P海关申报进口客船一艘，P海关审查发现，番船公司通过意大利某船舶设计院免费向卖方提供制造该客船的全套设计方案，为此，支付意大利设计院设计费200万元；番船公司还向制造商免费提供船用空调，用于生产进口的客船。P海关对番船公司进口客船进行了价格项目的调整，将设计费和船用空调的费用计入进口客船的完税价格。

进口货物包含的材料、部件，以及在境外进行的为生产进口货物所需的工程设计制图等相关服务，未包含在进口货物的成交价格内的，应当进行价格项目的调整，计入进口货物的完税价格。本案中，番船公司为生产进口客船而免费向卖方提供的制造客船的设计方案费用200万元，以及船用空调的费用，都应当进行价格项目的调整，计入进口客船的完税价格。如果番船公司不能提供船用空调的价格费用资料，P海关可以采用合理方法，以客观量化数据为基础进行确定；如果仍不能确定，P海关应以其他估价方法确定进口客船的完税价格。

2. 协助的判别

应当计入进口货物完税价格的协助的判别标准有：协助的货物或者服务与进口货物的生产和向我国境内的销售有关；由买方以免费或者以低于成本的方式提供；可以按适当比例分摊。

所谓的“与进口货物的生产和向我国境内销售有关”，是指协助费所负担的货物或者服务最终用于被估价进口货物的生产和向我国境内销售，而不管买方是直接将协助提供给卖方，还是通过第三方间接提供给卖方，也不管通过的第三方是境内第三方还是境外第三方。如果协助与进口货物的生产和向我国境内销售无关，则相关协助费不是进口货物成交价格调整项目，不需要进行调整。

案例3-31　商航公司进口极限测温仪估价案

商航公司向B海关申报进口极限测温仪一套，B海关经审查发现，商航公司通过台基公司向卖方免费提供一套用于生产该测温仪所用的温控系统装置，为此，商航公司向台基公司支付了380万元的价款。B海关对进口极限测温仪进行了价格项目的调整，将温控系统装置的费用计入进口极限测温仪的完税价格。

与进口货物的生产和向我国境内销售有关的协助，如果由买方免费或者低于成本向卖方提供，只要该协助费未包含在进口货物的成交价格内，都应计入进口货物的完税价格。本案中，买方商航公司通过第三方台基公司，向卖方免费提供生产极限测温仪所需的温控系统装置，由此产生了380万元的协助费，是进口极限测温仪的价格调整项目。B海关对进口测温仪进行估价时，应当进行价格项目的调整，将协助费计入完税价格。

案例3-32　顺泰公司进口大米估价案

顺泰公司向F海关申报进口2万吨孟加拉国的大米，考虑到卖方所在国家新冠疫情非常严重，顺泰公司向卖方免费提供5万个医用口罩。F海关以成交价格估价方法确定完税价格，没有对顺泰公司免费提供医用口罩的费用进行价格项目的调整。

与进口货物的生产或者向我国境内销售有关的协助费，如果未包含在进口货物的价格内，海关应进行价格项目的调整，计入进口货物的完税价格。本案中，顺泰公司向卖方免费提供医用口罩的行为属于与进口大米无关的义举，相关费用不是其进口大米的价格调整项目，不应进行价格项目的调整，不计入其进口大米的完税价格。

所谓的“由买方以免费或者以低于成本的方式提供”，是指只有在买方以免费或者低于成本的方式向卖方提供被估价进口货物的生产和向我国境内销售的协助时，海关才需要确定协助费的价格。如果买方将协助的货物或者服务销售给卖方，或者向卖方收取不低于成本的协助费用，则协助费不应进行价格项目的调整，应视为协助费包含在进口货物的成交价格中。但如果买方以免费或者低于成本的方式向卖方提供进口货物生产和向我国销售的协助，且协助费未包含在进口货物的成交价格内，则海关应当进行价格项目的调整，将协助费计入进口货物的完税价格。

案例 3-33　宝铁公司进口汽车估价案

宝铁公司向 D 海关申报进口蓝迪汽车 20 台，D 海关发现，宝铁公司与蓝迪汽车公司常年有业务往来，一直向其供应车身冲压件。D 海关向宝铁公司发出海关价格质疑通知书。

只有在买方以免费或者低于成本的方式向卖方提供进口货物的生产和向我国境内销售的协助时，协助费才构成进口货物价格调整项目。本案中，如果宝铁公司将车身冲压件正常销售给蓝迪汽车公司，则蓝迪汽车的进口价格包含了该车身冲压件的价值，D 海关对进口蓝迪汽车进行估价时不需要进行价格项目的调整；如果宝铁公司以免费或者低于成本的方式向蓝迪汽车公司供应其进口汽车的车身冲压件，则车身冲压件的价值构成了进口蓝迪汽车的价格调整项目，应计入进口蓝迪汽车的完税价格。

所谓的“可以按适当比例分摊”，是指买方以免费或者低于成本的方式向卖方提供的与进口货物的生产和向我国境内销售有关的货物或者服务的协助费，可以根据买方的要求和国内公认的会计原则，按照适当的比例分摊到各批次进口货物的成交价格中。对此，海关应先确定协助费的成本、价值和费用，然后再根据纳税义务人的要求和国内公认的会计原则确定分摊，可一次性全部分摊到进口货物的成交价格之中，也可针对货物实际生产的数量以及进口的批次进行合理分摊。

问题 3.19 确定进口货物的完税价格时，如果需要分摊协助费，应如何进行分摊？

如果买方为货物的生产或者向我国境内销售而以免费或者以低于成本的方式向卖方提供的协助，协助的成本、价值和费用应根据国内公认的会计原则进行确定或者分摊。如果进口货物是一次性进口的，则海关应当一次性全部分摊到进口货物的成交价格中。如果进口货物分多批次进口，则海关可根据买方的要求以及货物的进口批次，对协助费进行分摊，将协助费一次性全部分摊到第一批次进口货物的完税价格，或分摊到截至第一批次货物发运时已生产出的货物数量，或分摊到实际生产的进口货物的数量。如果买方不能提供分摊依据，或者提供的分摊依据不符合公认的会计原则，造成海关无法确定每批次进口货物应计入的协助费的，海关应以进口货物成交价格以外的其他估价方法确定完税价格。

案例 3-34 番船公司进口客船协助费调整估价案（2）

番船公司向 P 海关申报进口客船一艘，P 海关经审查发现，番船公司通过意大利某船舶设计院免费向卖方提供制造该客船的全套设计方案，为此，支付意大利设计院设计费 200 万元。根据番船公司与卖方签订的合同，番船公司将进口五艘同一型号的客船。P 海关对番船公司进口客船进行了价格项目的调整，通过分摊方式将设计费计入进口客船的完税价格。

在境外进行的为生产进口货物所需的工程设计制图等相关服务产生的费用，未包含在进口货物成交价格内的，应当进行价格项目的调整，计入进口货物的完税价格。货物分多批次进口的，可将协助费分摊到第一批次进口货物或者各批次进口货物的价格中。本案中，番船公司为生产进口客船而免费向卖方提供制造客船的设计方案费用 200 万元，应当进行价格项目的调整，将设计费计入进口客船的完税价格。由于客船可能分五批次进口，P 海关可以根据番船公司的要求和公认的会计原则，将 200 万元设计费一次性分摊到第一批次进口客船的成交价格中，也可以平均分摊到每批次进口的客船的成交价格中，即每批次进口客船都应计入 40 万元的设计费。

3. 协助费的计算

买方为了进口货物的生产和向我国境内销售而以免费或者低于成本的方式向卖方提供货物和服务的价值（协助费），应体现充分竞争市场条件下的交易结果。如果协助是由买方从与其无特殊关系的第三方购买的，则应当计入的协助费的价值为购入价格；如果协助由买方自行生产或者从有特殊关系的第三方获得的，应当计入的协助费的价值为其生产成本；如果协助的货物在被提供给卖方前已经被买方使用过，则应当计入的协助费的价值为根据国内公认的会计原则对其进行折旧后的价值。

案例 3-35　致远公司进口成套发电设备估价案（2）

致远公司是一家国内发电企业，向 T 海关申报进口一套发电设备。T 海关经审查发现，致远公司通过第三方向卖方免费提供一套其使用过五年的发电系统辅助设备，用于制造进口发电设备，该发电系统辅助设备原值 150 万元。T 海关以国内公认的会计原则，对生产进口发电设备涉及的发电系统辅助设备的费用进行价格项目的调整。

如果协助的货物在被提供给卖方前已经被买方使用过，则应当计入协助费的价值为根据国内公认的会计原则对其进行折旧后的价值。本案中，买方致远公司免费向卖方提供其使用过五年且原价值为 150 万元的发电系统辅助设备，属于提供给卖方前已经被买方使用过的进口货物的部件。为此，T 海关应当根据国内公认的会计原则，按照发电、供电设备 15 年折旧期的行业惯例，确定其折旧后的价值 100 万元作为协助费。如果致远公司不能提供协助费的客观量化数据资料，造成 T 海关无法进行价格项目的调整，T 海关有权不进行价格项目的调整，以其他估价方法确定进口发电设备的完税价格。

（五）特许权使用费

特许权使用费是指权利人将与进口货物有关的专利或者专有技术、商标、著作权、分销权授予买方（被授权人）而收取的费用。特许权使用费计入进口货物的完税价格，应当同时满足三项条件：特许权使用费与进口货物有关且必须是买方支付；特许权使用费支付必须是进口货物向我国境内销售的一项条件；前述费用未包含在进口货物的实付、应付价格之中。

问题 3.20　为什么与进口货物有关的特许权使用费应当计入该进口货物的完税价格？

一般情况下，如果进口货物包含了专利、专有技术使用权、商标权、著作权、代理经销权等权利，其价格会高于未包含相关权利的其他货物。享有相关权利的进口货物，其价格一般会包含相关特许权利的费用，即特许权使用费，也就是说，特许权使用费是享有特许权利的进口货物成交价格的组成部分。如果享有特许权利的进口货物的成交价格未包含该货物享有的特许权利的费用，海关确定完税价格时，应当计入该货物实际支付或者应当支付的特许权使用费。

案例 3-36　嘟嘟公司进口汽车稽查补税案

T 海关通过稽查嘟嘟公司发现，嘟嘟公司是驶必达汽车的国内经销商，其经销的驶必达品牌汽车全部从境外进口。嘟嘟公司与驶必达公司单独签订的特许经营合同约定：驶必达公司授权嘟嘟公司在中国境内销售驶必达品牌汽车，嘟嘟公司需根据国内销售情况，每年支付其销售汽车总额 3%的特许权使用费；未按约定履行支付特许权使用费义务的，驶必达公司有权撤销进口汽车销售合同和本特许经营合同，并主张违约责任。T 海关作出稽查结论，决定对嘟嘟公司与进口驶必达汽车有关的特许权使用费进行补税。

如果特许权使用费与进口货物有关，特许权使用费的支付是买方进口货物的条件，而且特许权使用费未包含在进口货物的价格中，则海关应当进行价格项目的调整，将特许权使用费计入进口货物的完税价格。本案涉及的特许权使用费与嘟嘟公司进口的驶必达汽车有关，是嘟嘟公司进口驶必达汽车的销售条件，而且该特许权使用费未包含在进口驶必达汽车的价格内，因此，T 海关应当进行价格项目的调整，将嘟嘟公司实付或者应付的特许权使用费计入进口驶必达汽车的完税价格，并补征税款。

1. “与进口货物有关”的判断

海关估价规则中“与进口货物有关”的特许权使用费，应当符合以下条件：

（1）进口货物含有专利或者专有技术，用专利方法或者专有技术生产，或者为实施专利或者专有技术而专门设计或者制造。

案例 3-37　神州公司进口安全驾驶控制系统专有技术估价案

神州公司向 S 海关申报进口商务客机两架，S 海关经审查发现，进口的商务客机上安装了某导航公司生产的安全驾驶控制系统，为此神州公司另行向卖方支付了 300 万元软件费，以确保进口的商务客机可以使用和持续升级该安全驾驶控制系统。S 海关认定该软件费的支付与神州公司进口的商务客机有关。

进口货物含有某项专有技术，则用于支付该项专有技术的特许权使用费视为与进口货物有关。本案中，神州公司进口的商务客机含有安全驾驶控制系统的专有技术（软件），因此神州公司用于支付安全驾驶控制系统的软件费视为与进口商务客机有关，是该进口商务客机成交价格的组成部分，神州公司单独向卖方支付的 300 万元软件费，未包含在进口商务客机的价格内，S 海关应当进行价格项目的调整，将其计入进口商务客机的完税价格。

案例 3-38 赛维公司进口生产线稽查补税案

W 海关通过稽查发现，赛维公司向 N 海关申报进口显示屏全自动生产线一条，该生产线是专门用于生产微光公司获得专利的曲屏显示器而制造的，赛维公司为此需向微光公司单独支付特许权使用费 2000 万美元。N 海关作出稽查结论，认定赛维公司支付的特许权使用费与其进口的曲屏显示器生产线有关，并构成进口曲屏显示器生产线向我国境内销售的条件，应计入进口显示器生产线的完税价格。

如果进口货物是为实施专利或者专有技术而专门设计或者制造的，则用于支付专利权或者专有技术使用权的特许权使用费视为与进口货物有关。本案中，赛维公司进口的显示屏全自动生产线，是为了生产已经获得专利的曲屏显示器而专门设计、制造的，赛维公司用于支付曲屏显示器专利权的 2000 万美元特许权使用费，视为与进口全自动生产线有关，应计入进口生产线的完税价格。N 海关应当根据 W 海关的稽查结论补征税款。

（2）进口货物附有商标，进口后附上商标直接可以销售，或者进口时已经含有商标权，经过轻度加工后附上商标即可以销售。

案例 3-39 悦食公司与进口干果有关的商标费估价案（1）

悦食公司是休闲时光食品的国内经销商，悦食公司向 F 海关申报进口三种干果，其中腰果以零售包装进口，包装上含有"休闲时光"商标；榛子以大包装进口，换上含有"休闲时光"商标的零售包装后即可销售；松子也是以大包装进口，进口后需混合其他干果制成"混合干果"，以含有"休闲时光"商标的零售包装方式在国内销售。悦食公司为此向休闲时光公司支付了商标费 130 万元。F 海关认定商标费的支付与三种进口食品有关。

如果进口货物本身附有商标、进口后附上商标就可直接销售，或者进口时已经含有商标权，经过轻度加工后附上商标就可以在境内销售，则用于支付商标权的特许权使用费应视为与进口货物有关。本案中，悦食公司进口的腰果包装上含有"休闲时光"商标，榛子进口后换上含有"休闲时光"商标的零售包装后即可销售，而松子进口后经过混合其他干果的轻度加工，制成"混合干果"，以含有"休闲时光"商标的零售包装方式在国内销售，F 海关可以认定，悦食公司为进口三种干果而向休闲时光公司支付的商标费 130 万元与三种进口干果有关，商标费未包含在三种进口干果的价格内，应当进行价格项目的调整，将其分摊到三种进口干果的实付、应付价格中。如果悦食公司无法提供客观量化的数据资料，F 海关不能以公认的会计原则进行分摊的，则应当使用其他估价方法确定三种干果的完税价格。

（3）以磁带、磁盘、光盘或者其他类似载体形式进口的货物中含有软件、文字、乐曲、图片、图像或其他类似内容，或者进口货物中含有其他著作权内容。

案例 3-40　炫影公司进口音乐表演 DVD 稽查补税案

炫影公司曾向 F 海关申报多批次进口载有音乐表演内容的 DVD，W 海关通过稽查发现，炫影公司曾有三次向境外某音乐机构支付著作权费的记录，于是作出认定炫影公司支付著作权费的行为与其进口音乐表演 DVD 有关的稽查结论。

如果进口的磁带、磁盘、光盘中含有软件、文字、乐曲、图片、图像等内容，则用于支付著作权的特许权使用费视为与进口的磁带、磁盘、光盘有关。本案中，炫影公司进口的 DVD 含有音乐表演的音视频内容，如果炫影公司向境外某音乐机构支付的著作权费是用于支付其进口 DVD 所载音乐表演内容的特许权利，而且其进口 DVD 的价款未包含相关内容著作权费的，则特许权使用费应当计入进口 DVD 的完税价格，W 海关的稽查结论正确；如果炫影公司支付的著作权费不是用于支付其进口 DVD 所载音乐表演内容的特许权利，即著作权费的支付与进口 DVD 无关，则该费用不应计入进口 DVD 的完税价格。

案例 3-41　首旅公司进口 T 恤印有北京冬奥会吉祥物图案许可费估价案

首旅公司向 B 海关申报进口一批印有北京冬奥会吉祥物图案的 T 恤，B 海关经审核发现：应卖方要求，首旅公司与权利人签订了许可合同并支付了 10 万元许可费。B 海关认定许可费的支付与印有北京冬奥会吉祥物图案的进口 T 恤有关。

如果进口货物含有著作权内容，用于支付著作权的费用视为与进口货物有关。本案中，首旅公司进口印有北京冬奥会吉祥物图案的 T 恤，包含了奥林匹克标志著作权的内容。首旅公司许可费的支付，应视为与印有北京冬奥会吉祥物图案的进口 T 恤有关；同时，向权利人支付许可费也构成了首旅公司为进口印有北京冬奥会吉祥物图案 T 恤的交易条件，因此，B 海关应进行价格项目的调整，将 10 万元许可费计入进口 T 恤的完税价格。

（4）货物进口后可以直接销售，或者经过轻度加工即可销售。

案例 3-42　重崎公司进口矿山挖掘机特许权使用费估价案

重崎公司向 C 海关申报进口 25 套卡特彼牌矿山挖掘机，价值 750 万元。C 海关经审查发现：重崎公司是卡特彼矿山机械设备公司的合约经销商，卡特彼矿山机械设备公司授权重崎公司作为国内南方片区卡特彼矿山机械设备的唯一经销商，重崎公司应支付进口卡特彼矿山机械设备价格 3%的特许权使用费，作为取得分销权的回报。C 海关认定，重崎公司特许权使用费的支付与进口卡特彼牌矿山挖掘机有关。

如果货物进口后可以直接销售，则用于支付分销权的特许权使用费视为与进口货物有关。本案中，重崎公司通过支付卡特彼矿山机械设备公司的特许权使用费，以获得进口卡特彼牌矿山挖掘机的区域销售权，该特许权使用费的支付视为与进口货物有关；如果重崎公司不支付特许权使用费，就无法获得卡特彼矿山机械设备在国内南方片区的经销权，构成了进口卡特彼矿山机械设备的销售条件。因此，C 海关应将特许权使用费计入进口卡特彼牌矿山挖掘机的完税价格。

2. 销售条件的判断

海关估价规则中“进口货物向我国境内销售的条件”有两项：一是买方不支付特许权使用费则不能购得进口货物；二是买方不支付特许权使用费则该货物不能以合同议定的条件成交。符合其中任何一条，都应视为特许权使用费的支付构成了进口货物向我国境内销售的条件。如果不符合所述条件，则特许权使用费的支付不构成进口货物向我国境内销售的条件。

案例 3-43　赣东公司进口游乐设备特许权使用费估价案

赣东公司向 N 海关申报进口大型游乐设备五套，价值 1750 万元。N 海关通过价格核查发现，赣东公司除了向卖方支付货款外，还向制造商支付了 35 万元特许权使用费。经核实，赣东公司与制造商约定：赣东公司需支付进口设备 2%的特许权使用费，否则不得进口、销售该大型游乐设备。

买方不支付特许权使用费就不能购得该进口货物，构成了进口货物向我国境内销售的条件。本案中，如果赣东公司不向制造商支付特许权使用费，就不得进口、销售大型游乐设备，因此，赣东公司特许权使用费的支付构成了进口货物向我国境内销售的条件。N 海关应进行价格项目的调整，将特许权使用费计入进口大型游乐设备的实付、应付价格，确定完税价格是 1785 万元。

3. 轻度加工的判断

海关估价规则中的轻度加工，是指稀释、混合、分类、简单装配、再包装或者其他类似加工。从海关估价的专业角度判断进口货物的加工是实质性加工还是轻度加工，不应用商品归类或者原产地规则进行判断，而应当审查加工对进口货物的价值是否产生实质性的影响。如果加工对进口货物的价值产生了实质性的影响，则可以视为实质性加工；如果加工未对进口货物的价值产生实质性的影响，则应视为轻度加工。

问题 3.21 海关估价如何区分轻度加工与实质性加工？

判断一项加工是轻度加工还是实质性加工，应审查加工是否造成货物价值的实质性影响，而不应以货物的税号改变为依据。如果一项加工仅限于对货物的稀释、混合、分类、简单装配、再包装或者其他类似加工，如将批发包装分拆成零售包装，未对货物价值产生实质性影响，则应视为轻度加工；如果一项加工对于货物价值产生了实质性影响，如将通用原料加工成产品，则不属于轻度加工，应视为实质性加工。

案例 3-44 悦食公司与进口干果有关的商标费估价案（2）

悦食公司是休闲时光食品的国内经销商，悦食公司向 F 海关申报进口三种干果，其中腰果以零售包装进口，包装上含有“休闲时光”商标；榛子以大包装进口，换上含有“休闲时光”商标的零售包装后即可销售；松子也是以大包装进口，进口后需混合其他干果制成“混合干果”，以含有“休闲时光”商标的零售包装方式在国内销售。悦食公司为此向休闲时光公司支付了商标费 130 万元。F 海关确定完税价格时，将商标使用费分摊到三种进口干果的完税价格中。

通过对进口货物进行稀释、混合、分类、简单装配、再包装以及其他类似加工，都属于轻度加工。本案中，悦食公司进口的腰果包装上含有“休闲时光”商标，属于进口货物附有商标；榛子进口后换上含有“休闲时光”商标的零售包装，属于轻度加工；而松子进口后经过混合其他干果制成“混合干果”，也属于轻度加工。因此，F 海关可以认定，悦食公司进口的腰果属于附有商标的情形；榛子属于进口后附上商标直接可以销售的情形；松子属于进口时已含有商标权，经过轻度加工后附上商标即可以销售的情形。悦食公司为进口三种干果而向休闲时光公司支付商标费 130 万元与三种进口干果有关，商标费未包含在三种进口干果的价格内，应当进行价格项目的调整，将其分摊到三种进口干果的实付、应付价格中。如果悦食公司无法提供客观量化的数据资料，F 海关不能以公认的会计原则进行分摊的，则应当使用其他估价方法确定三种干果的完税价格。

（六）转售收益

在一般情况下，买方通过交付就可以取得进口货物的所有权，就有权对进口货物进行使用、处置或者转售并获得收益。但是，如果卖方仍然可以直接或者间接从买方获得的该货物进口后转售、处置或者使用的收益，并且该收益未包括在进口货物的实付、应付价格之中的，海关则可以认定买方尚未取得该进口货物完整的所有权，应当进行价格项目的调整，将转售收益计入进口货物的完税价格。

问题 3.22 为什么进口货物的转售收益应当计入该货物的完税价格?

进口货物的完税价格以该货物的成交价格为基础，进口货物成交价格的条件之一，就是卖方不得从买方直接或者间接获得因该货物进口后转售、处置或者使用而产生的任何收益，或者虽有收益，但能够以客观量化的数据进行调整。如果卖方可以通过买方在境内使用、处置或者转售进口货物而获得收益，并且该收益无法客观量化，则可以判断进口货物不符合成交价格的条件；如果卖方可以通过买方在境内使用、处置或者转售而获得收益，并且该收益可以客观量化，则可以判断进口货物符合成交价格的条件，该收益构成了买方为进口该货物而向卖方间接支付的价款，应当进行价格项目的调整，将相关收益计入进口货物的完税价格。

案例 3-45 趣童公司进口童装转售收益估价案

趣童公司向 Y 海关申报进口一批儿童服装，Y 海关经审查发现：作为支付的条件，除了买方支付的货价，买方还需要向卖方支付进口童装销售额的 3%。Y 海关据此进行价格项目的调整，将 3%的转售收益计入完税价格。

卖方直接或者间接从买方对货物进口后销售、处置或者使用所得获得收益，如果未包含在该进口货物的实付、应付价格中，则应进行价格项目的调整，计入进口货物的完税价格。本案中，卖方从买方趣童公司销售进口童装所得获得的转售收益，未包含在进口童装的实付、应付价格中，Y 海关应当将其与童装的货价一起，计入完税价格。

案例 3-46 中意公司进口汽车零部件稽查案

中意公司是一家中外合资汽车制造企业，使用进口或者国产汽车零部件生产制造汽车。R 海关经稽查发现，中意公司每年将其上一年所得净利润的

30%支付给外国合资方。

如果卖方可以从买方对货物进口后销售、处置或者使用所得获得收益，且该收益未包含在该进口货物的实付、应付价格中，则海关应进行价格项目的调整，将其计入进口货物的完税价格。本案中，中意公司支付外国合资方年度净利润的30%，与进口汽车零部件无关，也不是中意公司进口汽车零部件的转售收益，不属于进口货物价格调整项目，而是合资企业外方的投资收益（或者股利），不应计入中意公司进口汽车零部件的完税价格。

三、应扣除的调整项目

应当从成交价格中扣除的价格调整项目，简称“应扣除的调整项目”，是指根据海关估价规则，应当在买方为进口货物向卖方实付、应付的价款总额中扣除的税收、费用。只有在使用进口货物成交价格估价方法时，海关才会依照海关估价规则，对进口货物的价格调整项目进行调整。进口货物的实付、应付价款一般反映在该货物的销售发票上，但如果进口货物的实付、应付价格包含了货物进口后的税收、费用，包括货物进口后的建设、安装、装配、维修和技术服务的费用，境内运输及其相关费用、保险费，以及进口关税及国内税收等，则应当从成交价格中予以扣除；如果上述税收、费用未包含在进口货物的成交价格内，则不需要进行价格项目的调整。

案例3-47　王氏公司进口切削金属数控加工机床估价案

王氏公司向C海关申报进口一套切削金属数控加工机床，价格为CIF 2800万元，货价包含安装调试费100万元、技术培训费50万元。C海关进行价格项目的调整，将安装调试费和技术培训费从成交价格中扣除。

进口货物价款中列名的货物进口后的安装费、技术培训费，不计入该进口货物的完税价格。本案中，王氏公司进口切削金属数控加工机床的价款中列名的货物进口后发生的安装调试费100万元、技术培训费50万元，属于应当从成交价格中扣除的价格调整项目，C海关在以成交价格估价方法确定完税价格时，应当扣除相关费用，确定进口切削金属数控加工机床的完税价格为2650万元。

（一）扣除的条件

应当从成交价格中扣除的价格调整项目，必须同时符合以下三个条件：(1) 应当扣除的税收、费用已经包含在进口货物的实付、应付价格中；(2) 有客观量化的数据支持；(3) 在合理范围内。如果应扣除的调整项目在买卖双方的交易中未单独列名，缺乏客观量化的数据支持，或者费用明显超出合理范围，则包含在进口货物成交价格中的上述税收、费用不得予以扣除。

问题 3.23 在确定进口货物的完税价格时，判断应扣除的调整项目需要把握什么标准？

确定完税价格时，判断进口货物成交价格的应扣除的调整项目，一般应把握以下几点要求：（1）该货物的价格调整项目包含在进口货物的价款中；（2）该货物的价格调整项目在进口货物的价格中单独列名；（3）该货物的价格调整项目属于货物进口后发生的税收、费用；（4）纳税义务人可以提供证明相关成本、价值或者费用的客观量化数据资料；（5）有关税收、费用在合理范围内。

案例 3-48 恒安公司进口液氨生产储存设备估价案（1）

恒安公司向 F 海关申报进口一套液氨生产及储存设备，价格为 DDP 8750 万元。F 海关经审查发现，虽然进口合同明确货价包含设备的安装、调试、人员培训、考察费用以及进口税款，但恒安公司无法提供客观量化的数据资料支持。F 海关只进行了进口关税和海关代征税的扣减。

进口货物的价款中单独列名的货物进口后发生的建设、安装、装配、维修和技术援助费用、境内运输及保险费用、进口关税及进口环节海关代征税、境内外技术培训及境外考察费用，不计入该货物的完税价格。本案中，虽然恒安公司进口的液氨生产及储存设备的价款包含了安装、调试、人员培训、考察费用以及进口税款，但由于没有客观量化的数据资料支持，因此，即使卖方承担了相关的费用，这些费用也不得从成交价格中扣除；进口设备的关税及进口环节海关代征增值税可以量化的（已知进口关税税率为 6%，进口环节海关代征增值税税率为 13%），F 海关应当从成交价格中予以扣减，确定完税价格为 7305.0593 万元。

计算公式如下：

完税价格（X）+关税+进口环节增值税=DDP 价格

$$X+6\%X+13\%(X+6\%X)=8750$$

$$X=7305.0593\text{（万元）}$$

（二）扣除的税费

应当从进口货物的成交价格中扣除的税收、费用包括以下几种。

1. 货物进口后发生的费用（保修费用除外）

货物进口后发生的厂房、机械或者设备的建设、安装、装配、维修或者技术援助费用，并不构成进口货物本身的价值，这些费用的产生是为了确保进口货物的正确使用，以发挥其应有功效，而且这些费用发生在货物进口之后，所以不应计入完税价格；如果进口货物的价格包含前述费用的，则应当进行价格项目的调整，从成交价格中予以扣除，并确定完税价格。

技术援助费是指卖方在货物进口并投入使用后，为协助买方更好地使用该进口货物而发生的费用。发生在货物进口之后的技术援助费是完税价格的法定扣减项目。进口货物的保修费是卖方对进口货物的品质保证，是进口货物交付的前提，也是进口货物成交价格的组成部分。如果保修费包含在进口货物的价格内，则不应进行价格项目的调整；如果保修费未包含在进口货物的价格内，而是单独列名，则应进行价格项目的调整，计入进口货物的成交价格，并确定完税价格。维修费是指因货物进口后的使用、处置而发生的修理费用。应当区别货物进口后的保修费与维修费，货物进口后发生的维修费是应扣除的价格调整项目，而保修费是应当计入完税价格的价格调整项目。

问题 3.24 如何区分进口货物成交价格中的保修费和维修费？

维修费是货物进口后在使用过程中发生的修理费，也可能是为了确保该货物进口后正常、有效使用而预先支付的维护费用。维修费与进口货物向我国境内的销售无关，不是进口货物完税价格的组成部分。如果进口货物的价款中单独列名该货物进口后发生的维修费，则该维修费不计入进口货物的完税价格。保修费是卖方对进口货物的质量保证，是进口货物向我国境内销售的前提条件，是进口货物完税价格的组成部分。如果进口货物的价格中包含了保修费，则在确定完税价格时不需要进行调整；如果进口货物单独约定了保修费，则应计入该货物的完税价格。

案例 3-49　川矿公司进口磁异勘探设备估价案

川矿公司向 M 海关申报进口某型号磁异勘探设备，价格为 CIF 1600 万元。海关审核合同发现，货价包含了设备安装费 200 万元、技术服务费 100 万元、保修费 100 万元。M 海关对设备安装费和技术服务费进行了扣减，但对保修费不予扣减。

厂房、机械或者设备等货物进口后发生的建设、安装、装配、维修或者技术援助费用，不计入进口货物的完税价格，但保修费除外。本案中，川矿公司购买的某型号磁异勘探设备进口后发生的设备安装费 200 万元和技术服务费 100 万元，属于应扣除的价格调整项目，应当进行价格项目的调整，从成交价格中扣除相关费用共 300 万元；保修费 100 万元属于应计入成交价格的价格调整项目，因已经包含在设备价款中，所以不需要进行价格项目的调整。综上，该进口磁异勘探设备的完税价格是 1300 万元。

2. 境内运输及其相关费用、保险费

进口货物的完税价格包含该货物的货价、货物运抵我国境内输入地点起卸前的运输及其相关费用和保险费，而进口货物运抵我国境内输入地点起卸后的运输及其相关费用、保险费，不是进口货物完税价格的组成部分。如果进口货物的实付、应付价格包含了货物运抵我国境内输入地点起卸后的运输及其相关费用、保险费，而且纳税义务人能够提供客观量化的数据资料，则海关应当进行价格项目的调整，将货物运抵我国境内输入地点起卸后的运输及其相关费用、保险费，从成交价格中扣除，确定进口货物的完税价格。如果纳税义务人不能提供客观量化的数据资料，则海关不应进行价格项目的调整。

问题 3.25 海关如何对待进口货物价格中的境内外运保费？

进口货物的完税价格以该货物的成交价格为基础，并且应当包含货物运抵我国境内输入地点起卸前的运输及其相关费用、保险费。如果进口货物的价款未包含该货物运抵我国境内输入地点起卸前的运保费，则海关应当将运保费计入完税价格；如果进口货物的价款包含了该货物运抵我国境内输入地点起卸前的运保费，则海关不得重复计入；如果进口货物的价款还包含了该货物运抵我国境内输入地点起卸后的运保费，且纳税义务人可以提供客观量化的数据资料证明的，则海关确定完税价格时，应当将其从完税价格中扣除；如果该费用无法以客观量化的数据资料证明，则海关不得从完税价格中扣除。

案例 3-50 恒安公司进口液氨生产储存设备估价案（2）

恒安公司向 F 海关申报进口一套液氨生产及储存设备，价格为 DDP 8750 万元。F 海关经审查发现，合同列名货价包含境内外的运输及保险费，以及设备的安装、调试、人员培训、考察费用和进口税款。由于恒安公司不能提供客观量化的数据资料，因此，F 海关只进行了进口税款的项目调整。

进口货物的价款中单独列名的货物进口后发生的建设、安装、装配、维修和技术援助费用、境内运输及保险费用、进口关税及进口环节海关代征税、境内外技术培训及境外考察费用，不计入该货物的完税价格；但如果前述项目没有客观量化的数据资料支持，则不得从成交价格中扣减。本案中，恒安公司进口的液氨生产及储存设备的价格虽然包含了境内运输和保险费，但由于恒安公司不能提供客观量化的数据资料加以证明，因此，境内运输和保险费不得从成交价格中扣除。

3. 进口关税、进口环节海关代征税及其他国内税

进口货物的进口关税、进口环节海关代征税以及其他国内税，是由海关、国家税务机关依法对进口货物的纳税义务人征收的税款，不属于买方为进口货物而向卖方实际支付或者应当支付的价款，因此，进口货物的进口关税、进口环节海关代征税以及其他国内税属于应当从完税价格中扣除的价格调整项目。在一般情况下，进口货物的价格不会包含进口关税、进口环节海关代征税及其他国内税，这些税收由买方向进口国海关或者税务机关缴纳。在某些特殊的价格条件下，如果进口货物的成交价格包含了进口关税、进口环节海关代征税及其他国内税，海关在对进口货物审查确定完税价格时，应当将包含在成交价格中的进口关税、进口环节海关代征税及其他国内税予以扣除。

问题 3.26 如何处理包含在进口货物成交价格中的进口关税、进口环节海关代证税和国内税?

进口关税、进口环节海关代征税和国内税是被估价货物进口后发生的税费，不是进口货物完税价格的组成部分。如果进口货物的价款包含了该货物的进口关税、进口环节海关代征税和国内税，则海关在确定完税价格时，应当扣除前述进口关税、进口环节海关代征税和国内税；如果进口货物的价款未包含前述进口关税、进口环节海关代征税和国内税，则海关在确定完税价格时，不得将其计入完税价格。

案例 3-51 恒安公司进口液氨生产储存设备估价案（3）

恒安公司向 F 海关申报进口一套液氨生产及储存设备，价格为 DDP 8750 万元。F 海关进行了价格项目的调整，将进口关税和进口环节海关代征税从成交价格中予以扣除。

如果进口货物的价款包含了进口关税及进口环节海关代征税，海关应当进行价格项目的调整，将有关税款从完税价格中扣除。本案中，恒安公司进口的液氨生产及储存设备的价格包含了进口关税及进口环节海关代征增值税（已知进口关税税率为 6%，进口环节海关代征增值税税率为 13%），F 海关最终确定完税价格为 7305.0593 万元。

4. 境内复制费

复制是指对原物的仿造或者对原件的翻印。海关估价规则中的复制，既包括在物理上对进口货物原物的复制，也包括在智力上对与进口货物有关的发明、创意、技艺、方法的复制。如果进口货物的交易价格包含了为在境内复制进口货物而支付的费用，而且纳税义务人能够提供客观量化的数据资料证明存在这项费用，则海关在确定完税价格时，应当对进口货物的实付、应付价格进行调整，将复制费予以扣减；如果纳税义务人不能提供客观量化的数据资料，则相关费用不得予以扣减；如果进口货物的交易价格未包含相关费用，则海关估价时不应将其计入完税价格。

问题 3.27 为什么境内复制费不应计入进口货物的完税价格？境内复制费应当如何扣除？

境内复制费是货物进口后发生的成本、费用，与货物向我国境内销售本身无关，不是进口货物完税价格的组成部分，不应计入进口货物的完税价格。如果进口货物的价款包含了为在境内复制进口货物而支付的费用，而且纳税义务人能够提供客观量化数据资料证明存在这项费用，则海关在确定完税价格时，应当将复制费进行扣减；如果纳税义务人不能提供客观量化数据资料，则相关费用不应进行调整；如果进口货物的价款未包含相关费用，海关估价时不应将其计入完税价格。

案例 3-52 天技公司进口集成电路估价案

天技公司向 U 海关申报进口某型号集成电路一批，价格为 CIF 800 万元。U 海关经审查发现，天技公司还向卖方支付了 8000 万元的复制费，以获得卖方许可其在境内复制该集成电路设计布图并销售的权利。U 海关按 800 万元确定完税价格，另行支付的 8000 万元复制费未计入集成电路的完税价格。

如果进口货物的交易价格包含了为在境内复制该进口货物而支付的费用，海关应当将其从完税价格中予以扣除；如果进口货物未包含境内复制费用，海关估价时不应将其计入完税价格。本案中，天技公司进口集成电路的 800 万元成交价格，并未包含境内复制费 8000 万元，故 U 海关确定完税价格时，不应将 8000 万元复制费计入进口集成电路的实付、应付价格，天技公司进口集成电路的完税价格应为 800 万元。

5. 技术培训费及境外考察费用

技术培训费，是指基于卖方或者与卖方有关的第三方对买方派出的技术人员进行与进口货物有关的技术指导，进口货物的买方支付的培训师资及人员的教学、食宿、交通、医疗保险等其他费用。境内外技术培训费和境外考察费用是买方为培训已方人员而向卖方或者第三方支付的劳务报酬及相关费用，属于服务贸易而不是货物贸易的范畴。如果进口货物的交易价格包含了技术培训费及境外考察费用，且买方能够提供客观量化的数据资料证明这些费用的支出金额，则海关在确定完税价格时，应当将其从进口货物的成交价格中进行扣除；如果买方不能提供证明，则这些费用不得从成交价格中予以扣除。如果进口货物的价格未包含相关费用，则海关不应将其计入完税价格。

问题 3.28 为什么境内外培训费和境外考察费应当从进口货物的完税价格中扣减？如何扣减？

考察费是买方在交易前为了解进口货物的实际情况而支付的调查、核查费用；培训费是买方为掌握进口货物的使用、操作技术而支付的学费。境内外培训费和境外考察费不是进口货物本身的成本、价值或者费用，不是进口货物完税价格的组成部分。如果进口货物的成交价格包含了境内外培训费和境外考察费，且纳税义务人可以提供客观量化的数据资料证明该费用的具体金额，海关确定完税价格时，应当将境内外培训费和境外考察费进行扣减；如果境内外培训费和境外考察费无法以客观量化的数据支持，则相关费用不得扣减。如果进口货物的成交价格未包含境内外培训费和境外考察费，则相关费用不需要进行调整。

案例 3-53 山岳公司进口商务机估价案

山岳公司向 L 海关申报进口商务机一架，价值为 CIF 12000 万元。L 海关经审核发现，该价格包括驾驶员培训费 1500 万元和境外考察费 180 万元。L 海关确定完税价格时扣减了 1680 万元的相关费用。

如果进口货物的价格包含了境内外技术培训费及境外考察费用，并且有客观量化的数据支持的，海关估价时应当将其从成交价格中予以扣除。本案中，山岳公司进口商务机的价格列名的 1500 万元驾驶员培训费和 180 万元境外考察费，属于法定扣减的价格调整项目，应当从进口商务机的实付、应付价格中扣除，确定完税价格是 10320 万元。

6. 利息费用

如果利息费用同时符合下列条件，可不计入进口货物的完税价格：（1）买方为购买进口货物进行融资产生；（2）有书面的融资协议；（3）利息费用单独列名；（4）利率不高于在融资当时当地此类交易通常应当具有的利率水平，且进口货物的交易价格非常接近没有融资安排的相同或者类似进口货物的价格。在一般情况下，进出口货物交易不会涉及利息问题，但如果买方希望延迟支付货款并愿意承担或者补偿卖方由此产生的成本和风险，则会产生利息问题。利息费因买方延迟支付而产生，其实质不是进口货物的价款，而是买方因延迟支付或者融资而给予卖方或者第三方（融资方）的资金补偿，因此，利息费不应计入进口货物的成交价格。融资可以由卖方、银行或者其他法人提供，甚至可以由自然人提供。如果进口货物的价格包含了利息费用且同时符合前述四项条件，则利息费用应当从完税价格中剔除；如果进口货物的价格未包含利息费用，则不应计入完税价格。

问题 3.29 如何看待进口货物成交价格中包含的利息费？哪些应当计入完税价格？哪些应当扣除？

如果买方通过融资方式购买进口货物，其提供的书面融资协议单独列名了利息费用，且可以证明有关利率不高于在融资当时当地此类交易通常应当具有的利率水平，没有融资安排的相同或者类似进口货物的价格与进口货物的交易价格非常接近，则融资利息费用可不计入进口货物的完税价格。否则，利息费用应计入完税价格。

案例 3-54 银城公司进口设备利息费估价案

银城公司向 Q 海关申报进口生产设备一套。Q 海关经审查发现，合同约定：货价为 CIF 850 万元，买方应于卖方发货之日支付 50%的货款；剩余 50%自货物交付之日起分两年缴清，每半年支付一次，买方需要支付年利率 8%的利息费。Q 海关确定进口设备的完税价格为 850 万元，利息费未计入完税价格。

买方为购买进口货物通过融资产生的利息费，不属于进口货物的价格调整项目，不应计入进口货物的完税价格。本案中，银城公司进口的生产设备应当支付卖方的利息费，是银城公司作为买方为了延迟支付货款而给予卖方的资金补偿，该利息费未包含在进口设备 850 万元的价格中。利息费是银城公司为进口设备的融资而产生，有书面合同条款约定，利息费用单独列名，利率水平合理。如果进口设备的成交价格与相同或者类似进口设备的价格非常接近，则 Q 海关不应将利息费计入该进口设备的完税价格；如果利息费不符合上述任何一项条件，则海关应当将利息费计入完税价格。

（1）利息费用是买方为购买进口货物融资所产生，应当从完税价格中扣除的利息费用，只能针对买方购买进口货物的交易行为，而且必须是因买方购买进口货物的融资行为所产生的。除此以外，买方因其他原因产生的利息费用，均不得从进口货物的完税价格中扣除。

案例 3-55 南山公司进口液化天然气利息费用估价案

南山公司向 K 海关申报进口液化天然气 2 万立方米，为支付货款，南山公司通过融通公司提供融资服务，由融通公司为其垫付货款，南山公司以货物作为担保，并支付融通公司 7%的利息费用。

买方为购买进口货物通过融资产生的利息费用，是买方为解决流动资金问题而给予融资方的资金补偿，与进口货物的交易无关，不应计入进口货物的成交价格。本案中，南山公司为购买进口液化天然气通过融资产生的利息费，是其占用融资人融通公司的资金而支付的补偿费，与液化天然气的进口无关，不应计入进口液化天然气的完税价格。

案例 3-56　沪船公司租赁进口货船估价案

沪船公司向S海关申报租赁进口货轮一艘，租期三年，租金总额1200万元，租金按季度支付，年利率10%。S海关以审查确定的租金作为完税价格，利息计入完税价格。

租赁进口货物产生的租金利息并不是买方为购买进口货物通过融资产生的利息费用，不应从进口货物的完税价格价格中予以扣除。本案中，如果沪船公司以对外支付租金和利息的方式分期支付租金，租赁期间S海关应以审查确定的每期租金100万元作为完税价格，利息也应当予以计入，按季度征税税款；如果沪船公司申请一次性缴纳税款，S海关可以以租金总额1200万元确定完税价格，一次性征税税款。

（2）有书面的融资协议。买方为进口货物向我国境内销售而支付的利息费用可以扣减的条件之一，是存在书面的融资协议。如果进口货物在向海关申报时不能提供书面的融资协议，则利息费用不得扣减。书面融资协议可以是销售合同的其中一个条款，也可以是单独签订的融资合同。

（3）利息费用单独列名。买方为进口货物的延迟支付而承担的利息费应当在书面的融资协议中单独列名，如果达成的融资协议未单独列名利率水平或者利息费用的具体金额，则不得在进口货物的成交价格中予以扣除。

案例 3-57　仁甫公司进口老年人辅助器械估价案

某报关公司代理仁甫公司向D海关申报进口老年人辅助器械一批，货价为CIF 50万元。D海关经审查发现，仁甫公司仅支付了货款20万元，对申报价格的真实性、准确性、完整性和规范性有疑问，于是发出海关价格质疑通知书。仁甫公司书面回复声称，卖方同意仁甫公司先支付20万元，余款30万元分三年支付，仁甫公司需支付10万元的利息费。D海关以仁甫公司未能提供书面融资协议为由，不予认可。

买方为购买进口货物通过融资产生的利息费，可不计入进口货物的成交价格。但如果买方不能提供书面的融资协议，或者融资协议未具体列名利率水平或者利息费用的具体金额，或者利率水平高于当时当地此类交易的一般利率水平，则利息费用不得扣除。本案中，虽然仁甫公司声称存在为进口老年人辅助器械而支付给卖方的利息费，但是由于其不能提供书面的融资协议，因此D海关不认可进口货物存在利息费的事实。如果仁甫公司书面回复仍不能排除D海关的价格怀疑，D海关应以成交价格以外的估价方法确定完税价格。如果仁甫公司能提供书面的融资协议，但融资协议未列名利率水平或者利息费用的具体金额，导致D海关无法以客观量化的数据进行价格项目的调整，利息费用同样不能扣减。

（4）纳税义务人可以证明有关利率不高于在融资当时当地此类交易通常应当具有的利率水平，且没有融资安排的相同或者类似进口货物的价格与进口货物的实付、应付价格非常接近。

买方为进口货物通过融资产生的利息费用应当符合公平合理的原则，融资利率不应高于订立融资协议时我国境内此类交易的一般利率水平，买卖双方也不得通过融资利率水平人为地调整进口货物的价格。如果纳税义务人可以证明有关利率不高于融资时当地此类交易的一般利率水平，而且进口货物的交易价格非常接近没有融资安排的相同或者类似进口货物的价格，则包含在进口货物成交价格中的利息费用应当予以扣除；如果利率水平高于买方融资时境内此类交易的一般利率水平，则利息费用不得作为进口货物完税价格的扣减项目；如果有证据证明买卖双方通过利率水平人为地操控进口货物的交易价格，则利息费用应当作为进口货物完税价格的组成部分，不得进行扣除。

案例3-58　富通公司融资进口工业催化剂估价案

富通公司向X海关申报进口某品牌工业催化剂，价值为CIF 660万元，包含货价560万元和利息费100万元。X海关经审查发现，富通公司与卖方约定：货物运抵目的港之日富通公司应支付280万元，余款应在一年内分四期支付，富通公司支付利息费100万元。X海关认为利息费不合理，确定完税价格时未予扣除。

进口货物的融资利率不得高于当时当地此类交易的通常应当具有的利率水平，且进口货物的实付、应付价格应当非常接近没有融资安排的相同或者类似进口货物的价格。本案中，富通公司进口工业催化剂的融资利率明显高于此类交易的一般利率水平（一般不超过10%），而且其扣减利息费用后的交易价格也明显低于没有融资安排的类似进口货物的价格，因此，利息费用不得作为扣减项目，X海关应当以包含利息费用的实付、应付价格为基础，确定进口货物的完税价格。

第四节　特殊关系与成交价格

本节研究特殊关系与成交价格的联系。如果进口货物的买卖双方有特殊关系但未对成交价格产生影响，海关应当使用成交价格估价方法确定完税价格，否则，则应当使用其他估价方法。

一、特殊关系

海关估价规则中的特殊关系，是指买卖双方之间存在的可能导致海关无法确定进出口货物成交价格的特殊商业关系。如果买卖双方存以下情形，即视为买卖双方存在特殊关系，海关需要进一步判断特殊关系是否影响进出口货物的成交价格。

（一）买卖双方为同一家族的成员

家族是指由血缘、姻缘、宗亲等关系连接而成的亲属集团。判断买卖双方是否为同一家族成员，应以各自所在国的法律及传统为依据。根据《中华人民共和国民法典》，亲属包括配偶、血亲和姻亲，配偶、父母、子女、兄弟姐妹、祖父母、外祖父母、孙子女、外孙子女为近亲属，配偶、父母、子女和其他共同生活的近亲属为家庭成员。虽然我国法律没有家族这一术语，但在传统习惯上把具有同姓同宗关系的乡里宗亲视为同一家族。鉴于这一理解过于宽泛，操作上难以把握，所以在海关估价实践中，同一家族的成员一般是指配偶、三代以内血亲（含拟制血亲）、姻亲，包括：（1）夫、妻；（2）父、母、子、女；（3）兄、弟、姐、妹；（4）祖父母、外祖父母、孙子女、外孙子女；（5）叔、舅、姑、姨、侄、外甥、侄女、外甥女；（6）公、婆、岳父、岳母、媳妇、女婿；（7）嫂、弟妹、大姑、小姑、大伯、叔子、大舅、小舅等。进口货物买卖双方为同一家族的成员，是指作为自然人的买卖双方均为同一家族的成员，或者作为法人的买卖双方的高级管理人员、董事为同一家族成员的情形。

问题 3.30　买卖双方的特殊关系为什么可能会影响成交价格?

特殊关系是指买卖双方存在亲属关系，互为商业上的高级职员或者董事，或者存在商业上的控制关系等情形。如果存在特殊关系的买卖双方进行商业交易，有可能为了降低税负、转移成本或者获取利润而背离通常的商业习惯，进而扭曲进出口货物的交易价格，使海关无法确定进出口货物的成交价格，不能使用成交价格估价方法确定完税价格。因此，海关估价应当以没有特殊关系的买卖双方达成的成交价格为基础，除非能确定买卖双方的特殊关系没有影响成交价格，否则不能采用成交价格估价方法确定完税价格。

问题 3.31 为什么在确定进出口货物的完税价格时，要特别强调买卖双方之间无特殊关系？

海关估价以进出口货物的成交价格为基础，而成交价格必须是无特殊关系的买卖双方之间在充分竞争市场条件下达成的交易结果。如果买卖双方是同一家族成员，一方是另一方的董事或者高级管理人员，或者双方存在商业上的控制关系，则双方有可能为了规避税负、转移风险或者获取利润而操纵进出口货物的交易价格，使进出口货物的价款无法反映其在无关联交易情况和充分竞争市场环境下应有的价值。如果进出口货物的买卖双方存在特殊关系且影响成交价格，就不能使用成交价格估价方法确定完税价格。

案例 3-59　书童公司进口教学仪器估价案

书童公司向G海关申报进口一批教学仪器。G海关经审查发现，书童公司的董事长是卖方总经理的继父，认为买卖双方存在特殊关系，发出海关价格质疑通知书，要求书童公司解释该特殊关系是否影响进口货物的成交价格。

家族成员是指具有血亲、姻亲关系的家庭成员的集合。本案中，卖方总经理是买方书童公司董事长的继子，双方是具有拟制血亲关系的同一家族成员，买卖双方存在特殊关系，G海关有理由进行价格质疑。

（二）买卖双方互为商业上的高级职员或者董事

高级职员，在《中华人民共和国公司法》中称为高级管理人员，是指公司的经理、副经理、财务负责人，上市公司董事会秘书以及公司章程规定的其他高级管理人员。董事是指由公司股东（大）会或者职工民主选举产生的具有实际权力管理公司事务的人员。如果买卖关系中一方的高级管理人员、董事同时也是对方的高级管理人员或者董事，即符合买卖双方存在特殊关系的条件，海关需要进一步确定该特殊关系是否影响进出口货物的成交价格。

案例 3-60　苏杭公司进口工业机器人价格质疑案

苏杭公司向E海关申报进口工业机器人一批，E海关经审查发现，苏杭公司的财务总监也是卖方的董事，E海关认为买卖双方存在特殊关系，发出海关价格质疑通知书，要求苏杭公司说明该特殊关系是否影响成交价格。

如果买卖双方互为商业上的高级职员或者董事，应当视为买卖双方存在特殊关系。本案中，卖方的董事同时也是买方苏杭公司的财务总监，属于买卖双方互为商业上的高级职员或者董事的情形，买卖双方存在海关估价规则所指的特殊关系，因此E海关有权提出价格质疑，要求苏杭公司作出合理解释。如果苏杭公司不能证明该特殊关系未影响进口工业机器人的成交价格，则E海关就不能使用进口货物成交价格估价方法确定完税价格。

（三）买卖双方存在商业上的控制关系

控制是指有权决定一个企业的财务和经营决策，并能从该企业的经营活动中获取利益的地位、能力或者资格。控制可以通过直接、间接拥有，持有，操控对方一定比例（通常是5%以上）有表决权的股份或者股票，担任对方的雇员、高级管理人员或者董事，以及合伙经营等方式来实现。如果一方直接、间接地受另一方控制，买卖双方都直接、间接地受第三方控制，或者共同直接或者间接地控制第三方，都应当认为买卖双方存在特殊关系，海关需要进一步确定该特殊关系是否影响进出口货物的成交价格。

案例3-61　黄河公司进口民用直升机价格质疑案

黄河公司向K海关申报进口民用直升机一架，K海关经审查发现，黄河公司持有卖方的股东OSMA公司40%的股份，认为买卖双方可能存在特殊关系且影响进口货物的成交价格，于是发出海关价格质疑通知书。

如果买卖双方都直接或者间接受第三方控制、共同控制第三方、一方直接或者间接受另一方控制，都应视为买卖双方存在特殊关系。本案中，买方黄河公司持有卖方的股东OSMA公司的40%的股份，买方有可能通过卖方的股东OSMA公司间接控制卖方，从而使买卖双方可能形成商业上的控制关系，进而影响进口货物的成交价格，因此，K海关有权向买方黄河公司提出价格质疑，要求其书面说明该特殊关系是否影响成交价格。如果买卖双方的特殊关系未影响成交价格，则K海关应当使用进口货物成交价格估价方法确定完税价格。否则，K海关应当使用其他估价方法确定完税价格。

案例3-62　螳螂公司进口牛肉估价案

螳螂公司向Y海关申报进口新西兰牛肉一批，Y海关经审查发现，卖方通过第三方持有螳螂公司10%表决权的股份，认为买卖双方存在特殊关系且可能影响成交价格，于是发出海关价格质疑通知书，要求螳螂公司证明成交价格是否受到影响。

买卖关系中的一方直接或者间接控制另一方、双方直接或者间接控制第三方、共同受第三方控制，都视为买卖双方之间存在特殊关系。本案中，卖方通过第三方持有买方螳螂公司10%表决权的股份，螳螂公司属于间接受卖方控制的情形，Y海关有理由证明买卖双方存在特殊关系，并有权要求螳螂公司书面说明该特殊关系是否影响进口牛肉的成交价格。

（四）独家代理、经销或者受让人关系

独家代理、经销或者受让人关系并不必然构成海关估价规则中的特殊关系。如果进口货物的买卖双方是独家代理、经销或者受让人关系，海关可以先审查双方是否存在特殊关系，有特殊关系的，再审查该特殊关系是否影响进口货物的成交价格；没有特殊关系并且成交价格可以确定的，或者虽有特殊关系，但是影响程度可以用客观量化数据衡量的，应以成交价格估价方法确定完税价格；否则，应以其他估价方法确定完税价格。

问题 3.32 如何判断独家代理、经销或者受让人是否构成买卖双方的特殊关系？

如果买卖双方仅仅是独家代理、经销或者受让人关系，并不必然构成特殊关系。只有当买卖双方都是同一家族成员、一方是另一方的董事或者高级管理人员、双方存在商业上的控制关系时，才能认定买卖双方存在特殊关系。

案例 3-63 德宝公司进口汽车估价案

德宝公司向Z海关申报进口宝迪汽车500辆。Z海关经审查发现，德宝公司是宝迪汽车的独家经销商，双方协议约定：德宝公司被授予宝迪汽车在境内的独家经销权，德宝公司与宝迪公司每年在分析市场趋势和车辆需求基础上确定境内建议零售价，双方在建议零售价基础上商议采购价格，宝迪公司对车辆的质量安全负责，德宝公司盈亏自负，宝迪公司不承担宝迪汽车境内销售中的任何损失，包括客户违约、补偿、报销。Z海关以成交价格估价方法确定进口汽车的完税价格。

独家代理、经销、受让人关系不一定意味着买卖双方在特殊关系。本案中，德宝公司是一家独立的公司法人，通过对外支付货款、交付单证获得进口宝迪汽车的所有权，德宝公司与宝迪公司不存在海关估价规则中的特殊关系，其在境内处置、销售、使用进口宝迪汽车未受到使价格无法确定的条件或者因素的影响。德宝公司与卖方之间的销售构成了确定完税价格的基础，Z海关应当以成交价格估价方法确定完税价格。

二、特殊关系未影响成交价格

买卖双方存在特殊关系，不一定必然导致海关使用进口货物成交价格以外的其他估价方法确定完税价格。如果纳税义务人能够证明该特殊关系对进口货物的成交价格未造成影响，海关仍应当以成交价格估价方法确定进口货物的完税价格。买卖双方的特殊关系未影响进口货物的成交价格，可以由纳税义务人通过测试价格的办法来证明，或者由海关通过自行审核的方法来确定。

（一）测试价格法

测试价格是纳税义务人向海关提供的用以证明特殊关系未对进口货物成交价格产生影响的对比价格。而测试价格法，是指由纳税义务人通过提供测试价格报海关审核，以论证买卖双方的特殊关系未影响进口货物的成交价格的证明方法。纳税义务人可以提供以下任何一种测试价格，以证明其进口货物的成交价格与测试价格相近，进口货物买卖双方的特殊关系未影响该进口货物的成交价格。

1. 无特殊关系买方进口的相同或者类似货物成交价格

虽然买卖双方之间存在特殊关系，但是如果纳税义务人能够证明其成交价格接近于同时或者大约同时发生的向境内无特殊关系买方销售的相同或者类似进口货物的成交价格，则海关应当视为特殊关系未对进口货物的成交价格产生影响。

案例 3-64　美尔居公司进口家具估价案

美尔居公司向 U 海关申报进口家具一批，U 海关经审查发现，美尔居公司与卖方存在特殊关系，提出了价格质疑。美尔居公司提供了卖方销售给其他无特殊关系客户的家具价格资料，证明其进口家具的价格非常接近于卖方销售给其他无特殊关系客户相同品牌型号家具的价格。U 海关接受申报价格，以成交价格法确定完税价格。

如果买方能够证明其进口价格与同时或者大约同时发生的卖方销售给无特殊关系买方相同或者类似进口货物的成交价格相近，则海关应当视为特殊关系对进口货物的成交价格未产生影响。本案中，美尔居公司提供了卖方销售给无特殊关系第三方相同品牌型号家具的价格资料，证明与其申报的价格非常接近，U 海关应当确认该特殊关系未影响成交价格。需要指出的是，在使用测试价格进行比较时，海关应当考虑商业水平和进口数量的不同，以及买卖双方有无特殊关系造成的费用差异。

案例 3-65　百果公司进口巴西橙子估价案（1）

百果公司向 W 海关申报进口巴西橙子 100 吨，申报价格为 CIF 100 万元，W 海关经审查后认为买卖双方存在特殊关系。W 海关提出价格质疑，百果公司向 W 海关提供了卖方销售给无特殊关系第三方大约同时进口的巴西同品牌橙子的发票等资料，价格为 CIF 103 万元。百果公司的书面说明表示，作为有特殊关系的买方，百果公司仅有橙子上市时优先选购的权利，但并没有区别于其他购买人的特别价格折扣权。W海关接受申报价格，以成交价格估价方法确定了完税价格。

价格相近并没有明确的范围和统一固定的标准，会因不同的进口货物而有所差异，有时候某类商品的测试价格存在较大的差异也是可能接受的。本案中，虽然百果公司进口巴西橙子的价格与测试价格相差达3%，但考虑到行业的定价习惯、上市时间的先后、进口数量差异以及有无特殊关系造成的费用差异等因素，W海关认为两种价格仍属于相近，以成交价格估价方法确定了完税价格。

2. 按照倒扣价格估价方法确定的相同或者类似进口货物的完税价格

虽然买卖双方之间存在特殊关系，但是如果纳税义务人能够证明其成交价格接近于同时或者大约同时发生的按照倒扣价格估价方法确定的相同或者类似进口货物的完税价格，则海关应当视为特殊关系未对进口货物的成交价格产生影响。

案例3-66　百果公司进口巴西橙子估价案（2）

百果公司向W海关申报进口巴西橙子100吨，申报价格为CIF 100万元，W海关经审查后认为买卖双方存在特殊关系且可能影响成交价格。W海关提出价格质疑，百果公司向W海关提供了当地水果批发市场公布的同时期巴西橙子的批发价格（150元/千克）。百果公司的书面说明表示，巴西橙子进口关税税率11%、增值税税率9%，根据行业惯例，进口水果第一销售环节的利润和一般费用约25%，百果公司进口巴西橙子的成交价格非常接近于当地水果批发市场批发价按照倒扣价格法计算的完税价格。W海关接受申报价格，以成交价格估价方法确定了完税价格。

如果纳税义务人能够证明其成交价格接近于同时或者大约同时发生的按照倒扣价格估价方法确定的相同或者类似进口货物的完税价格，则海关应当视为特殊关系未对进口货物的成交价格产生影响。本案中，百果公司进口巴西橙子的价格接近于当地水果批发市场巴西橙子批发价格通过倒扣价格估价方法确定的完税价格，所以W海关有理由相信买卖双方的特殊关系未对进口货物的成交价格产生影响，可以按照成交价格估价方法确定完税价格。

3. 按照计算价格估价方法确定的相同或者类似进口货物的完税价格

虽然买卖双方之间存在特殊关系，但是如果纳税义务人能够证明其成交价格接近于同时或者大约同时发生的按照计算价格估价方法确定的相同或者类似进口货物的完税价格，则海关应当视为特殊关系未对进口货物的成交价格产生影响。

问题 3.33 如何判断测试价格是否接近进口货物的成交价格？

价格相近并没有明确的范围和统一固定的标准。在使用测试价格法衡量特殊关系是否影响成交价格时，纳税义务人只需要证明其进口货物的成交价格与测试价格相近即可，并不要求二者完全一致。有时候，对一种货物来说价格上的较小差异可能是不能接受的，而对另一种货物来说价格上的较大差异却可能是可以接受的。因此，衡量申报价格与测试价格是否相近时，应当充分考虑进口货物的性质、行业的普遍定价习惯、货物进口的季节，以及价格上的差异是否具有商业意义等因素。

问题 3.34 纳税义务人应如何证明进口货物买卖双方的特殊关系未影响成交价格？

首先，纳税义务人可以提交证据证明卖方将相同或者类似货物出售给无特殊关系第三方的价格与申报价格非常接近。但在实践中，要求纳税义务人提供与货物同时或者大约同时进口的相同或者类似货物的成交价格与进口货物成交价格非常接近，有时是很困难的。因为基于法律风险、保护商业秘密和商业利益的考虑，进口货物的卖方一般不会提供其向第三方出售的相同或者类似货物的成交价格信息。其次，纳税义务人可以通过倒扣价格估价方法提供测试价格，证明其申报的进口货物的成交价格与其在境内向无特殊关系的第三方在第一环节销售该货物、相同货物或者类似货物的价格倒扣后的完税价格（测试价格）非常接近，符合"特殊关系未影响成交价格"的条件。此外，纳税义务人还可以通过计算价格估价方法进行测试。

案例 3-67　百果公司进口巴西橙子估价案（3）

百果公司向 W 海关申报进口巴西橙子 100 吨，单价为 CIF 10000 元/吨，总价为 CIF 100 万元，W 海关经审查后认为买卖双方存在特殊关系且可能影响成交价格。W 海关提出价格质疑，百果公司向 W 海关提供了进口货物交易同时期卖方公示的巴西橙子销售价格，单价为 9000 元/吨。百果公司的书面说明表示，测试价格加上约相当于货价 12% 的国际运保费后，与百果公司进口巴西橙子的成交价格非常接近。W 海关接受申报价格，以成交价格估价方法确定完税价格。

纳税义务人能够证明其成交价格接近于同时或者大约同时发生的按照计算价格估价方法确定的相同或者类似进口货物的完税价格，则应当视为特殊关系未对进口货物的成交价格产生影响。本案中，百果公司提供的卖方对外公示的巴西橙子销售价格（9000 元/吨），通过计算价格估价方法，加入 12% 的国际运保费后，所确定的完税价格为 10080 元/吨，与百果公司申报进口巴西橙子的成交价格 10000 元/吨非常接近，所以 W 海关接受买卖双方的特殊关系未对进口货物的成交价格产生影响的说法，可以按照成交价格估价方法确定完税价格。需要指出的是，虽然纳税义务人只需提供任何一种测试价格证明其进口货物的成交价格与之接近，即可向海关主张特殊关系未影响成交价格，但如果纳税义务人能够同时提供多种不同的测试价格作为支持，效果可能更佳。

（二）海关自行审核法

海关自行审核法，也称"销售环节测试法"，是指海关通过自行审核进出口货物向境内销售的外部环境、定价方式和利润水平等情况，以确定特殊关系是否影响进出口货物成交价格的审核方法。使用此方法时海关应审核：买卖双方组成的交易关系是否符合一般商业习惯；定价方法是否符合行业普遍的定价惯例；买卖双方约定的交易价格是否与销售给无特殊关系第三方的价格相近，如有差异是否可以以客观量化的数据衡量；被估价进口货物的实付、应付价格是否已充分反映了其成本、费用和利润水平等。如果有证据证明货物向境内销售的有关情况符合一般商业惯例，不违背公平交易的商业原则，则可以认为特殊关系未影响进口货物的成交价格。

问题 3.35 判断买卖双方特殊关系未影响成交价格的方式有哪些？

判断买卖双方的特殊关系未影响成交价格，既可以由海关直接审核判断，也可以由纳税义务人提供测试价格的方式来证明。如果海关通过审核货物向境内销售的外部环境、定价方式和利润水平等情况，确定交易符合一般商业惯例，不违背公平交易的商业原则，买卖双方之间的成交价格与销售给无特殊关系买方的价格相近，就可以认定买卖双方的特殊关系未影响成交价格。如果纳税义务人通过提供测试价格的方法，证明进口货物的成交价格非常接近同时或者大约同时发生的向境内无特殊关系买方出售的相同或者类似进口货物的成交价格、按照倒扣价格估价方法确定的相同或者类似进口货物的完税价格、按照计算价格估价方法确定的相同或者类似进口货物的完税价格，也可以确定买卖双方的特殊关系不影响成交价格。

案例 3-68　五岳公司进口羔羊肉估价案

五岳公司向 V 海关申报进口澳大利亚羔羊肉一批，V 海关经审查发现，五岳公司与卖方存在互为高级管理人员和董事的情形，但五岳公司进口羔羊肉的价格与其他公司大约同时进口的澳大利羔羊肉的成交价格接近，于是以成交价格估价方法确定五岳公司进口羔羊肉的完税价格。

如果海关认为进口货物向我国销售的行为符合一般商业惯例，可以确定特殊关系未对进口货物的成交价格产生影响，进口货物符合成交价格其他条件的，海关可以按成交价格估价方法确定完税价格。本案中，虽然五岳公司与卖方存在互为高级职员和董事的情形，V海关可以认定双方存在特殊关系，但买卖双方有特殊关系并不意味着会影响成交价格。五岳公司进口澳大利亚羔羊肉的价格与其他公司大约同时进口澳大利亚羔羊肉的价格非常接近，可以认定进口货物向境内销售的行为符合一般商业惯例、行业定价习惯，其申报价格反映了进口货物的成本、费用和利润水平，可以认为特殊关系未影响成交价格，进口货物符合成交价格条件，V海关可以按成交价格估价方法确定完税价格。

三、特殊关系影响成交价格

特殊关系影响成交价格，是指进口货物的买卖双方之间存在特殊关系，海关认为货物向我国境内销售的有关情况不符合一般商业惯例，而且纳税义务人不能提供符合规定的测试价格证明其进口货物的成交价格与之相近，或者其提供的测试价格法未被海关接受的情形。买卖双方有特殊关系并不一定会影响进口货物的成交价格，但如果海关经审查认为货物的销售不符合一般商业惯例，而且作为买方的纳税义务人又不能提供测试价格证明其进口货物的成交价格与之相近，或者提供的测试价格及测试方法未被海关采纳，则海关应当认为买卖双方的特殊关系影响进口货物的成交价格，不能使用成交价格估价方法确定完税价格。

问题 3.36 海关如何判断特殊关系影响成交价格？

如果进口货物的买卖双方存在特殊关系，海关通过审核进口货物向境内销售的外部环境、定价方式和利润水平等情况，认为货物向境内销售的有关情况不符合一般商业惯例，有违公平交易的商业原则，进口货物的交易价格与销售给无特殊关系买方的价格存在较大差异，而纳税义务人提供的测试价格又无法被海关所接受或者认可的，则应当认定买卖双方的特殊关系影响了进口货物的成交价格，不能使用进口货物成交价格估价方法确定完税价格。

案例 3-69 星星公司进口时装估价案

星星公司向P海关申报进口时装一批。P海关发现买卖双方存在特殊关系，且认为定价不合理，于是提出价格质疑，要求星星公司说明特殊关系是否影响成交价格。星星公司在规定期限内书面回复称，其进口的时装是个性化商品，针对特定消费人群，不应仅凭商品的一般属性与其他公司的相同或者类似的进口时装进行对比；虽然买卖双方存在特殊关系，但进口货物申报价格符合成交价格的定义和条件。P 海关未予接受，以成交价格以外的估价方法确定了完税价格。

如果海关认为货物向境内销售的行为不符合一般商业惯例，纳税义务人不能提供测试价格，或者提供的测试价格及其方法未被海关接受的，则视为特殊关系影响成交价格。本案中，星星公司进口时装因定价不合理而被海关认为不符合一般商业惯例，而星星公司也未能提供符合要求的测试价格，证明其特殊关系对进口货物的成交价格未产生影响，也就是说，按照测试价格法和海关自行审核法，都不能确定特殊关系未影响成交价格，因此，应视为特殊关系影响成交价格，星星公司进口时装的申报价格不符合成交价格条件，应以其他估价方法确定完税价格。

第四章　海关估价的方法（中）

——进口货物的其他估价方法

04

本章介绍进口货物成交价格估价方法以外的其他估价方法，包括相同货物成交价格估价方法、类似货物成交价格估价方法、倒扣价格估价方法、计算价格估价方法和合理方法。如果进口货物不存在成交价格或者无法确定成交价格，则海关不能使用成交价格估价方法确定该进口货物的完税价格，应当依次使用前述的其他估价方法；经纳税义务人书面申请，海关认可，也可以颠倒倒扣价格估价方法和计算价格估价方法的次序。

第一节　相同货物成交价格估价方法

本节介绍进口货物的相同货物成交价格估价方法。如果进口货物不能使用成交价格估价方法确定完税价格，则应当优先使用相同货物成交价格估价方法进行确定。

一、相同货物

相同货物，是指与进口货物在同一国家或者地区生产的，在物理性质、质量和信誉等所有方面都相同的货物，但是表面的微小差异允许存在。如果进口货物不能使用成交价格估价方法确定完税价格，则应当首先以海关曾经接受过的相同货物的成交价格为基础审查确定，这种估价方法就是进口货物的相同货物成交价格估价方法。使用相同货物成交价格估价方法确定进口货物的完税价格，必须先确定被选择的对象是相同货物。相同货物具有以下基本特征：一是相同货物与进口货物都是在同一国家或者地区生产。同一国家或者地区，是指同一个国家或者同一个国家的单独关税地区，如中国关税区域或者中国香港、澳门、台澎金马三个单独关税地区；同一个国家或者地区不包括由多个国家或者地区组成的地区联盟或者关税同盟，如东盟、欧盟等。二是相同货物与进口货物在物理性质、质量和信誉等方面都相同，但货物用途、价格上的差异并不影响相同货物的认定。三是相同货物与进口货物可能有表面上的微小差异。虽然表面上存在微小差异，但是在物理性质、质量和信誉等其他方面都相同，而且与进口货物在同一国家或者地区生产的，可认定为相同货物。

问题 4.1　如何区分相同货物与其他货物？

相同货物，是指与进口货物在同一国家或者地区生产的，在物理性质、质量和信誉等所有方面都相同的货物，但是表面的微小差异允许存在。区分某一货物是否属于进口货物相同的货物，应把握以下几点：（1）物理性质、质量和信誉等所有方面都相同；（2）与进口货物在同一国家或者地区生产；

(3) 允许存在表面的微小差异。不符合以上全部条件的其他货物，都不是相同货物。

问题 4.2 什么是表面上的微小差异？

"表面上的微小差异"并没有具体、明确、详细的标准。只要某一货物在物理性质、质量和信誉等所有方面都与进口货物相同，且与进口货物在同一国家和在地区生产，即使存在表面上的微小差异，都可以认定为相同货物。

问题 4.3 为什么相同货物必须是与进口货物"在同一国家或者地区生产"的货物？

不同国家或者地区的经济发展水平差异很大，如果"相同货物"并不是与进口货物在同一国家或者地区生产的货物，则该货物的成交价格与进口货物的成交价格就可能有很大差异，直接适用则有违尊重贸易实际的估价原则。因此，相同货物必须是与进口货物在同一国家或者地区生产的货物。

案例 4-1　湖江公司进口钢板估价案

湖江公司向 W 海关申报进口钢板一批，拟用于生产汽车车身冲压件。W 海关估价时，以另一家公司进口的同原产地、相同生产厂家、化学成分相同、经相同加工工序生产且尺寸相同的进口钢板的成交价格为基础，确定完税价格，但这家公司进口的钢板是用于制造熔炉套筒的。

相同货物是指与进口货物在同一国家或者地区生产的在物理性质、质量和信誉等方面都相同的其他货物。本案中，另一家公司进口的钢板与湖江公司进口的钢板，在物理性质、质量、信誉等方面都相同，而且属于同一国家相同生产厂家生产，符合相同货物的定义，货物用途的不同并不影响相同货物的认定，因此，当 W 海关不能以成交价格估价方法确定湖江公司进口钢板的完税价格时，可以以另一家公司进口相同货物的成交价格为基础进行确定。

案例 4-2　安佳公司进口瓷砖估价案

安佳公司是一家室内装修公司，向 T 海关申报进口某品牌瓷砖一批。T 海关在确定完税价格时，使用了安居装饰材料公司进口的属于同一国家同一生产商制造的相同品牌、相同规格型号瓷砖的成交价格。安居装饰材料公司是一家装饰材料批发经销商。

相同货物是指物理性质、质量、信誉等所有方面都与进口货物相同的货物。本案中，安佳公司进口的瓷砖与安居装饰材料公司进口的瓷砖，都属于同一国家同一生产商制造的相同品牌、相同规格型号的瓷砖，符合物理性质、质量、信誉等方面都相同的特点，属于相同货物。价格差异并不是区分是否相同货物的考虑因素，但在使用相同货物成交价格估价方法确定进口货物的完税价格时，T海关应当按照国内公认的会计原则和客观量化的数据，对商业水平、进口数量不同而引起的价格差异进行适当调整。

案例 4-3　绿苑公司进口煎炒锅估价案

绿苑公司向Q海关申报进口未组装的某品牌型号煎炒锅，该煎炒锅由锅体、手柄、锅盖、抓手等可拆卸部件组成，只需简单拧紧即可使用。Q海关在估定完税价格时，使用了厨乐公司进口的相同品牌、相同型号煎炒锅的成交价格。厨乐公司进口的煎炒锅锅体和手柄、锅盖和抓手已经紧固，无须消费者自行组装。

用于比较相同货物的特征包括物理性质、质量和信誉等方面。本案中，绿苑公司进口的煎炒锅是未完整的，需要用户自行紧固；而厨乐公司进口的煎炒锅则是现成、完整的，无须用户自行组装。在一般情况下，已经组装的货物和未经组装的货物不能视为相同货物。但是在本案的情形中，货物的组装和拆卸是为了货物的包装、运输和使用方便而设计的，组装和拆卸都是该货物包装、运输、使用过程中的正常操作，而且非常简单、便利，货物进口时不管是组装状态还是拆卸状态，其物理性质、质量和信誉等方面都是相同的，并不影响其是相同货物的认定。

案例 4-4　安康公司进口乐达公司乙品牌血糖测试仪估价案

乐达公司同时受甲、乙两个品牌商的授权，以保税加工方式制造相同的血糖测试仪，并分别贴上了甲、乙两个不同的商标，出口后均返销境内。安康公司进口了乙品牌的血糖测试仪，P海关以乐达公司生产的甲品牌血糖测试仪的成交价格确定完税价格。

相同货物是指与进口货物在同一国家或者地区生产的在物理性质、质量和信誉等方面都相同的货物，但允许表面上有微小差异的存在。本案中，乙品牌血糖仪与甲品牌血糖测试仪都是在我国的乐达公司制造，其物理性质、质量、外观和内在结构等方面均完全相同，但由于贴上了不同的品牌标识而具有不一样的商业信誉，因此不能视为相同货物（应认定为类似货物）。

案例 4-5　凉都设备厂进口激光切管机样机估价案

凉都设备厂向R海关申报进口一台激光切管机，进口货物是凉都设备厂提供设计图纸委托境外厂家定做的样机，并支付了加工费用。R海关以境外厂家生产的其他激光切管机的成交价格确定完税价格。

相同货物是指与进口货物在物理性质、质量和信誉等方面都相同的其他进口货物。本案中，境外厂家生产的其他相同激光切管机属于量产品，是根据市场需求依照标准化质量控制体系和生产工艺流程大批量生产制造出来投放市场的产品，而凉都设备厂进口的，则是其提供设计图纸委托境外厂家加工的激光切管机样品，用于测试、检验目的，一般不会直接投放到市场，与量产品具有不同的质量和商业信誉，不属于相同货物。

二、相同货物成交价格估价方法

相同货物成交价格估价方法，是指海关以与被估价进口货物同时或者大约同时向我国境内销售的相同货物的成交价格为基础，审查确定进口货物的完税价格的估价方法。相同货物成交价格估价方法是最接近被估价进口货物实际状况的估价方法。当进口货物不能使用成交价格估价方法确定完税价格时，应当首先使用相同货物成交价格估价方法。

（一）使用要求

使用相同货物成交价格估价方法确定进口货物的完税价格，应当符合以下要求。一是对象要求，即要求适用对象是被估价进口货物的相同货物。二是时间要求，即要求向我国境内销售相同货物的时间与被估价进口货物向我国境内销售的时间是同时或者大约同时。所谓大约同时，是指海关接受货物申报之日的大约同时，最长不应当超过前后 45 天。三是商业水平要求，即要求相同货物的进口商与被估价货物的进口商都属于经销商、分销商、批发商或者零售商中的相同商业水平地位。四是数量要求，即要求相同货物的进口数量与被估价货物的进口数量基本一致，不至于因进口数量不同而有价格上的明显差异。由于进口货物会因运输方式和运输距离的不同而产生运输及其相关费用的较大差异，因此，在使用相同货物成交价格估价方法确定进口货物的完税价格时时，应当对因运输距离和运输方式不同而在成本和运输费用等的差异作出适当调整。货物向我国境内的销售处在不同的商业水平，进口数量差异较大，都会对进口货物的成交价格产生较大的影响，因此，如果没有相同商业水平或者进口数量基本一致的相同货物的成交价格，海关可以使用不同商业水平或者不同进口数量的相同货物的成交价格，但应当以客观量化的数据资料，对因商业水平、进口数量、运输距离和运输方式不同而在价格、成本和费用方面产生的差异作出调整。不同生产商生产的相同货物，其价格也会有所差异，因此，在使用相同货物成交价格估价方法确定进口货物的完税价格时，应当首先使用同一生产商生产的相同货物的成交价格；如果没有同一生产商生产的相同货物的成交价格，可以使用同一生产国或者地区其他生产商生产的相同货物的成交价格。在国际贸易中，采购商在面对多个不同价格的相同货物时，往往会选择价格最低的货物，因此，在使用相同货物成交价格估价方法确定进口货物的完税价格时，如果有多个相同货物的成交价格可供选择，应当以最低的成交价格为基础，审查确定进口货物的完税价格。

问题 4.4 大约同时的规定有什么意义？

进出口货物的价格可能随着时间而发生变化，而且不一定是均匀的或者是可预测的。另外，影响供求关系的季节性因素、货币汇率的波动、通货膨胀等原因也会影响进出口货物的价格。当使用相同或者类似货物成交价格估价方法时，必须确定相同或者类似货物与进口货物同时或者大约同时进口，以确保在这一较短时期内价格的相对稳定和具有可比性。如果使用与进口货物不是同时或者大约同时进口的相同或者类似货物的成交价格，则该价格可能由于时间差异过大而不具有可比性。

问题 4.5 为什么相同或者类似货物成交价格估价方法要对商业水平、数量规模、运输距离、运输方式等的差异进行费用、价值的调整？

如果进口货物不能使用成交价格估价方法确定完税价格，应采用与进口货物最接近的相同或者类似货物的成交价格估价方法确定完税价格。一般应优先采用与进口货物处于同一商业水平和基本相同数量的交易；如果没有同一商业水平和基本相同数量的相同或者类似货物，可以考虑不同商业水平和不同数量的交易，但应当以客观量化的数据资料对货物因商业水平、数量规模不同而导致的价格差异作出适当的调整。如果相同或者类似货物与进口货物存在不同的运输距离或者运输方式，海关确定完税价格时，还应对不同运输距离或者运输方式造成的成本、费用差异进行适当调整。

案例 4-6　嘉宝公司进口洗发水估价案

嘉宝公司向 A 海关申报桶装进口的某品牌洗发水一批，拟在国内分装后再销售。A 海关以金弘公司大约同时进口的相同品牌洗发水价格（零售包装）为基础确定完税价格。

相同货物是指与进口货物在物理特征、质量、信誉等方面都相同的其他货物。本案中，嘉宝公司申报的某品牌洗发水以桶装方式运输进口，而金弘公司的同品牌洗发水以零售包装方式进口，两种货物具有不同的外观物理特征，不应视为相同货物。

案例 4-7　东海公司进口自动口罩机估价案

2020 年 2 月 20 日，东海公司向 D 海关申报进口某品牌自动口罩机两台，D 海关以 2019 年 12 月 20 日上海高桥公司进口的同品牌自动口罩机的成交价格为基础估定完税价格。

海关以相同货物成交价格估价方法确定完税价格，应当以与进口货物同时或者大约同时向我国境内销售的相同货物的成交价格为基础。大约同时，是指海关接受货物申报之日的大约同时，最长不应当超过前后 45 天。本案中，D 海关以 2019 年 12 月 20 日上海高桥公司进口的自动口罩机的成交价格为基础，估定东海公司 2020 年 2 月 20 日申报进口的自动口罩机的完税价格，超出了大约同时的时间限制，不符合相同货物成交价格估价方法的适用规定，但符合以合理方法估定完税价格关于对进口日期“适当放宽”的规定。

案例 4-8　天下公司进口自动洗车机估价案

天下公司向 J 海关申报海运进口某品牌自动洗车机 500 台套，J 海关以山河公司进口的同品牌自动洗车机的价格为基础，确定天下公司进口货物的完税价格。山河公司曾通过铁路运输方式进口该品牌自动洗车机 5 台套。

在使用相同货物成交价格估价方法确定进口货物的完税价格时，应当使用与该货物具有相同商业水平且进口数量基本一致的相同货物的成交价格。本案中，天下公司进口自动洗车机处于批发商的商业水平，而山河公司处于零售商的商业水平，双方处于不同的商业水平，进口数量差异也很大。如果 J 海关没有使用与天下公司进口自动洗车机具有相同商业水平且进口数量基本一致的相同货物的成交价格，可以使用山河公司进口的具有不同商业水平和进口数量不同的自动洗车机的成交价格，但应当以客观量化的数据资料，对因商业水平、进口数量、运输距离和运输方式不同而在价格、成本和其他费用方面产生的差异作出调整。

案例 4-9　中林公司进口磷酸氢二铵估价案

中林公司向 B 海关申报进口德国磷酸氢二铵 5800 吨，B 海关以兴农公司进口的德国另一厂家生产的磷酸氢二铵的价格为基础确定完税价格。

按照相同货物成交价格估价方法审查确定进口货物的完税价格，应当首先使用同一生产商生产的相同货物的成交价格。本案中，如果 B 海关以相同货物成交价格估价方法确定完税价格，应当以与中林公司进口的磷酸氢二铵同一厂家生产的磷酸氢二铵的价格为基础。只有在没有同一生产商生产的磷酸氢二铵的成交价格时，B 海关才可以以兴农公司进口的德国另一厂家生产的磷酸氢二铵的成交价格为基础，确定完税价格。

案例 4-10　长康公司进口老年人餐桌椅估价案

长康公司向 F 海关申报进口某品牌型号老年人专用餐桌椅 2000 套，F 海关对比了多家公司进口的同品牌型号的老年人餐桌椅的价格后，发现恒健公司进口的同品牌型号老年人专用餐桌椅的价格最低，最后 F 海关以该价格为基础确定完税价格。

使用相同货物成交价格估价方法确定进口货物的完税价格时，如果有多个相同货物的成交价格，应当以最低的成交价格为基础审查确定进口货物的完税价格。本案中，F 海关使用相同货物成交价格估价方法确定长康公司进口老年人专用餐桌椅的完税价格，由于存在多个相同货物的成交价格，恒健公司的成交价格最低，因此，F 海关应当以恒健公司的成交价格为基础，确定长康公司进口老年人专用餐桌椅的完税价格。

（二）使用程序

海关不能使用成交价格估价方法确定进口货物的完税价格时，应当与纳税义务人进行价格磋商，交换彼此掌握的与进口货物有关的价格资料。如果纳税义务人或者海关有相同货物的成交价格资料，海关应使用相同货物成交价格估价方法确定进口货物的完税价格。在一般情况下，如果纳税义务人在被估价货物的同时或者大约同时曾经进口过相同货物，且成交价格曾被海关接受，则海关应以纳税义务人同时或者大约同时进口的相同货物的成交价格估定完税价格。海关估定完税价格，应当以最接近被估价进口货物的贸易环境、商业水平、进口数量、运输方式和距离的同一生产国或者地区同一生产商生产的相同货物的成交价格为基础，除非没有与进口货物同一生产国或者地区同一生产商生产的相同货物的成交价格，海关才可以使用同一国家或者地区其他生产商生产的相同货物的成交价格。由于相同货物仅指与进口货物在同一国家或者地区生产的在物理性质、质量、信誉等方面都相同的其他货物，因此，使用相同货物成交价格估价方法确定进口货物的完税价格时，海关不得采用不同国家或者地区生产的与进口货物在物理性质、质量、信誉等方面都相同的其他货物的成交价格。如果纳税义务人和海关都没有符合要求的相同货物成交价格的有关资料，海关不能使用相同货物成交价格法估定进口货物的完税价格。

问题 4.6 如何采用最接近进口货物成交价格的相同货物的成交价格?

应依次采用以下相同或者类似货物的成交价格:(1)进口商同一合同项下以前进口过相同货物,其成交价格被海关接受的;(2)没有同一合同,进口商同时或者大约同时进口过相同货物,其成交价格被海关接受的;(3)其他进口商同时或者大约同时进口相同货物的成交价格。

案例 4-11 京医公司进口核磁共振成像检查仪估价案

京医公司向D海关申报进口核磁共振成像检查仪一套,D海关经审查认为成交价格不能确定。在价格磋商过程中,京医公司提供了一个月前其进口的相同品牌型号核磁共振成像检查仪的合同、发票、付款凭证及报关单等资料,D海关以京医公司上一次进口相同货物的价格估定完税价格。

进口货物的成交价格不能确定,海关经了解有关情况,与纳税义务人进行价格磋商后,方可以以其他估价方法确定完税价格。本案中,D海关认为京医公司进口核磁共振成像检查仪的成交价格不能确定,应与京医公司进行价格磋商,交换彼此掌握的与进口货物有关的价格资料。京医公司提供了符合要求的相同货物的价格资料,D海关应当以相同货物成交价格估价方法确定完税价格。

(三)价格行情

价格行情也称“市场行情”,是指一段时期内某种商品的价格波动情况。价格行情并不是客观存在的具体货物的价格,发布者以某个时期为基准,对各个基准期的货物平均价格进行统计而反映出价格的变化情况。价格行情可以是海关对进出口货物进行价格质疑的依据,但由于价格行情不是相同或者类似货物的成交价格,所以不能作为海关确定完税价格的依据,否则会违反“以成交价格为基础”的估价原则。海关根据掌握的价格行情对进出口货物的真实性、合理性、完整性和规范性有怀疑,可以向纳税义务人提出价格质疑,发出海关价格质疑通知书。如果纳税义务人无法提供充分的证据消除海关的合理怀疑,海关可以不接受申报价格,以进口货物成交价格以外的其他估价方法确定完税价格。如果海关以相同货物成交价格估价方法确定完税价格,则应当使用符合要求的相同货物的成交价格,不能以价格行情作为相同货物的成交价格。

问题 4.7 为什么说价格行情不能作为海关估价的依据?

由于价格行情并不是客观存在的某种具体货物的价格,所以只能作为海关质疑进出口货物申报价格合理性的理由，但不能作为相同或者类似货物的成交价格用于确定完税价格。

案例 4-12　虢氏公司进口柴油纳税复议案

某石化公司代理虢氏公司向L海关申报进口零号柴油9.7万吨，L海关经审查发现申报价格与同时期市场行情有一定差异，以市场行情价估定完税价格。虢氏公司申请行政复议。

以成交价格为基础是海关审查确定进出口货物完税价格的基本原则。本案中，虢氏公司委托某石化公司进口柴油的成交价格不能确定，L海关无法使用进口货物成交价格估价方法确定完税价格，应以其他方法估定。虽然市场行情与相同货物的成交价格存在一定的关联，但毕竟不是相同货物的成交价格，在海关估价中不能代替相同或者类似货物成交价格予以使用。L海关使用市场行情价确定虢氏公司进口柴油完税价格的行为，违反了“以成交价格为基础”的估价原则，因而被上级海关复议撤销。

第二节　类似货物成交价格估价方法

本节介绍类似货物成交价格估价方法。如果进口货物不能使用成交价格估价方法和相同货物成交价格估价方法确定完税价格，则海关应当使用类似货物成交价格估价方法进行估价。

一、类似货物

类似货物，是指与进口货物在同一国家或者地区生产的，虽然不是在所有方面都相同，但是却具有相似的特征、相似的组成材料、相同的功能，并且在商业中可以互换的货物。类似货物具备以下特点。一是类似货物与进口货物都在同一国家或者地区生产。对同一国家或者地区的理解，与前一节相同货物定义中的解释相同。二是类似货物与进口货物具有类似特征、类似的组成材料和相同的功能。在一般情况下，只要两个货物同时具有类似特征、类似的组成材料和相同的功能，就应当视为类似货物。海关进行比较时，货物的质量、信誉、商标等因素都应予以考虑。三是类似货物与进口货物在商业中可以互换。在使用类似货物成交价格估价方法时，被估价货物与被选取的类似货物并不需要在物理特征、质量、信誉等方面完全相同，只要两个货物具有类似特征、类似的组成材料和相同的功能，而且在商业中可以互换，则属于类似货物。类似货物虽然未达到相同货物的标准，但在海关估价中，仍属于与进口货物具有可比性的货物。

问题 4.8 为什么说相似的特证、相似的组成材料和相同的功能是类似货物与相同货物的区分标准?

与进口货物在物理性质、质量和信誉等所有方面都完全相同的货物，才属于相同货物，相同货物与进口货物之间允许有表面上微小的差异。虽然与进口货物并非所有方面都完全相同，但仍具有相似的特征、相似的组成材料和相同的功能，并且在商业中可以互换的货物，则属于类似货物。所以说，相同货物是指包括特征、组成材料等所有方面都与进口货物相同的货物，而类似货物则是特征、组成材料与进口货物相似但功能必须相同的其他货物。

问题 4.9 为什么类似货物特别强调“功能相同”和“在商业上可以互换”?

虽然类似货物并不要求所有方面都与进口货物完全相同，例如，类似货物可以具有相似特征、相似的组成材料，但类似货物必须与进口货物具有相同的功能，并且在商业上可以互换，否则就不构成类似货物，与进口货物就不具有估价意义上的可比性，在海关估价中就无法作为类似货物成交价格估价方法的适用对象。

案例 4-13 悦读公司进口图书估价案

悦读公司向G海关申报从英国进口的英文图书《国富论》一批，G海关经过价格质疑、磋商等程序，准备以中图公司从中国香港进口的英文图书《国富论》的价格为基础确定完税价格。

我国海关估价法规规定，类似货物与进口货物都应在同一国家或者地区生产，不是在同一国家或者地区生产的货物不属于类似货物。本案中，悦读公司进口的英文图书《国富论》出自英国，而中图公司进口的英文图书《国富论》出自中国香港，二者不是在同一国家或者地区生产，而且外观物理特征明显不同，因此，尽管二者记载的内容相同，但在商业上不能互换，二者不属于类似货物。

案例 4-14 芸香公司进口玫瑰花球茎估价案（1）

芸香公司向K海关申报进口某品种玫瑰花球茎一批。K海关经过价格质疑、磋商等程序，以香格里公司进口的相同尺寸，可以长成大致相同形状、相同大小以及相同颜色的另一品种玫瑰花球茎的成交价格为基础，确定完税价格。

类似货物是指与进口货物具有类似特征、类似组成材料和相同功能并且在商业上可以互换的其他货物。本案中，尽管香格里公司进口的玫瑰花球茎与芸香公司进口的玫瑰花球茎品种不同，但是具有类似特征、类似的组成材料和相同的功能，在商业上可以互换，属于类似货物。因此，K 海关以类似货物的成交价格为基础，确定芸香公司进口的玫瑰花球茎的完税价格是正确的。

案例 4–15　征途公司进口汽车轮胎估价案（1）

征途公司向 D 海关申报进口某品牌汽车轮胎，D 海关经过价格质疑、磋商等程序，以风驰轮胎公司进口的同一国家不同生产商生产的不同品牌、相同规格的汽车轮胎的成交价格，确定完税价格。

类似货物与进口货物具有类似的特征、类似的组成材料和相同的功能，在商业上可以互换。本案中，两个公司进口的汽车轮胎的规格和大小尺寸相同，具有类似的特征和类似的组成材料，还具有相同的功能，达到了同等的质量标准水平和声誉，虽然商标不同，但仍应视为类似货物。

案例 4–16　立净公司进口过氧化钠估价案

立净公司向 E 海关申报进口普通等级过氧化钠 600 吨、特级过氧化钠 50 吨。E 海关经过审查，分别确定完税价格。

与进口货物具有类似特征、类似组成材料和相同功能，在商业上可以互换的货物，属于类似货物。本案中，立净公司进口的普通等级过氧化钠，属于工业漂白用途；而该公司进口的特级过氧化钠则属于实验室化学分析用途，二者虽然具有类似的特征、类似的组成材料，但纯度不同，功能不同，在商业上不能互换，不属于类似货物。

案例 4–17　骏驰公司进口油漆估价案

骏驰公司向 G 海关申报进口汽车油漆 5000 千克、居家防水油漆 5000 千克。G 海关经过审查，分别确定完税价格。

类似货物应当符合功能相同以及在商业上可以与进口货物进行互换的基本特征。本案中，骏驰公司进口的汽车油漆与居家防水油漆虽然具有类似的特征、类似的组成材料，但功能不同，在商业上不可以互换，不属于类似货物。

二、类似货物成交价格估价方法

类似货物成交价格估价方法，是指海关以与进口货物同时或者大约同时向我国境内销售的类似货物的成交价格为基础，审查确定进口货物的完税价格的估价方法。类似货物成交价格估价方法是比较接近被估价进口货物实际状况的估价方法。如果进口货物不能使用成交价格估价方法和相同货物成交价格估价方法确定完税价格，应当优先使用类似货物成交价格估价方法。

（一）使用要求

使用类似货物成交价格估价方法确定进口货物的完税价格，应当符合以下要求。一是适用对象要求，即要求适用对象是被估价进口货物的类似货物。二是时间要求，即要求向我国境内销售类似货物的时间是与进口货物向我国境内销售的时间同时或者大约同时。所谓大约同时，是指海关接受货物申报之日的大约同时，最长不应当超过前后 45 天。三是商业水平要求，即要求类似货物的进口商与被估价货物的进口商都属于经销商、分销商、批发商或者零售商中的相同商业水平地位。四是数量要求，即要求类似货物的进口数量与被估价货物的进口数量基本一致，不至于因进口数量问题而有价格上的明显差异。由于进口货物会因运输方式和运输距离的不同而产生运输及其相关费用的较大差异，因此，使用类似货物成交价格估价方法确定进口货物的完税价格，应当以客观量化的数据资料，对因运输距离和运输方式不同而在成本和其他费用的差异进行适当调整。货物向我国境内的销售处在不同的商业水平，进口数量差异较大，都会对进口货物的成交价格产生较大的影响，因此，如果没有相同商业水平或者进口数量基本一致的类似货物的成交价格，海关可以使用不同商业水平或者不同进口数量的类似货物的成交价格，但应当以客观量化的数据资料，对因商业水平、进口数量、运输距离和运输方式不同而在价格、成本和费用方面产生的差异作出调整。不同生产商生产的类似货物，其价格也会有所差异，因此，使用类似货物成交价格估价方法确定进口货物的完税价格，应当先使用同一生产商生产的类似货物的成交价格；如果没有同一生产商生产的类似货物的成交价格，可以使用同一生产国或者地区其他生产商生产的类似货物的成交价格。在国际贸易中，采购商在面对多个不同价格的类似货物时，往往会选择价格最低的货物，因此，使用类似货物成交价格估价方法确定进口货物的完税价格，如果有多个符合条件的类似货物的成交价格可供选择，应当以最低的成交价格为基础，审查确定进口货物的完税价格。

问题 4.10　为什么说类似货物的成交价格比较接近进口货物的成交价格？

海关估价强调以进出口货物的成交价格为基础。如果成交价格不能确定，应优先使用相同货物的成交价格；无相同货物的成交价格可用时，使用类似货物的成交价格。类似货物的成交价格是最接近相同货物的成交价格，而相同货物的成交价格最接近进口货物的成交价格，所以说，除了相同货物的成交价格外，类似货物的成交价格也较为接近进口货物的成交价格，在其他估价方法中，其在适用次序上排在相同货物成交价格估价方法之后。

案例 4-18　好印象公司进口奢侈品牌手包估价案

好印象公司向 S 海关申报进口某奢侈品牌手包 100 个，价值为 20000 元/个,S 海关经过审核，以相同奢侈品牌不同款式手包的价格 22000 元/个审定完税价格。

使用类似货物成交价格估价方法确定进口货物的完税价格，应先确定适用对象是进口货物的类似货物。本案中，相同奢侈品牌不同款式的手包虽然具有类似的特征、类似的组成材料而且功能相同，但由于图案、款式设计不同而可能存在价格上的较大差异，在商业上也不可以互换，因此不应视为类似货物，其价格不能作为确定好印象公司进口手包完税价格的基础。

案例 4-19　芸香公司进口玫瑰花球茎估价案（2）

芸香公司向 K 海关申报进口某品种玫瑰花球茎一批。香格里公司进口相同尺寸，可以长成大致相同形状、相同大小以及相同颜色的另一品种玫瑰花球茎，而且公开资料显示，供货商仅针对购买数量给予数量折扣，不区分商业水平的差异。K 海关经过价格质疑、磋商等程序，以香格里公司进口类似货物的成交价格为基础，确定芸香公司进口玫瑰花球茎的完税价格。

使用商业水平、进口数量不同的类似货物成交价格估价方法确定进口货物完税价格时，应当考虑商业水平、进口数量不同对价格是否产生影响，有影响的，应当进行价格差异的调整；未受影响的，不需要进行差异调整。本案中，香格里公司进口的类似货物成交价格不会因商业水平、购买数量不同而发生变化，因此，K 海关在确定芸香公司进口玫瑰花球茎的完税价格时，不需要对商业水平、进口数量的不同而进行价格差异的调整。

案例 4-20　征途公司进口汽车轮胎估价案（2）

征途公司向 D 海关申报进口 A 品牌规格汽车轮胎 2000 件，价格为 CIF 1000 元/件；风驰公司大约同时进口同一国家不同生产商生产的 B 品牌相同规格的汽车轮胎 5000 件，成交价格为 1050 元/件。但公开的价目表显示，B 品牌该规格汽车轮胎购买数量在 3000 件以下的，价格为 CIF 1100 元/件；购买数量在3000件及以上的，价格为CIF 1050元/件。D海关经过价格质疑、磋商程序，不接受申报价格，以风驰公司进口B品牌相同规格汽车轮胎的成交价格为基础，对价格差异进行调整后，确定完税价格为1100元/件。

使用类似货物成交价格估价方法确定进口货物的完税价格，应当考虑商业水平、进口数量对成交价格是否产生影响。如果有影响的，应当对因商业水平、进口数量不同而在价格、成本和其他费用方面产生的差异作出调整。本案中，风驰公司进口B品牌相同规格的汽车轮胎因数量不同而产生价格差异，D海关使用类似货物成交价格估价方法确定征途公司进口A品牌汽车轮胎的完税价格，应当根据公开的价目表，对因风驰公司进口数量与征途公司不同而产生的价格差异进行调整，将类似货物的成交价格由1050元/件调整为1100元/件。如果商业水平、进口数量不同对类似货物的成交价格不产生影响，则不需要进行价格差异的调整。

（二）使用程序

海关不能使用成交价格估价方法确定进口货物的完税价格时，应当与纳税义务人进行价格磋商，交换彼此掌握的与进口货物有关的价格资料。如果纳税义务人或者海关没有相同货物的成交价格资料，但有类似货物的成交价格资料，海关可以使用类似货物成交价格估价方法确定进口货物的完税价格。在一般情况下，如果纳税义务人在被估价货物的同时或者大约同时曾经进口过类似货物，且成交价格曾被海关接受，则海关应当以纳税义务人同时或者大约同时进口的类似货物的成交价格估定完税价格。海关估定完税价格时，应当以最接近被估价货物贸易环境、商业水平、进口数量、运输方式和距离的同一生产国或者地区同一生产商生产的类似货物的成交价格为基础。除非没有与进口货物同一生产国或者地区同一生产商生产的类似货物的成交价格，海关才可以使用同一国家或者地区其他生产商生产的类似货物的成交价格。因为类似货物仅指与进口货物在同一国家或者地区生产的特征类似、组成材料类似但功能相同的货物，因此，使用类似货物成交价格估价方法确定进口货物的完税价格时，海关不得采用不同国家或者地区生产的与进口货物类似的其他货物的成交价格。如果纳税义务人和海关都没有符合要求的类似货物成交价格的有关资料，则海关不能使用类似货物成交价格估价方法确定完税价格。

案例4-21 征途公司进口汽车轮胎估价案（3）

征途公司向D海关申报进口A品牌某规格汽车轮胎2000件，价格为CIF1000元/件。D海关对征途公司的申报价格有疑问，经过价格质疑、磋商程序，以风驰公司进口 B 品牌相同规格汽车轮胎的成交价格为基础，经过差异调整后，确定完税价格为 1100 元/件。

进口货物没有成交价格或者成交价格无法确定，海关经过价格质疑、磋商程序，可以以相同或者类似货物的成交价格为基础确定完税价格。估价时，应当使用同一国家或者地区同一生产商生产的相同或者类似货物的成交价格；没有前述价格的，可以使用同一国家或者地区不同生产商生产的相同或者类似货物的成交价格；涉及不同商业水平、进口数量影响价格的，还应进行差异调整。本案中，D 海关对征途公司进口 A 品牌汽车轮胎的申报价格有疑问，应当进行价格质疑。成交价格不能确定的，D 海关应当与征途公司进行价格磋商，交换彼此掌握的与进口货物有关的价格资料。如果 D 海关和征途公司都没有 A 品牌相同型号汽车轮胎的其他成交价格，D 海关可以使用同一国家或者地区生产的其他品牌相同规格汽车轮胎的价格。风驰公司大约同时进口同一国家不同生产商生产的 B 品牌相同规格的汽车轮胎 5000 件，成交价格为 1050 元/件，而且公开的价目表显示，B 品牌相同规格汽车轮胎购买数量在 3000 件以下的，价格为 CIF1100 元/件；购买数量在 3000 件及以上的，价格为 CIF1050 元/件，风驰公司的进口价格可以作为类似货物的成交价格予以使用。D 海关确定完税价格时，应当根据公开的价目表，对因风驰公司进口数量与征途公司不同而产生的价格差异进行调整，将完税价格由 1050 元/件调整为 1100 元/件。

（三）价格行情

价格行情是指发布者以某个时期为基准，对各个基准期的货物平均价格进行统计而反映出价格的变化情况。价格行情只是反映某种商品在一段时期的价格波动情况，但不是该种商品在某一特定时期的具体成交价格，因此，价格行情可以作为海关发起价格质疑的正当理由，但海关使用类似货物成交价格估价方法确定完税价格时，不能将价格行情同样作为类似货物的成交价格而直接采用，否则将有违“以成交价格为基础”的估价原则。

案例 4-22　上铝公司进口铝锭估价案

上铝公司向 N 海关申报进口铝锭 2000 吨。N 海关经过审查，认为申报价格存疑，经过价格质疑、磋商程序，N 海关以当月伦敦金属交易市场公布的期货交易平均价格为基础确定完税价格。

进出口货物的成交价格无法确定的，海关可以以相同或者类似货物的成交价格为基础确定完税价格。本案中，伦敦金属交易市场公布的当月期货交易平均价格是相同或者类似货物的市场价格行情，但不是相同或者类似货物的成交价格，可以作为海关质疑价格的依据，但不能作为相同或者类似货物的成交价格直接予以使用。

第三节　倒扣价格估价方法

本节介绍倒扣价格估价方法。如果进口货物不能使用成交价格估价方法或者相同、类似货物成交价格估价方法确定完税价格，则应当使用倒扣价格估价方法。

一、倒扣价格及其估价方法

倒扣价格是指以进口货物或者其相同、类似货物在境内的销售价格为基础，扣除境内发生的有关费用后，所得出的进口货物的完税价格。倒扣价格估价方法，是指海关以进口货物、相同或者类似进口货物在境内的销售价格为基础，扣除境内发生的有关费用后，审查确定进口货物完税价格的估价方法。使用倒扣价格估价方法确定进口货物的完税价格时，海关应当准确把握两个要点：一是进口货物、相同或者类似货物在境内的销售价格，这是倒扣价格的基础；二是依法应当扣除的在境内发生的有关费用，这是倒扣价格的扣除项目。

问题 4.11　为什么通过倒扣价格估价方法可以确定进口货物的完税价格？

进口货物的完税价格加上进口关税、进口环节海关代征税、通常的利润和一般费用，以及货物运抵我国境内输入地点起卸后的运输及其相关费用、保险费，可以得出进口货物在境内第一销售环节的销售价格。因此，如果海关以进口货物在境内第一销售环节的销售价格为基础，扣除在境内发生的有关费用后，就可以确定进口货物的完税价格。

案例 4-23　奇胜公司进口无醇啤酒估价案

奇胜公司向N海关申报进口德国无醇啤酒一批，N海关对申报价格有疑问，经过价格质疑、磋商程序，N海关决定以倒扣价格估价方法审定完税价格。已知进口无醇啤酒在国内第一销售环节的销售价格是80万元，通常的利润和一般费用为10万元，进口关税和进口环节海关代征增值税是12万元，国内运保费是2万元，N海关确定进口无醇啤酒的完税价格为56万元。

以进口货物在境内销售价格为基础，扣除在境内发生的有关费用后，可以得出进口货物的完税价格。本案中，如果奇胜公司进口的无醇啤酒不能使用成交价格估价方法以及相同或者类似货物成交价格估价方法确定完税价格，N海关可以使用倒扣价格估价方法进行确定。具体方法就是将境内销售价格扣除境内发生的通常的利润和一般费用、境内运输及其相关费用和保险费，以及进口关税和进口环节海关代征增值税，所得结果即为奇胜公司进口无醇啤酒的完税价格。

二、境内销售价格

进口货物、相同或者类似进口货物在境内的销售价格，是海关使用倒扣价格估价方法确定进口货物完税价格的基础。如果不能准确把握这个基础，就不可能得出符合规定的倒扣价格。进口货物、相同或者类似进口货物在境内的销售价格，应当同时符合以下五个条件。

（一）是在该货物进口的同时或者大约同时，将该货物、相同或者类似进口货物在境内销售的价格

大约同时，是指海关接受货物申报之日的大约同时，最长不应当超过前后45天，但按照倒扣价格法审查确定进口货物的完税价格时，如果进口货物、相同或者类似货物没有在海关接受进口货物申报之日前后45天内在境内销售，可以将在境内销售的时间延长至接受货物申报之日前后90天内。使用倒扣价格估价方法确定进口货物的完税价格时，海关应当以进口货物、相同或者类似货物在境内销售的价格作为确定完税价格的基础，如果进口货物存在境内的销售价格，则应当以同时或者大约同时进口货物在境内的销售价格为基础进行倒扣；如果进口货物不存在境内的销售价格，则应当依次使用相同或者类似货物同时或者大约同时在境内的销售价格作为基础进行倒扣。在使用倒扣价格估价方法时，海关应当使用进口商进口的货物、相同或者类似货物在境内的销售价格进行倒扣；但如果没有进口商进口的货物、相同或者类似货物在境内的销售价格，也可以使用其他进口商进口的相同或者类似货物在境内的销售价格进行倒扣。如果进口货物没有在境内的销售价格，也没有相同或者类似货物在境内的销售价格，则不能使用倒扣价格估价方法。

问题4.12 为什么倒扣价格估价方法对于大约同时的要求可以扩大到接受货物申报之日的前后90天？

这主要是基于进口货物在境内的销售价格的波动性一般会远低于其进出口交易价格。因此，只有当进口货物、相同或者类似货物没有在海关接受货物申报前后45天的境内销售时，才允许将境内销售的时间延长至接受货物申

报之日前后 90 日内。

案例 4-24　蓝光公司进口液晶显示玻璃估价案

蓝光公司向 K 海关申报进口某型号液晶显示玻璃，K 海关经过价格质疑，不接受申报价格。在磋商过程中，K 海关和蓝光公司都没有同时和大约同时进口的相同或者类似货物的成交价格资料，蓝光公司也没有该型号液晶显示玻璃在国内的销售价格，但蓝光公司提供了蓝思公司在国内销售该型号液晶显示玻璃的价格资料。最终，K 海关以蓝思公司进口的该型号液晶显示玻璃在国内的销售价格为基础，扣除国内相关费用后，确定完税价格。

使用倒扣价格估价方法估价时，应当依次使用进口商进口的货物及其相同或者类似货物在境内的销售价格以及其他进口商进口的相同或者类似货物在境内的销售价格。本案中，K 海关无法使用成交价格估价方法和相同、类似货物成交价格估价方法确定蓝光公司进口的液晶显示玻璃的完税价格，则应当使用倒扣价格估价方法。在价格磋商过程中，虽然蓝光公司没有该型号液晶显示玻璃在国内的销售价格，但由于其提供了蓝思公司在国内销售同型号液晶显示玻璃的价格，因此，K 海关可以以蓝思公司进口的同型号液晶显示玻璃（相同货物）在国内的销售价格为基础，扣除国内发生的有关费用后，确定蓝光公司进口液晶显示玻璃的完税价格。

（二）是按照货物进口时的状态销售的价格

使用倒扣价格估价方法确定进口货物的完税价格，应当以进口货物、相同或者类似货物进口时的状态的销售价格作为倒扣价格的基础。如果进口货物、相同或者类似货物进口后没有按照进口时的状态进行销售，而是经过进一步加工后再销售，则由于货物状态发生了改变而无法使用倒扣价格估价方法确定完税价格，除非应纳税义务人要求，且进口货物、相同或者类似货物符合在境内的销售价格其他条件的情况下，方可以使用经过进一步加工后的进口货物、相同或者类似货物在境内的销售价格确定完税价格，同时扣除加工增值额。加工增值额应当依据与加工成本有关的客观量化的数据资料、行业公认的标准、惯例及计算方法计算。进口货物在境内销售时发生正常的自然蒸发、受潮、收缩、风化等变化，一般仍应理解为进口时的状态，但因保管不当而遭受浸泡、雨淋、受潮、腐蚀等进而影响其质量、性能或者功效，或者因存放时间过长而导致过期、失效或者明显影响其质量、性能、功效的，应理解为非进口时的状态。

问题 4.13 为什么倒扣价格中的境内销售价格特别强调是“货物进口时的状态”的价格？

海关应当以被估价货物进出口时的实际状态进行审查以确定完税价格。当进口货物以倒扣价格估价方法确定完税价格时，也应当以该货物、相同或者类似货物进口时的状态在境内的销售价格为基础。如果该货物、相同或者类似货物没有按照进口时的状态在境内销售，根据纳税义务人要求，在符合倒扣价格估价方法其他全部条件的前提下，可以使用经进一步加工后的货物的销售价格作为倒扣价格的基础，但是应当同时扣除加工增值额，否则就无法估定货物进口时的状态的完税价格。

案例 4-25　一路公司进口巴旦木坚果估价案

一路公司向 A 海关申报进口散装的哈萨克斯坦巴旦木坚果 100 吨。A 海关经过质疑、磋商程序，无法以成交价格估价方法和相同、类似货物成交价格估价方法确定完税价格，于是以丝雨公司进口的哈萨克斯坦散装巴旦木在国内包装后的销售价格为基础，扣除国内有关费用和加工增值额，确定完税价格。

使用倒扣价格估价方法确定进口货物的完税价格时，如果进口货物、相同或者类似货物满足在境内的销售价格的其他条件，在扣除加工增值额后，海关仍可使用经过进一步加工后的进口货物、相同或者类似货物在境内的销售价格确定完税价格。本案中，如果一路公司进口的哈萨克斯坦散装巴旦木存在在国内的销售价格，A 海关应当以其在国内销售价格扣除国内有关费用后确定完税价格；如果一路公司无法提供其进口的哈萨克斯坦散装巴旦木、相同或者类似货物在国内的销售价格，则 A 海关可以以丝雨公司进口的哈萨克斯坦散装巴旦木在国内的销售价格为基础确定完税价格；如果丝雨公司进口的散装巴旦木在国内经过了包装等进一步加工，则应当同时扣除加工增值额。

（三）是在境内第一销售环节销售的价格

境内第一销售环节是指进口货物在境内针对第一道商业环节进行的转售行为，而不是仅指在境内第一时间转售的行为。进口货物在境内的转售行为，通常会发生在生产商、经销商、批发商、零售商、消费者等不同商业水平的销售环节中。在一般情况下，第一销售环节是指进口货物进口后发生的第一道转售行为，而无论该转售行为发生在哪一个商业水平。如果货物进口后被分别销售给经销商、批发商、零售商和最终消费者，则销售给经销商的转售行为应被视为第一销售环节；如果进口货物在境内同时发生多个不同商业水平的转售行为，则应当以第一道转售环节的销售行为作为倒扣价格的基础。如果进口货物在国内发生了多个销售环节和多个销售行为，如第一时间销售给消费者，而第二时间销售给零售商，第三时间销售给经销商，则应当以销售给经销商的行为作为第一销售环节。

问题 4.14 为什么倒扣价格估价方法中的销售价格特别强调是“境内第一销售环节”的价格?

境内第一销售环节是指进口货物在境内针对第一道商业环节进行的转售行为，而不是仅指在境内第一时间转售的行为。进口货物在境内的转售行为，通常会发生在生产商、经销商、批发商、零售商、消费者等不同商业水平的销售环节中，其中第一销售环节一般是指货物进口后转售给经销商的环节。进口货物在境内的第一销售环节的销售价格，扣除该进口货物在境内发生的有关费用后，可以得出该进口货物的完税价格。因此，倒扣价格估价方法特别强调以“境内第一销售环节”的价格为基础。

案例 4-26 西域公司进口乌克兰套娃玩偶估价案

西域公司向J海关申报进口乌克兰套娃玩偶一批，海关凭西域公司提供的担保放行后，货物在国内被分别销售给批发商欧尚公司和零售商童心公司，还通过电商渠道直接销售给消费者，其中销售给童心公司的时间早于销售给欧尚公司的时间。J海关以销售给欧尚公司的价格为基础，扣除国内有关费用后，确定完税价格。

如果进口货物被买方在境内分别转售给经销商、批发商、零售商和消费者，则应当以转售给经销商的销售行为作为第一销售环节。本案中，西域公司进口的乌克兰套娃玩偶在国内分别被转售给批发商欧尚公司、零售商童心公司和终端消费者，J海关应当以在国内转售的最前的商业环节，即销售给批发商欧尚公司的销售环节作为第一销售环节，并以销售给欧尚公司的价格为基础，扣除国内有关税费、通常的利润和一般费用后，确定完税价格，不应以最先销售的时间来确定第一销售环节。

（四）是向境内无特殊关系买方销售的价格

作为倒扣价格基础的进口货物、相同或者类似货物在境内的销售价格，应当是进口货物、相同或者类似货物的进口商转售给境内无特殊关系买方的价格。这里所述的特殊关系，与进口货物向境内销售中的买卖双方特殊关系的概念完全相同（详见第三章第四节）。如果进口货物、相同或者类似货物的进口商与货物在境内销售的买方存在特殊关系，则进口商向货物在境内销售的买方的转售行为不符合“向境内无特殊关系买方销售”的条件，该转售价格就不能成为使用倒扣价格估价方法确定进口货物完税价格的基础。如果进口货物全部都在境内销售给有特殊关系的买方，且没有符合条件的相同或者类似货物在境内的销售价格，则进口货物不符合使用倒扣价格估价方法确定完税价格的条件，应当依次使用计算价格估价方法、合理方法确定完税价格。

问题 4.15 为什么倒扣价格估价方法中的销售价格特别强调是“向境内无特殊关系买方销售”的价格？

倒扣价格估价方法中的销售价格特别强调是“向境内无特殊关系买方销售”的价格，是因为有特殊关系的买卖双方有可能为了规避税负、转移风险或者获取利润而操纵进口货物的交易价格，使该货物的价格无法反映其在无关联交易情况和充分竞争市场环境下应有的价值。如果进口货物在境内销售给有特殊关系的买方，则该境内销售价格就不应予以考虑，倒扣价格估价方法就不能适用于该进口货物用以确定完税价格。

案例 4-27 南方公司进口汽车零部件估价案

南方公司向 X 海关申报进口汽车零部件，X 海关经过价格质疑、磋商等程序，拟以倒扣价格估价方法确定完税价格。已知南方公司进口的汽车零部件全部销售给日丰汽车公司，用于生产组装国产小汽车，而南方公司和日丰汽车公司都是南方汽车集团的子公司。X 海关以东方汽车公司进口的相同汽车零部件大约同时在国内的销售价格为基础，扣除国内有关税费、通常的利润和一般费用等有关费用后，确定完税价格。

进口货物、相同或者类似货物在境内的销售价格，应当是向境内无特殊关系买方销售的价格；如果进口货物在境内转售给有特殊关系的买方，则海关应当以相同或者类似货物向境内无特殊关系买方的销售价格为基础，扣除境内有关费用后，确定完税价格。本案中，由于南方公司进口的汽车零部件全部都转售给有特殊关系的日丰汽车公司，因此，X 海关不能以南方公司的境内销售价格作为倒扣价格的基础。如果东方汽车公司进口的相同汽车零部件大约同时在国内的销售价格是销售给无特殊关系买方的价格，则可以作为确定南方汽车公司进口汽车零部件完税价格的基础，但应扣除国内发生的有关费用。

（五）按照该价格销售的货物合计销售总量最大

合计销售总量最大是指进口货物、相同或者类似货物在境内第一销售环节以相同价格转售给无特殊关系买方（可能有多个）中总和最大的销售数量。如果进口货物、相同或者类似货物在境内一次性全部转售出去，则此销售量就是最大销售量，进口货物的倒扣价格应以此价格为基础；如果进口货物、相同或者类似货物在境内分多批次以不同价格进行转售，则应当先对以相同境内销售价格转售的所有货物的数量进行分别统计，得出以每一种价格转售的货物数量的总和，再对比以不同价格在境内销售的货物数量的总和，最后得出某一价格在境内合计销售最大的总量。

问题 4.16 为什么倒扣价格估价方法中的销售价格特别强调“按照该价格销售的货物合计销售总量最大”？

进口货物、相同或者类似货物在境内的销售可能是一次性全部销售，也可能是分多批次销售。如果是一次性全部销售，则该货物在境内的销售只有一个销售价格，该销售价格就是倒扣价格的基础；如果货物分多批次在境内销售，则该货物就有可能存在多个销售价格，而合计销售总量最大的某个销售价格最能反映该进口货物在境内销售的实际市场价值，应作为倒扣价格的基础。

案例 4-28 马泰贸易公司进口燕窝估价案

Z 海关拟对马泰贸易公司申报进口的 800 千克燕窝使用倒扣价格估价方法确定完税价格，已知马泰贸易公司进口的燕窝以 5000 元/千克的价格向南北行销售了 230 千克，以 6000 元/千克的价格向良和堂销售了 100 千克，以 8000 元/千克的价格向心怡堂销售了 270 千克，以 6000 元/千克的价格向东方公司销售了 200 千克。Z 海关以 6000 元/千克的价格为基础，扣除国内有关费用后，确定完税价格。

以倒扣价格估价方法确定进口货物的完税价格，进口货物在境内的销售价格应当是按照该价格销售的货物合计销售总量最大的价格。本案中，马泰贸易公司进口的燕窝在境内存在四笔销售，其中以 6000 元/千克单价销售的燕窝合计销售总量 300 千克，是单一价格的最大销售量，应当作为 Z 海关以倒扣价格估价方法确定完税价格的基础，在扣除国内发生的有关费用后，确定进口燕窝的完税价格。

三、扣除项目

倒扣价格估价方法是以进口货物、相同或者类似货物在境内的销售价格为基础，扣除在境内发生的有关费用后，以剩余的净值确定进口货物完税价格的估价方法。确定扣除项目，应当使用与国内公认的会计原则相一致的原则和方法，包括法律法规规定的、行业推荐的以及其他与此相一致的会计原则和方法。另外，扣除项目必须是发生在境内的，具体包括如下项目：

（一）同等级或者同种类货物在境内第一销售环节销售时，通常的利润和一般费用（包括直接费用和间接费用）以及通常支付的佣金

同等级或者同种类货物是指与进口货物同属于特定产业或者产业部门中生产的相同等级、相同种类的货物，包括但不局限于相同或者类似货物。同等级或者同种类货物与进口货物既可以由同一生产商生产，也可以由不同生产商生产，甚至可以由不同国家或者地区生产、制造或者进口；同等级或者同种类货物不仅包括相同货物或者类似货物，还包括同一种类（类别）的货物。在审查某一类货物是否属于同等级或者同种类货物时，海关应当根据商业习惯和掌握的资料，选择与进口货物最为接近的同等级或者同种类货物的销售数据作为扣除的依据，即如果存在进口货物在境内第一销售环节销售时通常的利润和一般费用及通常支付的佣金，海关应当直接予以扣除；如果没有，可以以相同、类似货物或者其他同等级、同种类货物通常的利润和一般费用，以及通常支付的佣金进行扣除。

利润和一般费用是指进口商在境内转售进口货物而获得的利润和产生的费用，包括直接费用和间接费用，但不包括与进口商在境内转售进口货物行为无直接关系的日常管理费用。佣金是指代理商受进口商的委托在我国境内转售进口货物而获得的劳务报酬。如果进口货物通过代理商在境内转售，进口货物使用倒扣价格法确定完税价格时，应当以代理商在境内转售进口货物的销售价格为基础，并扣除代理商获得的佣金。通常的利润和一般费用以及通常支付的佣金，强调利润和一般费用以及支付的佣金等扣除项目应当符合一般商业习惯和标准。

问题 4.17 为什么倒扣价格扣除的项目是同等级或者同种类货物通常的利润和一般费用以及通常支付的佣金，而不是该进口货物、相同或者类似货物在境内销售所得的实际利润、发生的实际费用以及实际支付的佣金？

倒扣价格估价方法并不是以进口货物、相同或者类似货物向我国境内销售的成交价格为基础，而是以前述货物在境内的销售价格为基础，经过扣除境内发生的有关费用后，最终确定进口货物的完税价格。其中，作为扣除项目的进口关税和进口环节海关代征税，可以由海关出具的税款缴款书证明；境内运输及其相关费用、保险费，可以由承运人出具的运输发票、保险人出具的保险发票以及收货人（纳税义务人）出具的支付凭证证明；而货物在境内销售的利润和一般费用以及佣金，则只能由纳税义务人自证，但证明力有限。因此，纳税义务人自行提供的进口货物、相同或者类似货物在境内销售的实际利润、一般费用、佣金的数据，如果符合在境内销售同等级或者同种类货物通常的利润和一般费用以及通常支付的佣金，则海关会采纳纳税义务人提供的数据；如果纳税义务人提供的数据明显高于或者低于境内销售同等级或者同种类货物通常的利润和一般费用以及通常支付的佣金，则海关会认为不合理而拒绝接受，并以境内销售同等级或者同种类货物通常的利润和一般费用以及通常支付的佣金数据确定扣除额。如果国家权威机构、行业主管部门发布了某类产品的行业标准数据，海关可以采用该数据作为扣除标准；海关也可以在经营同类商品的企业数据基础上，通过简单平均或者加权平均确定“通常的”扣除标准。

案例 4-29　君尚公司进口电动剃须刀估价案

君尚公司向 M 海关申报进口的某品牌电动剃须刀，M 海关经过质疑、磋商程序后，决定采取倒扣价格估价方法确定完税价格。经过对比电动剃须刀、电动剃毛器、电动理发器等三类产品的行业数据，M 海关依法扣除了电动剃须刀在境内第一销售环节销售时通常的利润和一般费用以及通常支付的佣金。

如果存在多个同等级或者同种类货物在境内第一销售环节通常的利润和一般费用以及通常支付的佣金的数据资料，海关应当尽量使用最接近进口货物的状况的客观量化数据。本案中，君尚公司进口某品牌电动剃须刀，M 海关在使用倒扣价格估价方法确定完税价格时，应尽可能选择同品牌同型号电动剃须刀在境内第一销售环节销售的通常利润和一般费用以及通常的佣金的数据；如果没有，M 海关应当引用电动剃须刀的行业数据；如果也没有，M 海关才可以放宽到电动剃毛器等同等级或者同种类货物的标准。

（二）货物运抵我国境内输入地点起卸后的运输及其相关费用、保险费

进口货物的完税价格，由海关以该货物的成交价格为基础审查确定，并且包括货物运抵我国境内输入地点起卸前的运输及其相关费用、保险费。货物运抵我国境内输入地点起卸后的运输及其相关费用、保险费属于在境内发生的有关费用，不应计入进口货物的完税价格。如果使用倒扣价格估价方法确定进口货物的完税价格，货物运抵我国境内输入地点起卸后的运输及其相关费用、保险费实际发生并且可以客观量化的，则应当从进口货物、相同或者类似货物在境内的销售价格中予以扣除。

问题 4.18 如果进口货物的成交价格包含境内运保费，为什么确定完税价格时可以扣除境内运保费？

进口货物的完税价格以该货物的成交价格为基础，包括该货物的货价、货物运抵我国境内输入地点起卸前的运输及其相关费用、保险费，但货物运抵我国境内输入地点起卸后的运输及其相关费用、保险费，不是该进口货物完税价格的组成部分。如果进口货物的成交价格包含了境内运保费，且纳税义务人能够提供证明该运保费的客观量化数据资料，海关在确定进口货物完税价格时，应当将境内运保费扣除。如果纳税义务人无法提供客观量化的数据资料证明，包含了境内运保费的成交价格则不能扣除。

问题 4.19 进口货物的成交价格包含了境内外运保费，为什么境内运保费无法以客观量化数据衡量时，包含在成交价格中的境内运保费不能从完税价格中扣除？

进口货物的价款中单独列名的货物运抵我国境内输入地点起卸后发生的运输及其相关费用、保险费，不计入该货物的完税价格。此规定的前提是进口货物的成交价格必须包含了境内运保费，并且境内运保费以客观量化数据资料证明。因此如果进口货物的成交价格包含了境内外运保费，但境内运保费未单独列名，或者虽然有单独列名，未能以客观量化的数据资料证明，则包含在成交价格中的境内运保费就不能从完税价格中扣除。

案例 4-30　跨境易公司进口瑞士芝士估价案（1）

跨境易公司以跨境直购方式向 N 海关申报进口瑞士某品牌芝士 1000 千克，申报价格为 DDP 10 万元。N 海关经过价格质疑、磋商程序，以倒扣价格估价方法确定完税价格。由于跨境易公司无法提供境内发生的运输及其相关费用、保险费的客观量化的数据，N 海关没有扣除货物运抵我国境内输入地点起卸后的运输及其相关费用、保险费。

扣除境内发生的运输及其相关费用、保险费的前提是进口货物、相同或者类似货物在境内的销售价格包含了该费用并且有客观量化的数据支持。本案中，跨境易公司无法提供其进口瑞士芝士运抵我国境内输入地起卸后的运输及其相关费用、保险费的客观量化数据资料，故 N 海关在使用倒扣价格估价方法确定完税价格时，不能扣除没有客观量化数据作为依据的国内运输及其相关费用、保险费；如果跨境易公司可以提供相关数据资料，则 N 海关应当依法予以扣除。

（三）进口关税、进口环节海关代征税及其他国内税

进口货物的价格中如果单独列名了进口关税、进口环节海关代征税及其他国内税，则不计入该进口货物的完税价格。因此，如果使用倒扣价格估价方法确定进口货物的完税价格，应当以进口货物、相同或者类似货物在境内的销售价格为基础，并依法扣除其进口关税、进口环节海关代征税及其他国内税。进口货物、相同或者类似货物涉及反倾销税、反补贴税、报复性关税的，应当作为进口关税予以扣除，而与进口货物、相同或者类似货物无关的其他进口关税、进口环节海关代征税及其他国内税，都不得作为进口货物倒扣价格估价方法的扣除项目。

问题 4.20 为什么进口货物倒扣价格估价方法必须扣除进口关税、进口环节海关代征税和其他国内税？

进口货物的完税价格不包括货物的进口关税、进口环节海关代征税和其他国内税。当海关以成交价格估价方法确定进口货物的完税价格时，如果进口货物的成交价格包含了货物的进口关税、进口环节海关代征税等税费，海关应当依法扣除包含在成交价格中的进口关税、进口环节海关代征税。同理，如果使用倒扣价格估价方法确定完税价格，海关应当依法扣除包含在进口货物、相同或者类似货物在境内的销售价格中的进口关税、进口环节海关代征税和其他国内税。

案例 4-31　跨境易公司进口瑞士芝士估价案（2）

跨境易公司以跨境直购方式向 N 海关申报进口瑞士某品牌芝士 1000 千克，申报价格为 DDP 10 万元；曲奇饼干 1000 千克，申报价格为 DDP 5 万元。N 海关经过价格质疑、磋商程序，决定以倒扣价格估价方法确定进口芝士的完税价格，并依法扣除了进口芝士的进口关税、进口环节海关代征增值税。

按照倒扣价格估价方法确定完税价格，进口关税、进口环节海关代征税及其他国内税应当依法扣除。本案中，N 海关在使用倒扣价格估价方法时，应当以跨境易公司进口的瑞士芝士在国内的销售价格为基础，审查确定完税价格，并依法扣除瑞士芝士的进口关税、进口环节海关代征税及其他国内税；但是跨境易公司进口曲奇的关税、进口环节海关代征税及其他国内税，与该公司进口瑞士芝士无关，不是该公司进口瑞士芝士倒扣价格的扣除项目，不能予以扣除。

第四节 计算价格估价方法

本节介绍进口货物计算价格估价方法。计算价格是通过对进口货物生产商提供的财务数据资料进行计算而得出的该货物的完税价格。计算价格估价方法是指海关以进口货物生产商提供的财务数据资料确定进口货物完税价格的估价方法。如果进口货物不能使用成交价格估价方法、相同或者类似货物成交价格估价方法以及倒扣价格估价方法确定完税价格的，则应当使用计算价格估价方法估定。如果纳税义务人向海关提出申请并提供资料，也可以颠倒倒扣价格估价方法和计算价格估价方法的适用次序。

一、计算价格的计算方法

进口货物的完税价格由海关以该货物的成交价格为基础审查确定，并且包含该货物运抵我国境内输入地点起卸前的运输及其相关费用、保险费。使用计算价格估价方法确定进口货物的完税价格时，由于进口货物没有成交价格或者成交价格不能确定，因此，海关应当根据完税价格的定义，通过审查进口货物生产商提供的财务数据资料，汇总计算进口货物的料件成本和加工费用、向我国境内销售同等级或者同种类货物通常的利润和一般费用，以及进口货物运抵我国境内输入地点起卸前的运输及相关费用、保险费，从而得出进口货物的完税价格。计算有关价值或者费用时，应当使用与国内公认的会计原则相一致的原则和方法，包括法律法规规定的、行业推荐的，以及其他与此相一致的会计原则和方法。使用计算价格估价方法确定完税价格时，应当计算的成本、费用如下：

（一）生产进口货物所使用的料件成本和加工费用

料件成本是指生产进口货物的原材料、零部件、配件成本，应当根据进口货物生产商提供的生产进口货物的原材料、零部件、配件采购价格及其投入生产前发生的各种直接费用进行计算。加工费用是指将原材料、零部件、配件加工成进口货物的过程中发生的生产费用，应当根据进口货物生产商提供的人工成本、加工装配费用、损耗费、残损值等进行计算。在计算进口货物所使用的料件成本和加工费用时，还应当根据进口货物成交价格调整项目的规定，将依法应当计入成交价格的调整项目计入完税价格，将应当扣除的调整项目进行扣减。

问题 4.21 为什么计算价格估价方法以“生产进口货物所使用的料件成本和加工费用”为基础?

进口货物的完税价格由海关以该货物的成交价格为基础，并且包括境外运保费。当海关运用计算价格估价方法确定进口货物的完税价格时，如果进口货物的生产商提供了真实、客观量化的财务数据资料并且经海关审查确定，则生产进口货物所使用的料件成本和加工费用就相当于该货物的“成交价格”，海关可以以此为基础，经过加入向境内销售同等级或者同种类货物通常的利润和一般费用，以及该货物运抵我国境内输入地点起卸前的运输及其相关费用、保险费后，确定进口货物的完税价格。

（二）向境内销售同等级或者同种类货物通常的利润和一般费用

同等级或者同种类货物是指与进口货物同属于特定产业或者产业部门生产的相同等级或者相同种类的货物，包括但不局限于相同或者类似货物。在使用计算价格估价方法确定进口货物的完税价格时，同等级或者同种类货物与进口货物应当是由同一国家或者地区生产、制造或者进口，不仅包括相同货物或者类似货物，还包括相同等级或者同种同类的其他货物。在审查某一类货物是否属于同等级或者同种类货物时，海关应当根据商业习惯和掌握的资料，选择与进口货物最为接近的同等级或者同种类货物通常的利润和一般费用（包括直接费用和间接费用）作为计算的依据，即如果进口货物存在向我国境内销售的通常利润和一般费用的客观量化数据，海关应当直接进行计算；如果没有，可以向我国境内销售相同或者类似货物、相同等级或者同种同类的其他货物通常的利润和一般费用进行计算。

利润和一般费用是指进口商向我国境内销售进口货物、相同或者类似货物、相同等级或者同种同类的其他货物通常获得的利润和产生的一般费用，包括直接费用和间接费用，但不包括与向我国境内销售进口货物、相同或者类似货物、同等级或者同种类的其他货物无关的日常管理费用。通常的利润和一般费用，强调利润和一般费用的计算应当符合一般商业习惯和标准。

问题 4.22 为什么计算价格估价方法不计入进口货物向我国境内销售的实际利润和一般费用，而是计入“向境内销售同等级或者同种类货物通常的利润和一般费用”?

计算价格估价方法既不是以被估价进口货物、相同或者类似货物向我国境内销售的成交价格为基础，也不是以上述货物在境内的销售价格为基础，而是以生产进口货物所使用的料件成本和加工费用为基础，计入利润和一般费用以及境外运保费后，最终确定完税价格。其中，货物运抵我国境内输入地点起卸前的运输及其相关费用、保险费，可以由承运人出具的运输发票、保险人出具的保险发票以及收货人（纳税义务人）出具的支付凭证证明；而货物向我国境内销售的实际利润和一般费用，则只能由纳税义务人自证，但证明力有限。因此，纳税义务人自行提供的进口货物向我国境内销售的实际利润和一般费用的数据，如果符合向境内销售同等级或者同种类货物通常的利润和一般费用，则海关会接受纳税义务人提供的数据；如果纳税义务人提供的数据明显高于或者低于向境内销售同等级或者同种类货物通常的利润和一般费用，则海关会认为不合理而拒绝接受，并计入向境内销售同等级或者同种类货物通常的利润和一般费用。

（三）进口货物运抵境内输入地点起卸前的运输及相关费用、保险费

进口货物运抵我国境内输入地点起卸前的运输及相关费用、保险费，是进口货物完税价格的组成部分，海关应当以客观量化的数据资料为依据，将进口货物运抵境内输入地点起卸前实付、应付的运输及相关费用、保险费，依法计入进口货物的完税价格之中。

问题 4.23 为什么计算价格估价方法需计入“进口货物运抵我国境内输入地点起卸前的运输及其相关费用、保险费”？

进口货物的完税价格以该货物的成交价格为基础，并且包括该货物运抵我国境内输入地点起卸前的运输及其相关费用、保险费。在使用计算价格估价方法确定进口货物的完税价格时，未包含在货价内的货物运抵我国境内输入地点起卸前的运输及其相关费用、保险费，应当计入该进口货物的完税价格。

案例 4-32 宏智公司进口天然气储存处理设备估价案

宏智公司向 B 海关申报进口天然气储存处理设备五套，B 海关经过价格质疑、磋商程序，决定使用计算价格估价方法确定完税价格。经审查进口设备生产商提供的价格资料，B 海关汇总计算了生产进口天然气储存处理设备使用的料件成本、加工费用、进口设备的出口销售利润和一般费用，以及国际运保费等，最终确定进口天然气储存处理设备的完税价格。

计算价格估价方法是以进口货物生产商提供的财务数据资料确定进口货物完税价格的估价方法。在本案中，B 海关在审查进口设备生产商提供的财务数据资料的基础上，根据完税价格的定义，通过计算进口设备的原材料成本和加工费用、出口销售利润和一般费用，以及国际运保费等成本、费用，从而计算出宏智公司进口天然气储存处理设备的完税价格。

二、计算价格的适用条件

使用计算价格估价方法审查确定进口货物的完税价格，海关需要获得境外生产商提供生产该进口货物所使用的料件成本和加工费用、向境内销售同等级或者同种类货物通常的利润和一般费用，以及进口货物运抵我国境内输入地点起卸前的运输及其相关费用、保险费。因此，只有海关征得了境外生产商的同意，并提前通知生产商所在国家或者地区政府后，才可以在境外核实进口货物生产商提供的有关资料。如果海关对进口货物生产商提供的资料有疑问，或者进口货物的生产商或者其所在国家或者地区政府不同意接受海关审查，则不能使用计算价格估价方法确定进口货物的完税价格。

问题 4.24 为什么计算价格估价方法需要征得境外生产商的同意，并提前通知生产商所在国家或者地区政府？

计算价格估价方法需要以进口货物生产商的财务数据资料为依据。进口货物的生产商属于境外设立的公司、企业，如果未征得境外生产商的同意，并提前通知生产商所在国家或者地区政府，海关不可能获得境外生产商提供的财务数据资料，也不可能在境外核实生产商生产进口货物的料件成本和加工费用，更无法以境外生产商提供的生产进口货物的料件成本和加工费用计算进口货物的完税价格。

案例 4-33 润福公司进口高速电梯估价案

润福公司向 W 海关申报进口某品牌高速电梯六部，在价格质疑、磋商过程中，W 海关与润福公司均无被估价进口高速电梯及相同、类似货物的成交价格信息，也无进口高速电梯及相同、类似货物在国内的销售价格，因此 W 海关希望使用计算价格估价方法确定完税价格。但由于境外制造商拒绝提供进口高速电梯价格构成的有关资料，W 海关采用合理方法确定完税价格。

使用计算价格估价方法确定进口货物的完税价格时，海关应征得进口货物生产商同意并提前通知有关国家或者地区政府后，方可以在境外核实有关资料。本案中，由于未获得进口高速电梯制造商及其所在国政府部门的同意，因此，W 海关不可能向制造商核实进口高速电梯价格构成的有关资料，无法使用计算价格估价方法确定其完税价格，故只能使用合理方法确定完税价格。

第五节　合理方法

本节介绍合理方法。使用合理方法估价，相较其他估价方法更加方便、灵活、简单。

一、合理方法

合理方法并不是具体的海关估价方法，它是指当海关使用成交价格估价方法、相同货物成交价格估价方法、类似货物成交价格估价方法、倒扣价格估价方法和计算价格估价方法都不能确定进口货物的完税价格时，根据客观、公平、统一的估价原则，以客观量化的数据资料为基础，最终审查确定进口货物完税价格的其他各种估价方法的统称。

（一）适用条件

如果进口货物可以使用成交价格估价方法、相同或者类似货物成交价格估价方法、倒扣价格估价方法、计算价格估价方法审查确定完税价格，则不应使用合理方法审查确定进口货物的完税价格。只有在无法使用前述五种估价方法来确定进口货物的完税价格时，才能使用合理方法。

（二）适用原则

合理方法不是一种具体列名的法定估价方法，而是符合海关估价基本原则的其他各种合理估价方法的汇总。使用合理方法确定进口货物的完税价格，应当遵循客观、公平、统一的估价原则，符合《海关法》《进出口关税条例》等法律法规，体现五种具体列名的法定估价方法的规则、步骤和适用次序，并具有合理的灵活性，且应当以客观量化的数据资料为基础。客观量化的数据既可以来源于境内获得的资料，也可以来源于境外；既可以由纳税义务人提供，由进口货物的生产商提供，也可以由海关在价格磋商时交换出示；既可以通过线下直接提供，也可以通过网络传输提供，只要能够证明该价格的真实性、准确性、完整性和规范性，为海关所接受，就可以作为海关估价的依据。纳税义务人应当及时、主动提供真实、完整、详尽的资料，配合海关估定完税价格。

（三）具体运用

当海关无法使用五种具体列名的法定估价方法确定进口货物的完税价格时，允许合理使用以下方法：（1）使用相同或者类似货物成交价格估价方法时，合理扩大使用进口货物原产地以外的其他国家或者地区生产的相同或者类似货物的成交价格；（2）对与进口货物同时或者大约同时进口的时间要求进行合理范围的适当放宽；（3）使用倒扣价格或者计算价格估价方法时，以相同或者类似货物的倒扣价格或者计算价格，合理地确定进口货物的完税价格；（4）对货物以进口时的状态在境内转售的要求进行合理、灵活的解释；

(5) 符合合理方法定义的其他估价方法。在使用合理方法确定进口货物的完税价格时，海关仍应遵循估价方法的适用顺序，合理放宽各种估价方法的适用条件和要求。

问题 4.25 如何把握合理方法中的“适当放宽”“合理、灵活的解释”？

使用合理方法确定进出口货物的完税价格，应当以成交价格为基础，遵守客观、公平、统一的估价原则，依据客观量化的数据资料，遵循不同估价方法的适用次序，在合理性、灵活性基础上，对前五种估价方法的适用要求进行适当的放宽或者合理、灵活的解释，并且不得使用六种禁用价格进行估价。

案例 4-34 典雅公司进口不锈钢厨具估价案

典雅公司向 Q 海关申报进口某品牌型号不锈钢西式餐具一批。Q 海关对申报价格有疑问，经过质疑仍无法排除嫌疑。在价格磋商过程中，Q 海关与典雅公司均无法提供或者交换相同或者类似货物的成交价格资料，也无法提供或者交换据以采用倒扣价格或者计算价格的客观量化的数据资料。最后，Q 海关使用合理方法，以厨神公司 60 天前进口相同品牌型号不锈钢西式餐具的成交价格为基础，确定完税价格。

使用合理方法确定进口货物的完税价格，可以对与进口货物同时或者大约同时进口的时间要求进行合理范围的适当放宽。本案中，由于 Q 海关无法使用成交价格估价方法、相同或者类似货物成交价格估价方法、倒扣价格估价方法、计算价格估价方法确定典雅公司进口某品牌型号不锈钢厨具的完税价格，因此，Q 海关可以采用合理方法确定。Q 海关确定完税价格时，考虑到不锈钢餐具是日用消费品，具有价格的长期稳定性，对与进口货物大约同时进口的时间要求从原来的 45 天扩大到 60 天，是对这一规定在合理范围的适当放宽。

二、禁用的方法

采用合理方法确定进口货物的完税价格，应当遵循客观、公平、统一的估价原则，符合完税价格的定义，体现具体列名的五种法定估价方法的规则、步骤、要求，并依托客观量化的数据信息，但禁止采用以下“不合理”的价格。

（一）境内生产的货物在境内的销售价格

在一般情况下，如果进口货物与国内生产的货物相比，具有价格上的优势，就有可能达成交易向国内销售，这就是开展国际贸易的前提条件。如果以境内生产的货物在境内的销售价格来确定进口货物的完税价格进而征收进口关税，不仅有违客观、公平、统一的估价原则，而且进口货物将无任何价格优势，国际贸易也将难以进行，因此，这种估价方法被普遍禁止使用。如果进口货物以低价方式进行倾销，或者通过政府补贴方式进口，严重威胁或者损害国内相关产业，则应当采取反倾销、反补贴或者保障措施，而非通过海关估价的方式解决。

（二）可供选择的价格中较高的价格

在使用相同或者类似货物成交价格估价方法确定完税价格时，如果有多个相同或者类似货物的成交价格，应当以最低的成交价格为基础审查确定进口货物的完税价格。在国际贸易中，采购商面对不同价格的相同货物时，通常都会选择价格最低的货物，因此，当存在多个符合条件的价格记录时，海关应当使用最低的价格作为确定完税价格的基础，而不应使用可供选择的多个价格中较高的价格。如果纳税义务人通过价格瞒骗逃避税收，则应当依法追究其行政或者刑事责任，而不是通过海关估价解决。

（三）货物在出口地市场的销售价格

在一般情况下，出口商会针对不同国家或者地区的市场而实施不同的定价政策。如果以进口货物在出口地市场的销售价格确定完税价格，则会扭曲进口货物的实际情况，除非有证据表明出口商实施统一的定价政策，并未针对不同国家或者地区实施不同的价格政策，且进口商不反对以该价格作为确定完税价格的基础。

（四）以计算价格估价方法以外的价值或者费用计算的相同或者类似货物的价格

计算价格估价方法以进口货物的料件成本和加工费用、通常的利润和一般费用以及境外运保费等三个项目的总和来计算完税价格，除此之外，与进口货物无直接关系的其他成本或者费用，如日常管理费用、运营成本费用等，都不应计入进口货物的完税价格。

（五）出口到第三国或者地区的货物的销售价格

在一般情况下，出口商会针对不同国家或者地区的市场而实施不同的定价政策，如果以进口货物出口到第三国或者地区的销售价格确定完税价格，则会扭曲进口货物的实际情况，除非有证据表明出口商实施统一的出口价格政策，并未针对不同国家或者地区实施不同的定价政策，且进口商不反对以该价格作为确定完税价格的基础。

（六）最低限价或者武断、虚构的价格

最低限价是指一国海关对进口货物审查确定完税价格过程中规定的最低完税价格。武断或者虚构的价格是指缺乏客观量化数据资料的价格。海关审查确定进口货物的完税价格，应当遵循客观、公平、统一的估价原则，以成交价格为基础，以客观量化的数据资料为依据，不得使用最低限价或者武断、虚构的价格。

问题 4.26 为什么海关估价禁止使用“最低限价或者武断、虚构的价格”？

海关估价以进出口货物的成交价格为基础，坚持客观、公平、统一的估价原则，以客观量化的数据资料为依据，而最低限价或者武断、虚构的价格并非以成交价格为基础，有违客观、公平、统一的估价原则，背离客观量化数据的依据，因此是禁止使用的估价方法。

案例 4-35 大新公司进口威士忌估价案

大新公司向 U 海关申报进口某品牌规格威士忌一批，U 海关对申报价格有疑问。经过价格质疑、磋商程序，大新公司和 U 海关同意采用合理方法，以生产商向第三国出口的销售价格确定完税价格。

出口商一般会针对不同的出口市场实施不同的定价政策，因此，海关通常不可以以出口商向第三国的出口销售价格为基础进行估价。如果有证据证明出口商具有相同的全球定价政策，且进口商不反对以该价格作为确定完税价格的基础，则出口到第三国的销售价格可以作为确定进口货物完税价格的基础。本案中，除非 U 海关或者大新公司有证据表明某品牌规格的威士忌不会因市场的不同而区分销售价格，而且大新公司不反对以该销售价格作为确定完税价格的基础，否则 U 海关不可以该价格为基础确定完税价格。

第五章　海关估价的方法（下）

——特殊情形下的估价

05

本章介绍特殊情形下的海关估价方法，包括进口货物运输及其相关费用和保险费的计算、特殊进口货物完税价格的确定、出口货物完税价格的确定、内销保税货物完税价格的确定，以及涉嫌违法案件货物计税价格的确定。

第一节　运输费、保险费的计算

本节介绍应当包含在进口货物完税价格内的境外运输及其相关费用、保险费的计算方法。

一、运输及其相关费用

（一）进口货物的运输及其相关费用

进口货物的运输及其相关费用，是指进口货物运抵我国境内的运输费及与运输相关的仓储费、装卸费、处理费和其他杂项费用。应当计入完税价格的进口货物的运输及其相关费用，以进口货物运抵我国境内输入地点起卸行为开始之前为限，如果运输及其相关费用还包括进口货物运抵我国境内输入地点起卸行为开始之后的费用，而且能够以客观量化的数据计算，则应当从进口货物的完税价格中进行扣除；如果进口货物的运输及其相关费用未包括该货物运抵我国境内输入地点起卸后的费用，则不存在扣除问题；如果进口货物的运输及其相关费用虽然包括了该货物运抵我国境内输入地点起卸后的费用，但不能够以客观量化的数据计算，则该费用不予扣除。

问题 5.1　为什么我国的海关估价制度把进口货物的境外运输及其相关费用、保险费计入完税价格？

《WTO 估价协定》并没有把运输及其相关费用、保险费计入进口货物的完税价格，而是把是否计入完税价格的立法交由各成员通过各自立法进行规定。我国立法机关根据自身国情，在制定、修改《海关法》及有关行政法规时，都规定了进口货物的完税价格包括该货物运抵我国境内输入地点起卸前的运输及其相关费用、保险费。

案例 5-1　高光公司进口玉石雕像估价案（1）

高光公司向 M 海关申报进口玉石雕像一尊，价格为 DDP 810 万元。相关资料显示，境外运保费 20 万元，国内运保费 10 万元，进口关税税率为 1%，进口环节增值税税率为 13%。M 海关依法扣除了进口关税、进口环节增值税、国内运保费和其他法定扣减项目，确定完税价格为 700.9551 万元。

计算公式如下：

完税价格（X）+关税+进口环节增值税=DDP

X+1%X+13%（1+1%）X=810-10

X=700.9551（万元）

如果进口货物运抵我国境内输入地点起卸后的运保费可以以客观量化的数据计算，则应当从进口货物的完税价格中扣除。本案中，高光公司进口玉石雕像的成交价格包含了国内运保费和进口税款，而且都可以以客观量化的数据进行核算，M海关在确定完税价格时，应当将其从完税价格中扣除。

案例5-2 迅驰公司进口跑车估价案

迅驰公司向H海关申报进口兰博基尼跑车一台，价格为FOB 1200万元，迅驰公司支付了欧洲到中国香港的海运费7万元，中国香港装卸、过驳及仓储费3万元，中国香港到中国H市的江河运输费1万元，全程保险费1万元。H海关确定完税价格为1212万元。

计算公式如下：

完税价格（X）=货价+境外运费+仓储费+境内运费+保险费

X=1200+7+3+1+1

X=1212（万元）

进口货物的完税价格以该货物的成交价格为基础，并且包括该货物运抵我国境内输入地点起卸前的运输及其相关费用、保险费。本案中，迅驰公司进口兰博基尼跑车的成交价格为FOB价格条款，该价格条款未包含车辆运抵我国境内输入地点起卸前的运输及相关的装卸、过驳、仓储费和保险费，H海关在确定完税价格时，应当将前述费用计入完税价格，最终确定完税价格为1212万元。

案例5-3 优品公司进口紫菜境内运保费稽查补税案

优品公司通过全国一体化通关模式向Y海关申报进口紫菜一批，货物由香港发运，经深圳湾口岸入境，申报价格为CIF深圳10万元，Y海关以成交价格估价方法确定完税价格，计征税款。但R海关通过稽查认为，优品公司进口的紫菜没有在深圳湾口岸起卸，而是运至Y市以后交付，并向Y海关报关进口，因此存在漏报从深圳湾到Y市的境内运输及其相关费用、保险费，决定对优品公司追征税款。

进口货物的完税价格，应包括货物运抵我国境内输入地点起卸前的运输及其相关费用、保险费，但不包括该货物的境内运保费；如果进口货物的成交价格未包含货物运抵我国境内输入地点起卸后的运输及其相关费用、保险费，则不得将其计入完税价格。本案中，优品公司进口的紫菜定价为 CIF 深圳 10 万元，该价格包含了紫菜的货价和运抵我国深圳的运输及其相关费用、保险费，符合进口货物完税价格的定义。至于该批进口紫菜在深圳没有起卸的操作，并不是其境内运输及其相关费用、保险费应当计入完税价格的理由，因此，R 海关不应以该批进口紫菜没有在深圳湾起卸为由，将进口紫菜的境内运输及其相关费用、保险费计入完税价格。需要指出的是，假设该批进口紫菜的成交价格包含了境内运输及其相关费用、保险费，而境内的运输及其相关费用、保险费又不能以客观量化的数据计算的，则包含在实付、应付价格中的境内运输及其相关费用、保险费不应从进口货物完税价格中予以扣减。

（二）运输及其相关费用的确定

在通常情况下，进出口货物的跨境运输由买卖双方以外的第三方物流服务商承担，会发生运输及其相关费用，因此，进出口货物的运输及其相关费用，应当按照由买方实际支付或者应当支付的费用计算。进口货物实际支付或者应当支付的运输及其相关费用，一般是指买方已经支付或者尚未支付的该进口货物运抵我国境内的运输及其相关费用。如果进口货物为运输工具，以自身动力入境，不发生买方实际支付或者应当支付的运输及其相关费用，海关在确定完税价格时，不再另行计入运费。如果进口货物由买方自行运输或者携带入境，不发生实际支付或者应当支付的运输费用或者运输成本，海关在确定进口货物的完税价格时，也不应计入运费。

问题 5.2 如何确定运输及其相关费用？

进口货物的运输一般由买卖双方以外的第三方物流服务商负责，进口货物的运输及其相关费用，应当按照由买方实际支付或者应当支付的费用计算，包括直接支付或者间接支付的费用。如果运输工具作为进口货物，利用自身动力进境，海关在审查确定完税价格时，不再另行计入运输及其相关费用。如果进口货物的运输及其相关费用无法确定，海关应当按照该货物进口同期的正常运输成本审查确定。

问题 5.3 如果进口货物为运输工具，以自身动力入境，为什么海关确定完税价格时不另行计入运费？

进口货物为运输工具，以自身动力进境，不会发生买方实际支付或者应当支付的运输及其相关费用，或者说应当支付的运输及其相关费用是零，因此，海关估价时不另行计入运费。

问题 5.4 如果进口货物由买方自行运输或者携带入境，海关在确定进口货物的完税价格时是否计入运费？

进口货物的运输及其相关费用应当根据买方实际支付或者应当支付的费用计算。进口货物由买方自行运输或者携带入境，如果不发生实际支付或者应当支付的费用，海关确定完税价格时不应计入运输及其相关费用；但如果发生了实际支付或者应当支付的成本或者费用，例如，进口货物由子公司承运，但仍需要承担运输成本或者费用，则海关确定进口货物的完税价格时仍应计入运输及其相关费用。

案例 5-4　西部公司进口航空材料估价案

西部公司向S海关申报进口航空材料一批，该航空材料由西部公司以自有客运飞机载运进境，未发生运费。S海关以西部公司公布的同期航空货物运费表为依据，计入进口航空材料的运输成本，确定完税价格。

进口货物的运输及其相关费用，应当按照由买方实际支付或者应当支付的费用计算。本案中，S海关认为，虽然西部公司进口航空材料的运输是免费的，但运输成本是存在的，如果其运输成本可以客观量化，应将实际发生的运输成本作为进口货物的运费计入完税价格；如果运输成本不能客观量化，则应当以该货物进口同期的运输行业公布的运费率计算运费。西部公司对外公布的航空货物运费表可视为实际发生的正常运输成本，可作为计算运费的依据计入完税价格。

但笔者认为，西部公司进口的航空材料通过自有的飞机载运入境，此情形与进口货物为运输工具以自身动力入境是一样的，由于不存在实际支付或者应当支付的运费，在此情况下，应当确定该进口货物的运费为零，而不是以实际发生的运输成本（运费表）计算运费，也不应以运输行业公布的运费率计算运费。《WTO估价协定》没有将运输费计入进口货物的完税价格，而是交由各成员通过国内立法予以明确。我国的海关估价法律法规虽然规定了进口货物的完税价格包括境外运输及其相关费用，但考虑到进口货物的运输通常都是由第三方物流服务商负责的，于是才会有“按照由买方实际支付或者应当支付的费用计算”的规定。当进口货物由买方自行运输入境，不发生实际运费，不存在“由买方实际支付或者应当支付的费用”时，就不应以“存在实际运输成本”的非法定事由，计入运输及其相关费用。

案例 5-5　大福公司进口红宝石估价案

大福公司以其职员乘坐客运飞机携带入境的方式，向C海关申报进口红宝石500克拉，申报价格为FOB 2000万元。C海关经审查，以红宝石的成交价格为基础确定完税价格，但未计入红宝石的运费。

应当计入完税价格的进口货物的运输及其相关费用，按照由买方实际支付或者应当支付的费用计算。本案中，大福公司进口的红宝石由其职员携带入境，并非由第三方物流服务商运输进境，未发生实际支付或者应当支付的运输费用，C海关在审查确定完税价格时，不应另行计入运输及其相关费用，或者说，应当确定实际支付或者应当支付的运输及其相关费用为零。

案例5-6　远山公司进口商务机估价案

远山公司向B海关申报进口商务机一架，该商务机以自身动力飞行入境，B海关在审查确定完税价格时，未另行计入运输及其相关费用。

运输工具作为进口货物利用自身动力进境的，海关在审查确定完税价格时，不再另行计入运输及其相关费用。本案中，远山公司进口的商务机利用自身动力飞行进境，未发生实际支付或者应当支付的运输及其相关费用，因此，B海关在确定完税价格时，不应另行计入运输及其相关费用。

（三）运输及其相关费用无法确定

进口货物的运输及其相关费用无法确定，是指进口货物发生了由买方实际支付或者应当支付的运输及其相关费用，但具体数额无法客观量化的情形。在此情况下，海关应当按照该货物进口同期的正常运输成本审查确定运输及其相关费用。同期的正常运输成本是指该货物、相同或者类似货物进口同期的实际支付或者应当支付的运输成本；无法确定时，以该货物、相同或者类似货物进口同期运输公司、运输行业对外发布的运费率审查确定。

问题5.5　如何把握“货物进口同期的正常运输成本”的含义？

货物进口同期的正常运输成本是指进口货物的运输及其相关费用无法确定时，海关确定完税价格应当计入的运输成本、费用。进口货物的运输及其相关费用，应当按照由买方实际支付或者应当支付的费用计算。如果进口货物的运输及其相关费用无法确定，海关应当按照该货物的实际运输成本、费用或者该货物进口同期运输公司、运输行业公布的运费表计算运输及其相关费用。

案例5-7　晋煤公司进口无烟煤估价案

晋煤公司向T海关申报进口无烟煤8万吨，申报价格为FOB 150美元/吨，T海关经审查发现，晋煤公司提供的运单仅列名了基本运费，且注明“装卸费、处理费和燃油附加费按实际发生计算”。T海关认为运输及其相关费用无法确定，以海运协会公布的货物进口同期运费率表和燃油附加费率表为依据，计入运输及其相关费用，确定进口无烟煤的完税价格。

如果进口货物的运输及其相关费用无法确定，海关应当按照该货物进口同期的正常运输成本审查确定。本案中，晋煤公司进口的无烟煤运输及其相关费用无法确定，海运协会公布的货物进口同期运费率表和燃油附加费率表属于货物进口同期正常的运输成本，可作为T海关计算进口货物运输及其相关费用的依据。

案例5-8　蒙矿公司进口勘探设备运费估价案

蒙矿公司向E海关申报进口勘探设备一套，价格为FOB 860万元，申报运费为零。E海关通过审查发现，蒙矿公司曾经代进口设备的运输公司支付过一笔海上救援费，因此，运输公司未收取蒙矿公司进口勘探设备的运费。E海关认为，进口货物的运费无法确定，以运输公司同期对外公布的运费费率表计算运费，确定进口勘探设备的完税价格。

如果进口货物的运输及其相关费用无法确定，海关应当按照该货物进口同期的正常运输成本审查确定。本案中，虽然运输公司免费运输进口货物，不收取运输及其相关费用，蒙矿公司不存在实际支付的运输及其相关费用，但蒙矿公司实际上存在"应当支付的费用"，只不过是运输公司以免予收取运费的方式冲抵蒙矿公司为其支付的海上救援费而已。因此，本案属于发生了运输及其相关费用但具体金额无法确定的情形，E海关应当以运输公司公布的运费费率表作为进口同期正常的运输成本，计算运费并计入完税价格。

（四）邮运、快递运输进口货物的运保费

邮运、快递运输进口货物，应当以邮费、快递费作为运输及其相关费用、保险费。

问题5.6　为什么邮运、快递进口货物以邮费、快递费作为运保费计入完税价格？

以邮运、快递方式进口的货物，其向邮政、快递企业支付的邮政资费、快递费，属于该货物的运输费及其相关费用，而且包含了发生货物灭失、损毁、短少时邮政、快递企业的赔偿责任，因此，邮运、快递进口的货物，海关审定完税价格时，应当以邮费、快递费作为运输及其相关费用、保险费。

案例5-9　韵卉公司进口花卉种子估价案

韵卉公司向K海关申报通过快件方式进口某品种花卉种子50千克，价值

为 FOB 50000 元。K 海关计入韵卉公司实际支付的快递费 5000 元，确定完税价格为 55000 元。

邮运、快递进口的货物，应当以邮费、快递费作为运输及其相关费用、保险费。本案中，韵卉公司进口的花卉种子以快递方式运输进境，运费未包含在进口货物的成交价格中，K 海关确定完税价格时，应当将实际支付的快递费计入完税价格。

二、保险费

（一）保险费的确定

在国际贸易运输过程中，货物被盗、被抢或者因自然灾害、意外事故、战争、骚乱、罢工等而遭受损失、灭失，会造成无法交付。为保证进出口货物的安全交付，对货物进行投保是国际贸易的习惯做法。进出口货物的保险费，是指买方或者卖方为规避进出口货物在跨境运输过程中受损或者灭失等风险而向保险人支付的费用，但不包括为可能获得的商业利润所投的保险。应当计入进口货物完税价格的保险费，以实际支付的费用为限，如果进口货物的成交价格未包括该货物运抵我国境内输入地点起卸前的保险费，则海关应当将实际支付的保险费用计入完税价格；如果进口货物的成交价格包括了保险费，则不存在计入问题。

问题 5.7 为什么应计入进口货物完税价格的保险费仅指国际货物运输保险费？

进口货物完税价格中的保险费，是指进口货物的利害关系人为了分担从启运地到进口地的跨境运输过程中可能出现货物丢失或者受损的风险而向保险人支付的费用，是进口货物成本、费用或者价值的组成部分。超出国际货物运输以外的保险，例如，为了获得可能的商业利润而所投的保险，不属于进口货物本身的成本、费用或者价值，不应计入进口货物的完税价格。

案例 5-10　博铁公司进口亚铜精粉估价案

博铁公司向 R 海关申报进口亚铜精粉 5000 吨，价格为 CFR 8000 元/吨，保险费 120000 元。R 海关确定完税价格为 40120000 元。计算公式如下：

完税价格（X）= 货价+境外运费+境外保险费

$$X = 8000 \times 5000 + 120000$$

$$X = 40120000 \text{（元）}$$

应当计入进口货物完税价格的保险费，以实际支付的费用为限。本案中，博铁公司进口亚铜精粉的成交价格未包括保险费，R海关应当按照实际支付的保险费计算，计入进口货物的完税价格。

（二）保险费无法确定或者未实际发生

保险费无法确定或者未实际发生，是指进出口货物发生了国际货物运输保险费用但具体数额无法确定、未曾发生投保国际货物运输保险或者不存在实际支付保险费用的情形。在此情况下，我国海关估价办法明确了简化处理的规定，即按照“货价加运费”两者总额的3‰计算保险费。3‰是国际货物运输中通常发生的保险费率。

问题5.8 为什么保险费无法确定或者未实际发生时，以“货价加运费”两者总额的3‰计算保险费？

为确保进出口货物的安全交付，对进出口货物的运输进行投保是国际贸易的惯常做法，进口货物运抵我国境内输入地点的保险费是进口货物完税价格的组成部分。如果进口货物的保险费无法确定或者未实际发生，海关按照“货价加运费”两者总额的3‰计算保险费。3‰的保险费率是国际货物运输中通常发生的保险费率。

案例5-11 中博公司包船进口多种货物估价案

中博公司以包船方式运输进口甲、乙、丙三种货物，并为该航次船舶及所载进口货物一次性投保了保险。H海关与中博公司经过价格磋商，根据租船费对每一种货物的运费进行了合理分摊，再按照甲、乙、丙三种货物的“货价加运费”两者总额的3‰计算保险费，计入进口货物的完税价格。

如果进口货物的保险费无法确定或者未实际发生，海关按照“货价加运费”两者总额的3‰计算保险费。本案中，中博公司进口的甲、乙、丙三种货物发生了保险费用，如果具体金额可以通过合理分摊的方式以客观量化的数据核算，则应当按照分摊后的费用计算保险费；如果不能，则构成保险费无法确定的情形，应按照“货价加运费”两者总额的3‰的法定公式计算保险费。

案例5-12 高光公司进口玉石雕像估价案（2）

高光公司向M海关申报进口玉石雕像一尊，价格为DDP 800万元。相关资料显示，运保费30万元，进口关税税率为1%，进口环节增值税税率为13%。由于高光公司无法以客观量化的数据资料区分国内外运保费的具体金额，M海关确定完税价格为700.9551万元，未扣除成交价格中包含的国内运保费。计算公式如下：

完税价格（X）+关税+进口环节增值税=DDP

X+1%X+13%（1+1%）X=800

X=700.9551（万元）

如果进口货物运抵我国境内输入地点起卸后的运保费可以以客观量化的数据计算，则海关应当从进口货物的完税价格中扣除；如果不能，则不应当扣减。本案中，高光公司进口的玉石雕像价格包含了国外和国内的运保费，如果可以以客观量化的数据区分国外和国内的费用，M海关在确定完税价格时，应当将国内运保费从完税价格中扣除；如果无法区分，则国内运保费不能扣除。

第二节　特殊进口货物的估价

本节介绍特殊贸易方式下进口货物的估价方法。对特殊进口货物的估价，仍然应当遵循客观、公平、统一的海关估价原则，符合进口货物完税价格定义的规定，但应针对贸易方式的特殊性而与一般贸易进口货物有所区别。

一、运往境外修理、加工复进口的货物

（一）运往境外修理复进口的货物

货物运往境外修理后复运进口，属于特殊的贸易方式，由于境外修理公司与境内货主之间并未发生销售行为，进口货物不存在成交价格，也不发生所有权的转移，所以不能使用成交价格估价方法确定完税价格，实际上也无法使用相同或者类似货物成交价格估价方法、倒扣价格估价方法以及计算价格估价方法。运往境外修理的货物一般都是从境外进口的，原进口时海关已进行过估价征税，因此，原进口货物运往境外修理后复运进口，海关应当以货主实际支付或者应当支付的境外修理费和料件费为基础确定完税价格。而复运进口的运输及其相关费用、保险费，如果全部计入完税价格，将造成重复征税，在实际操作中也难以合理分摊，故不予以计入。如果原进口货物签订有保修协议且保修费已计入原进口货物的完税价格，则货物在保修期内运往境外修理不需要重复计算保修费，但实付或者应付的材料费仍应当计入完税价格；如果原进口货物未签订保修协议、保修费未计入原进口货物的完税价格或者货物超出保修期限运往境外修理，则需根据实际发生的境外修理费和材料费确定完税价格。运往境外修理的货物在出境时应当向海关报明，并且在海关规定的期限内复运进境，否则，海关无法确定该进口货物是原运往

境外修理复运进口的货物，会按照一般进口货物确定完税价格。

问题 5.9 原进口货物运往境外修理后复运进口，为什么其完税价格应“以货主实际支付或者应当支付的境外修理费和料件费”为基础?

运往境外修理的原进口货物，在当初进口时已进行过估价征税。原进口货物运往境外修理后复运进口，如果其完税价格计入原进口货物的货价以及复运进口的运输及其相关费用、保险费，则构成重复征收。因此，原进口货物运往境外修理后复运进口，其完税价格只能以货主实际支付或者应当支付的境外修理费和料件费为基础。

案例 5-13 远山公司进口商务机稽查补税案（1）

B 海关通过稽查发现，远山公司一年前将其进口的商务机飞往境外维修保养，产生维修费 100 万元，材料费 200 万元。B 海关决定以在境外修理费和材料费 300 万元为基础，对远山公司的复进境的商务机予以补税。

运往境外修理复进口的货物，以境外修理费和材料费为基础确定完税价格。本案中，远山公司进口的商务机运往境外修理，产生了境外修理费 100 万元和材料费 200 万元，B 海关应当以此为基础，确定完税价格，对远山公司赴境外修理复进口的商务机进行补税；如果远山公司进口的商务机签订了保修合同，商务机的原进口价格包含了保修费且仍在保修期内，远山公司不需要支付保修期内的修理费，则 B 海关应当以 200 万元的材料费为基础进行补税。

案例 5-14 卓越公司境外修理设备复进口估价案

卓越公司将一台设备运往境外修理，但在出境时未向海关报明，该设备修理完毕复进口时，K 海关按新进口设备确定完税价格。

运往境外修理的机械器具，如果在出境时向海关报明，并且在海关规定的期限内复运进境，海关以境外修理费和材料费为基础确定完税价格。本案中，卓越公司运往境外修理的设备，如果在出境时已向 K 海关报明，并且在规定期限内复运进境，则 K 海关应当按照境外修理费和材料费确定完税价格；如果该设备出境时未向 K 海关报明，或者卓越公司未能在海关规定的期限内复运进境，K 海关无法判断该进口货物就是原运往境外修理的设备，则应当按新进口货物确定完税价格。

（二）运往境外加工复进口的货物

货物运往境外加工后复运进口，属于特殊的贸易方式，由于境外加工企业与境内货主之间并未发生销售行为，进口货物不存在成交价格，也未发生所有权的转移，所以不能采用成交价格估价方法确定完税价格，实际上也无法使用相同或者类似货物成交价格估价方法以及倒扣价格估价方法。对运往境外加工的复进口货物的估价，就是对计算价格估价方法的合理运用，境内货主提供的出口货物就是境外加工所需的原材料、半成品，境内货主不需要向境外加工企业支付费用，而境外加工企业在加工过程中使用的人工、技术以及耗材等则需要境内货主支付费用；境外加工企业只收取加工费，不存在向我国境内销售同等级或者同种类货物通常的利润和一般费用；境内货主需要承担加工成品复运进口的运输及其相关费用、保险费。因此，运往境外加工的货物，其完税价格以境外加工费和料件费以及该货物复运进境的运输及其相关费用、保险费为基础。运往境外加工的货物在出境时应当向海关报明，并且应当在海关规定的期限内复运进境，否则，海关无法判断该进口货物就是原运往境外加工复进口的货物，会按照一般进口货物确定完税价格。

问题 5.10 运往境外加工的货物，为什么其完税价格应"以境外加工费和料件费以及该货物复运进境的运输及其相关费用、保险费"为基础？

运往境外加工的货物不存在销售，境外加工企业只收取加工费。运往境外加工的货物复运进口时，其作为被估价的进口货物，包含了原出口货物的价值，故海关不能使用进口货物成交价格估价方法、相同或者类似货物成交价格估价方法和倒扣价格估价方法确定完税价格，否则会造成重复征税。由于运往境外加工的货物不存在销售利润和一般费用，因此，海关在使用计算价格估价方法确定完税价格时，只能计入境外加工费和料件费以及复运进口的运输及其相关费用、保险费。

案例 5-15　远山公司进口商务机稽查补税案（2）

B 海关通过稽查发现，远山公司一年前将其进口的商务机飞往境外进行改装，产生改装费 500 万元，材料费 1080 万元。B 海关作出稽查决定，以境外改装费和材料费 1580 万元为基础，对远山公司的复进境的商务机予以补税。

运往境外加工复进口货物的完税价格，以境外加工费和材料费以及该货物复运进境的运输及其相关费用、保险费为基础审查确定。本案中，远山公司进口的商务机运往境外进行改装，产生了境外改装费 500 万元和材料费 1080 万元，该商务机以自身动力飞行入境，未发生实际支付或者应当支付的运输及其相关费用。因此，B 海关应当以境外加工费和材料费 1580 万元为基础，确定完税价格，对远山公司赴境外改装的商务机进行补税。

二、暂时进境货物

暂时进境货物是指暂时进境并且在规定的期限内复运出境的货物，包括：在展览会、交易会、会议以及类似活动中展示或者使用的货物；文化、体育交流活动中使用的表演、比赛用品；进行新闻报道或者摄制电影、电视节目使用的仪器、设备以及用品；开展科研、教学、医疗活动使用的仪器、设备和用品；在前述活动中使用的交通工具以及特种车辆；货样；慈善活动使用的仪器、设备以及用品；供安装、调试、检测、修理设备时使用的仪器以及工具；盛装货物的包装材料；旅游用自驾交通工具及其用品；工程施工中使用的设备、仪器以及用品；测试用产品、设备、车辆等。货物的暂时进境属于特殊的贸易方式，由于暂时进境货物的行为未发生销售，不存在成交价格，也不会发生货物所有权的转移，而且货物应当在规定的期限内复运出境，因此，前述暂时进境货物，如果纳税义务人在货物进境时向海关提供了担保，可以暂不缴纳关税，但应当在六个月内复运出境；如需延长复运出境的期限，应当办理延期手续。如果在规定期限内未复运出境，则应当按一般进口货物进行征税。除此以外的其他暂时进境货物，应当采用成交价格估价方法以外的其他估价方法确定完税价格，并按照该货物的完税价格和其在境内滞留时间与折旧时间的比例，按月计算其应当缴纳的进口关税。

留购暂时进境货物，以海关审查确定的留购价格作为完税价格。留购价格是指暂时进境货物所有人向买方销售货物时，买方为购买该货物而向所有人实际支付或者应当支付的全部价款，包括直接支付或者间接支付的价款，但不包括进口关税、进口环节海关代征税款。如果暂时进境货物的留购价格无法确定，则应以货物进境时海关确定的价格扣除已缴纳的进口税款确定留购暂时进境货物的完税价格。

问题 5.11 为什么留购暂时进境货物的完税价格，应以留购价格为基础？

如果暂时进境货物在批准的期限内不复运出境，海关以货物进境时确定的价格扣除已缴纳税款部分进行补税。如果暂时进境货物被国内用户留购，留购价格是留购人留购暂时进境货物的交易价格，因此，海关应当以审查确定的留购人为留购暂时进境货物而向所有人实际支付或者应当支付的留购价格为基础，估定完税价格。

案例 5-16　中桥公司暂准进境工程设备免税案

中桥公司向N海关申报暂时进境的某品牌某型号的建设工程机械设备一套，该设备拟用于中桥公司某建设工程项目，计划六个月内复运出境，中桥公司提供了相当于税款的银行保函，N海关免税放行。

符合条件的暂时进境货物，在进境时向海关缴纳相当于应纳税款的保证金或者提供其他担保的，可以暂不缴纳关税，并应当自进境起六个月内复运出境。本案中，中桥公司申报暂时进境的建设工程机械设备，如果在六个月期限内复运出境，则货物应免缴税款；如需延长复运出境的期限，则应当办理延期手续；如果超出规定期限未复运出境，应当依法缴税。

案例 5-17　沪通公司留购暂时进境船用发动机估价案

沪通公司向S海关申报留购暂时进境的展览品某型号船用发电机一台，留购价格为560万元。S海关经审查，以留购价格560万元确定完税价格。

经批准留购的暂时进境货物，以海关审查确定的留购价格作为完税价格。本案中，沪通公司留购的暂时进口展览品船用发电机，其留购价格为560万元，经S海关审查，可确定为完税价格。

三、租赁进口货物

租赁是指出租人在约定期限内将资产使用权让给承租人以换取租金的行为。货物以租赁方式进口，属于特殊的贸易方式，由于出租人与承租人之间并未发生销售行为，不存在成交价格，也不发生货物所有权的转移，所以不能使用成交价格估价方法确定完税价格。对于租赁进口的货物，纳税义务人（承租人）可以选择以三种方式确定完税价格，缴纳税款：一是在租赁期间以海关审查确定的租金作为完税价格，其中分批支付租金且存在利息的，租金利息应当计入完税价格；二是纳税义务人要求一次性缴纳税款的，纳税义务人可以选择成交价格估价方法以外的其他估价方法确定完税价格，或者按照海关审查确定的租金总额作为完税价格；三是留购的租赁货物，海关以审查确定的留购价格作为完税价格。

问题 5.12　为什么以租赁方式进口的货物，一般应以海关审查确定的租金作为完税价格？

租赁进口货物不存在销售，一般不宜使用成交价格、相同或者类似货物成交价格、倒扣价格、计算价格估价方法确定完税价格，通常只能使用合理方法，根据纳税义务人在进口货物租赁期间内支付的租金确定完税价格，一次性或者分批缴纳进口关税。

问题 5.13 为什么租赁进口货物分批缴税时，应当支付的租金利息也计入完税价格？

如果租赁进口货物的纳税义务人申请一次性缴纳税款，可以选择以其他估价方法确定完税价格，或者以海关审查确定的租金总额作为完税价格。为了促进租赁贸易的发展，我国立法允许纳税义务人分批缴纳税款。如果纳税义务人申请分批缴纳税款，海关以审查确定租赁期间的每期租金作为完税价格，利息作为纳税义务人租赁进口货物实际支付或者应当支付的费用，是租赁进口货物租金不可分割的组成部分，应当予以计入；但如果租金中已包含了利息费用，或者租赁合同未约定利息费用，则无须另行计入。

问题 5.14 租赁进口货物的纳税义务人如何选择一次性缴纳税款或者分批缴税？

租赁进口货物的纳税义务人一次性支付租金的，应当在申报时办理纳税手续，缴纳税款。纳税义务人分期支付租金且申请一次性缴纳税款的，应当以成交价格以外的其他估价方法确定完税价格，或者按照海关审查确定的租金总额作为完税价格。纳税义务人分期支付租金且申请分期缴纳税款的，海关以审查确定的租金作为完税价格，利息应当予以计入；纳税义务人应当在申报租赁货物进口时，按照第一期应当支付的租金办理纳税手续，缴纳相应税款；在其后分期支付租金时，纳税义务人应当在每期支付租金后的 15 天内办理纳税，海关以当期支付的租金为基础，确定完税价格。

案例 5-18　建兴公司租赁进口工程机械设备估价案

建兴公司向 D 海关申报租赁进口工程机械设备一套，租期三年，每年租金 200 万元，维护费 20 万元。根据建兴公司的要求，D 海关按年度征收进口关税，确定完税价格为 220 万元。

租赁进口货物的承租人可以选择以租赁期间海关审查确定的租金作为完税价格。本案中，建兴公司租赁进口的工程机械设备，可以要求 D 海关以租赁期间确定的租金 200 万元作为完税价格；其次，建兴公司需每年向出租人支付维护费 20 万元，该维护费是租赁交易发生的前提条件，应视作租赁进口货物实付或者应付租金的组成部分，计入完税价格。所以，D 海关确定该租赁进口工程机械设备每期纳税的完税价格为 220 万元；另外，如果建兴公司为了租赁进口工程机械设备需要向出租人支付租金利息，则也应计入该租赁进口货物的完税价格。

案例 5-19　顺通公司租赁进口货运飞机估价案

顺通公司向 G 海关申报租赁进口货运飞机一架，租期 20 年，年租金为 2560 万元，租金年利率为 3%。根据顺通公司的要求，G 海关以相同货物成交价格估价方法，确定完税价格为 50000 万元。

如果租赁进口货物的承租人要求一次性缴纳税款，可以选择以成交价格估价方法以外的其他方法确定完税价格，或者按照海关审查确定的租金总额作为完税价格。本案中，顺通公司租赁进口货运飞机 20 年租赁期间的租金总额远超 50000 万元，因此，其选择以相同货物成交价格法确定完税价格，是一项节省成本的明智办法。

案例 5-20　尚酷公司融资租赁进口电子印染机估价案

尚酷公司通过融资方式租赁进口电子印染机一台，租金为 500 万元/年，租期五年。租赁期满后，尚酷公司以 100 万元的留购价获得该租赁印染机的所有权，向 W 海关申报纳税。

留购的租赁进口货物，以海关审查确定的留购价格作为完税价格。本案中，尚酷公司通过融资租赁进口的电子印染机，可以选择一次性或者分期缴纳进口税款。申请一次性缴税的，可以以租金总额 2500 万元确定完税价格，或者由 W 海关另行估价；申请分期纳税的，每期申报纳税时以 500 万元确定完税价格，有租金利息的，利息费计入完税价格；留购电子印染机时，以 W 海关审查确定的留购价格 100 万元作为完税价格。需要指出的是，如果承租人尚酷公司前期支付的租金已经包含了租赁物的所有价格，而留购行为只是起到转移所有权的目的，则无须对留购价格进行调整；否则，海关根据留购时租赁物的实际状态进行估价。

四、减免税进口货物

减免税是指海关依照法律、行政法规的规定，全部或者部分免除进口货物的纳税义务人缴纳进口关税义务的具体行政行为。其中，免征关税是指全部免除缴纳进口关税义务的海关行政行为，减征关税是指部分免除缴纳进口关税义务的海关行政行为。减免税进口货物包括法定减免税、特定减免税和临时减免税进口的货物，其中特定减免税进口的货物，应当在三年、六年、八年的海关监管年限内，用于特定地区、特定企业或者特定用途，未经海关核准并补缴关税，不得移作他用，包括将减免税货物交给减免税申请人以外的其他单位或者个人使用，未按照原定用途使用或者未按照原定地区使用减免税货物，否则，应当以海关审查确定的该货物原进口时的价格，按照实际已进口的时间扣除折旧部分价值，作为完税价格，补征或者追征进口税款。减免税进口货物原进口时的价格，由海关按照海关估价规则审定，存在销售行为的，使用成交价格估价方法审核确定，并对影响价格的条件和因素进行调整；成交价格无法确定或者不存在销售的，以其他估价方法确定。实际已进口的时间自特定减免税货物进口放行之日起按月计算，不足一个月但超过15天的，按照一个月计算；不超过15天的，不予计算。

问题 5.15 减免税进口货物的监管年限有什么规定?

除海关总署另有规定外，进口减免税货物的监管年限为船舶、飞机八年，机动车辆六年，其他货物三年。监管年限自货物进口放行之日起计算。

案例 5-21 光子中心免税设备解除监管补税案

光子中心于2022年8月18日向D海关申请提前解除监管其免税进口的科研设备，该设备于2021年6月1日进口放行，价值3000万元。D海关经审查批准，确定其完税价格是1833.3333万元。计算公式如下：

完税价格（X）＝进口时货价×（1−已进口月数÷监管年限月数）

X＝3000×（1−14÷36）

X＝1833. 3333（万元）

免税进口货物补税时，以海关审查确定的进口货物原进口时的价格，扣除折旧部分价值作为完税价格。本案中，光子中心免税进口的科研设备，其申请补税时实际已进口的时间为14个月，机器设备的监管年限为36个月，光子中心申请提前解除监管，应由D海关以该设备原进口时的价格3000万元为基础，扣除折旧部分价值，最终确定完税价格。

案例 5-22 英达公司免税进口设备稽查补税案

2021年7月6日，L海关对英达科技公司进行稽查，发现该公司2020年1月3日免税进口的一台设备不知去向，该设备原进口时的价格为500万元，英达公司不能给出合理解释。L海关作出稽查决定，对该免税进口设备予以补税。

如果申请人未经批准擅自转让减免税货物，应当以货物实际转让之日作为截止之日；实际转让之日不能确定的，应当以海关发现之日作为截止之日。本案中，英达公司免税进口设备不知去向且无法合理解释，L海关应依法进行补税。由于无法确定该设备灭失的真实时间，因此，L海关应当以发现之日作为截止之日，确定该设备实际已进口的时间是18个月，机器设备的海关监管期限是36个月，完税价格是250万元。计算公式如下：

完税价格（X）＝进口时货价×（1－已进口月数÷监管年限月数）

X＝500×（1－18÷36）

X＝250（万元）

五、不存在成交价格的其他进口货物

不存在成交价格的其他进口货物主要包括易货、寄售、代销、捐赠、赠送、补偿等贸易方式进口的货物。不存在成交价格的进口货物，无法使用成交价格估价方法确定完税价格，只能依次使用进口货物成交价格估价方法以外的其他方法进行估价。海关估价时，应当先与纳税义务人进行价格磋商，除非纳税义务人在海关发出海关价格磋商通知书后，在规定期限内未与海关进行价格磋商，或者书面声明放弃价格磋商。

（一）易货贸易进口货物

易货贸易是指买卖双方不以货币作为交易介质，而是采用以货换货的方式进行交易。由于易货贸易方式下交易双方不以货币作为交易的媒介，所以不存在成交价格，海关估价应使用进口货物成交价格估价方法以外的其他方法。但如果交易双方仍然是以货币作为衡量依据，只是在货物交易时未以货币作为交易的媒介，而是通过互换等值货物作为交易对价，则仍可以使用成交价格估价方法确定完税价格。

案例5-23　龙江公司进口直升机估价案

龙江公司与俄罗斯米里公司签订易货贸易合同，龙江公司以出口8200套羽绒服，换取米里公司进口米-17货运直升机一架。该直升机进口时，M海关经过价格磋商，以合理方法确定完税价格。

易货贸易进口货物不存在成交价格，所以不能使用成交价格估价方法确定完税价格。本案中，龙江公司易货贸易进口的货运直升机不存在成交价格，不能使用成交价格估价方法确定完税价格。M海关与龙江公司经过价格磋商后，可以依次采用相同或者类似货物成交价格法、倒扣价格法、计算价格法、合理方法确定完税价格。

（二）寄售、代销进口货物

寄售、代销是指委托人将准备销售的货物运往境外，委托当地受托人按照寄售、代销协议的约定代为销售，再由受托人按照寄售、代销协议约定进行结算的贸易方式。寄售、代销贸易方式下的委托人与受托人之间不存在销售行为，寄售、代销进口货物不发生所有权的转移，所以不能使用成交价格估价方法确定完税价格，应当采用其他方法进行估价。但如果货物进口时已经有明确的境内销售用户以及交付给销售用户的交易价格，受托人只是起到销售代理的作用，则应当以卖方与境内最终用户之间的销售价格为基础，并将销售佣金计入完税价格。

问题 5.16 如何区别寄售、代销与代理的关系？

以代理方式进口的货物存在销售行为，以寄售、代销方式进口的货物则不存在。寄售、代销是指委托人委托境内受托人在境内市场销售进口货物，再按照寄售、代销协议的约定进行结算的贸易方式。以寄售、代销方式进口的货物不存在销售，不能以成交价格估价方法确定完税价格。代理是指代理人（受托人）以委托人的名义在代理权限内与其他人实施的民事行为。如果货物向我国境内进口时已经有明确的最终用户以及售予最终用户的交易价格，即进口货物的卖方与最终用户之间存在销售行为，代理人只是负责报关、运输、保管和交付货物，则应当以卖方与最终用户之间的销售价格为基础确定完税价格；代理费则构成销售佣金，计入完税价格。除此以外的寄售、代销进口货物，海关以成交价格以外的其他估价方法确定完税价格。

案例 5-24 川渝公司进口红葡萄酒估价案

川渝公司向 C 海关申报寄售进口南非某品牌红葡萄酒一批，该批红葡萄酒以 20 万元的价格售与渝北商行。C 海关经过与川渝公司进行价格磋商，以成交价格估价方法确定完税价格。

由于寄售贸易的交易双方不存在销售行为，所以寄售贸易进口货物不能采用成交价格法确定完税价格。本案中，如果川渝公司只是以寄售贸易方式进口红葡萄酒，货物进口时不存在销售行为，则 C 海关不能使用成交价格估价方法，应采用其他方法估定完税价格；如果货物进口时已明确渝北商行是最终用户且有确定的交易价格，川渝公司只是充当境外货主的销售代理，则 C 海关应当以 20 万元的销售价格为基础，并计入川渝公司的销售佣金，确定完税价格。

（三）捐赠、赠送进口货物

捐赠是指自愿、无偿把有价值的财物给予救灾、扶贫、助残、环保、教科文卫体、社会公共设施建设或者促进社会发展进步以及其他公共和福利事业。赠送是指无代价（免费）地将财物送予他人的行为。以捐赠、赠送方式进口的货物，捐赠人与受赠人之间不存在销售行为，进口货物不存在成交价格，不能使用成交价格估价方法确定完税价格，应当依次使用相同或者类似货物成交价格估价方法、倒扣价格估价方法、计算价格估价方法、合理方法进行估价。

案例 5-25　西岭学校进口台式电脑估价案

西岭学校向R海关申报捐赠进口台式电脑50台，R海关与西岭学校经过价格磋商，以相同货物成交价格确定完税价格。

以捐赠、赠送方式进口的货物，捐赠人与受赠人之间不存在销售行为，不能使用成交价格估价方法确定完税价格。本案中，西岭学校捐赠进口的台式电脑，经过R海关和西岭学校的价格磋商，以成交价格估价方法以外的其他方法进行估价。

（四）补偿贸易进口货物

补偿贸易是指交易一方在对方提供信用的基础上，进口设备或者技术，以该设备或者技术所生产的产品分期抵偿进口设备或者技术的价款和利息的贸易方式。由于补偿贸易进口的设备或者技术不是以货币作为交易的媒介，而是以该设备或者技术生产的产品作为抵偿，不符合成交价格的定义和条件，因此，应当采用其他估价方法确定完税价格。

案例 5-26　乐韵公司进口设备估价案

乐韵公司向Y海关申报补偿贸易进口乐器生产、调试设备一批。根据补偿贸易合同，乐韵公司用进口乐器生产、调试设备制造的乐器出口作为抵偿。Y海关经过与乐韵公司的价格磋商，以类似货物成交价格估价方法确定完税价格。

补偿贸易进口货物不是以货币作为交易的媒介，而是以该进口货物生产的产品作为抵偿，不符合成交价格的定义，不能使用成交价格估价方法估定完税价格。本案中，乐韵公司补偿贸易进口的乐器生产、调试设备，不以货币价款作为价格衡量标准，而是以进口设备制造的乐器产品作为抵偿，不符合成交价格"实付和应付价款"的定义，应使用进口货物成交价格以外的其他方法确定完税价格。

六、载有专供数据处理设备用软件的进口介质

介质，是指磁带、磁盘、光盘等具有储存功能的物质。载有专供数据处理设备用软件的进口介质，包含了有形货物（磁带、磁盘、光盘等）和无形货物（数据、软件、程序等）两部分，买方想购买的是无形的数据、软件或者程序，而有形的介质只是附属品。如果买卖双方通过网络传输这些数据、软件或者程序，则交易目的可以通过网络传输的方式实现，无须另行通过进

口介质这一有形货物的方式进行，而与有形进口货物无关的技术、服务的网上交易就不会涉及进口关税的问题。因此，如果数据、软件、程序等的交易通过载有专供数据处理设备用软件的进口介质来进行，且进口介质本身的价值或者成本与所载软件的价值无法分列，或者无法提供证明软件本身价值的证据，则应以介质及其所载软件的总价值作为进口介质的完税价格；如果介质本身的价值或者成本与所载软件的价值可以分列，或者介质本身的价值或者成本与所载软件的价值虽未分列，但是纳税义务人能够提供介质本身的价值或者成本的证明文件，或者能提供所载软件价值的证明文件，则海关应当以介质本身的价值或者成本为基础，确定完税价格。但是如果进口介质所载的软件是美术、摄影、声音、图像、影视、游戏、电子出版物等内容，则载有软件的进口介质的完税价格为介质及其所载软件的总价值。

案例 5-27　先达公司进口载有软件的存储器估价案

先达公司通过雇员携带的方式向 J 海关申报进口含有某品牌型号无人机自主飞行辅助系统软件的进口存储器一枚，该存储器本身的价值为 300 元，而存储器所含无人机自主飞行辅助系统软件的价值为 10 万元。J 海关经审查，确定完税价格为 300 元。

进口载有专供数据处理设备用软件的介质，如果介质本身的价值与所载软件的价值可以分列，则应当以介质本身的价值为基础确定完税价格。本案中，先达公司进口载有无人机自主飞行辅助系统软件的进口存储器，其软件价值与介质本身的价值可以分列，J 海关应当以进口介质的价值为基础，确定完税价格。

案例 5-28　中谊公司进口电影光盘估价案

中谊公司向 X 海关申报进口含有好莱坞某电影作品的光盘 1 万张，价格为 CIF 100 元/张。X 海关经过审查，以 100 万元确定完税价格。

含有美术、摄影、声音、图像、影视、游戏、电子出版物的进口介质，应以介质及其所载软件的总价值审查确定完税价格。本案中，中谊公司进口含有电影作品的光盘，X 海关在计征进口关税时，应当将光盘本身的价值以及光盘包含的电影作品的价值的总和计入完税价格。

案例 5-29　睿创公司向境外购买工业设计软件系统申报案

睿创公司向 V 海关申报其向境外卖家购买并且通过网络传输交付的工业设计软件系统，价值为 1000 万元。V 海关未予接受。

与进口货物无关的软件交易，不构成进口货物向我国境内销售的条件，不应计入进口货物的完税价格。本案中，睿创公司向境外卖方购买的工业设计软件系统，通过网络传输方式实现交易，与进口货物无关，不构成进口货物向我国境内销售的条件，其成本、费用或者价值未包含在任何进口货物的成交价格中，V海关不应计入进口货物的完税价格。事实上，此类交易纯属于技术贸易，不涉及有形的进口货物贸易，不属于海关监管和征收进口关税的范畴。

第三节　出口货物的估价

我国对少数资源性出口货物征收出口关税，海关征税时，应先审查确定出口货物的完税价格。本节介绍出口货物完税价格的构成以及确定出口货物完税价格的方法。

一、出口货物成交价格估价方法

进出口货物的完税价格，由海关以该货物的成交价格为基础审查确定。其中，出口货物的完税价格，包括该货物的货价、货物运至我国境内输出地点装载前的运输及其相关费用、保险费，但不包含出口关税。出口货物的成交价格，是指该货物出口销售时，卖方为出口该货物应当向买方直接收取和间接收取的价款总额。判断买卖双方的交易行为是否构成出口销售，不仅要看交易是否导致货物的跨境运输，并且使该货物所有权发生转移，风险发生改变，还要看买方为获得该货物是否需要支付对价。出口货物成交价格估价方法是指海关以出口货物的成交价格为基础，审查确定出口货物完税价格的估价方法。如果出口货物的成交价格已经包含了该货物运至我国境内输出地点装载前的运输及其相关费用、保险费，则海关在确定完税价格时，不应另行计入，否则会造成重复征收；如果出口货物的成交价格未包含该货物运至我国境内输出地点装载前的运输及其相关费用、保险费，则海关在确定完税价格时，应当将其中的运输及其相关费用、保险费计入完税价格。出口货物的完税价格不应包含货物运至我国境内输出地点装载后的运输及其相关费用、保险费，如果出口货物的成交价格单独列名货物运至我国境内输出地点装载后的运输及其相关费用、保险费，或者出口商能够提供客观量化的数据进行区分，则海关在确定完税价格时，应当依法予以扣除。出口货物的完税价格不应包含出口关税，如果出口货物的成交价格包含了货物的出口关税，则海关在确定完税价格时，应当依法予以扣除。

问题 5.17 确定完税价格时，包含在出口货物成交价格中的出口关税、境外运保费应如何扣减?

出口货物的完税价格不包括出口关税，出口货物运至我国境内输出地点装载后的运输及其相关费用、保险费。如果出口货物包含了出口关税，海关确定出口货物的完税价格时，应当直接将出口关税予以扣除。如果出口货物的成交价格包含了货物运至我国境内输出地点装载后的运输及其相关费用、保险费，并且该运保费与货物的价款是可以分列的，则境外运保费应当从成交价格中扣除；如果境外运保费与货物价款无法分列，并且没有客观量化的数据可以区分，则境外运保费不得扣除。

案例 5-30　渝达公司出口钨精矿估价案

渝达公司向 C 海关申报出口钨精矿 200 吨，单价为 CIF 汉堡 100000 元/吨，国际运输费 60000 元，保险费 40000 元。C 海关接受申报价格，以成交价格估价方法确定完税价格。

出口货物的完税价格由海关以该货物的成交价格为基础审查确定，包括货物的货价、货物运至我国境内输出地点装载前的运输及其相关费用、保险费，但是其中包含的出口关税税额，应当予以扣除。本案中，渝达公司出口钨精矿以 CIF 价格定价，其中包含的国际运费、保险费和出口关税应当扣除，已知钨精矿的出口关税税率为 20%，因此，C 海关确定渝达公司出口钨精矿的完税价格为 16583333 元。计算公式如下：

CIF 价格 = 完税价格（X）+境外运费+境外保险费+出口关税

完税价格（X）= CIF 价格−境外运费−境外保险费−出口关税

$$X = 100000 \times 200 - 60000 - 40000 - 20\% X$$

$$X = 16583333\ (\text{元})$$

案例 5-31　昆都公司出口锑精矿估价案

昆都有色金属公司向 K 海关申报出口锑精矿 1000 吨，单价为 EXW 5 万元/吨，国内运保费 12 万元。N 海关经审查，确定完税价格为 5012 万元。

出口货物的完税价格由海关以该货物的成交价格为基础审查确定，并且包括货物运抵我国境内输出地点装载前的运输及其相关费用、保险费。本案中，昆都公司出口的锑精矿，其成交价格为 EXW5000 万元，该价格未包含货物运抵我国境内输出地点装载前的运输及其相关费用、保险费（12 万元）。N 海关在估价时，应当将其一并计入完税价格。

案例 5-32　阿拉公司出口氯化钙估价案

阿拉公司向 G 海关申报出口氯化钙一批，价值为 CIF 阿卡萨 15 万元。已知国际运保费是 2 万元，出口关税税率是 10%，G 海关经审查确定完税价格为 11. 8182 万元。

出口货物运至我国境内输出地点装载后的运输及其相关费用、保险费和出口关税，不应计入出口货物的完税价格。本案中，阿拉公司出口的氯化钙的销售价格包含了国际运保费和出口关税，该费用单独列名，G 海关在确定完税价格时，应当将其从完税价格中扣除。

计算公式如下：

CIF 价格=完税价格+境外运保费+出口关税

　　=完税价格+境外运保费+（完税价格×出口税率）

完税价格（X）=CIF 价格-境外运保费-出口关税

X=（CIF 价格-境外运保费）÷（1+出口税率）

X=（15-2）÷（1+10%）

X=11. 8182（万元）

二、出口货物的其他估价方法

海关审查确定出口货物的完税价格，应当首先使用出口货物成交价格估价方法。在无法使用出口货物成交价格估价方法时，应依次使用相同或者类似货物成交价格估价方法、计算价格估价方法和合理方法。

（一）适用条件

使用其他估价方法确定出口货物完税价格的前提，是“出口货物的成交价格不能确定”，包括：（1）出口货物不存在成交价格，例如，货物以捐赠、赠送、寄售、代销、易货、租赁、展览品、广告品、货样、补偿等贸易方式出口，或者出口商不要求买方承担付款义务等情形；（2）出口货物的申报价格不符合成交价格定义，如果出口货物的销售价格还包含成交价格以外的其他条件、因素、成本或者费用，且不能以客观量化数据进行区分，则出口货物不符合成交价格的定义、条件；（3）买卖双方存在特殊关系且影响成交价格，如果买卖双方存在特殊关系，且出口货物的成交价格背离了充分竞争条件下的一般市场交易习惯，则可以认定特殊关系影响成交价格；（4）海关对申报价格的真实性、准确性、完整性和规范性有怀疑，出口商未能作合理解释，或者未能在规定期限内作合理解释。

案例 5-33　蒙山公司出口精炼铜估价案

2022 年 7 月 15 日，蒙山公司向 F 海关申报出口精炼铜一批。根据合同约定，交易价格以上海期货交易所当月最后一个交易日公布的当日均价为基准，下浮 2%。由于蒙山公司申报时成交价格尚未确定，F 海关经过价格质疑、磋商程序，以相同货物成交价格估价方法确定完税价格。

如果出口货物的成交价格不能确定，不能使用成交价格估价方法进行估价，应采用其他方法确定完税价格。本案中，蒙山公司申报出口精炼铜时，成交价格尚未确定，无法使用成交价格估价方法进行估价。F 海关应当了解有关情况，与蒙山公司进行价格磋商，依次使用其他估价方法确定出口精炼铜的完税价格。

（二）程序要求

以成交价格为基础，是海关审查确定进出口货物完税价格的基本原则。如果出口货物的成交价格不能确定，海关应当先了解有关情况，与出口商进行价格磋商，在确保商业秘密的前提下，通过互相交换各自掌握的与出口货物有关的价格信息，为使用其他估价方法确定完税价格寻求最接近出口货物成交价格的客观量化数据。价格磋商是使用成交价格估价方法以外的其他方法确定出口货物完税价格的必经法定程序，除非出口货物的纳税义务人在规定期限内未进行价格磋商，或者书面声明不进行价格磋商，否则，海关必须与纳税义务人进行价格磋商。

案例 5-34　西南公司出口铜锌合金板估价案

西南有色金属公司向 A 海关申报出口铜锌合金板 1500 吨，A 海关认为申报价格有可疑，发出海关价格质疑通知书提出价格质疑，西南公司未予回复。A 海关于是以相同货物成交价格估价方法确定完税价格。

出口货物的成交价格不能确定，海关应当了解有关情况，并且与纳税义务人进行价格磋商，方可使用成交价格以外的其他估价方法确定完税价格。本案中，西南公司对 A 海关质疑其出口铜锌合金板申报价格的疑问未予回复，构成了成交价格不能确定的情形，A 海关有权使用成交价格估价方法以外的其他方法确定完税价格。但 A 海关应当了解有关情况，并且与西南公司进行价格磋商，方可使用其他估价方法，除非西南公司未按要求参加价格磋商，或者书面要求放弃磋商，否则该估价征税行为可能会因违反法定程序而被确认违法或者无效。

（三）其他方法及其适用次序

与进口货物成交价格估价方法以外的其他估价方法类似，出口货物的其他估价方法，包括相同或者类似出口货物的成交价格估价方法、计算价格估价方法和合理方法，海关应当依次适用，确定完税价格。

1. 相同货物成交价格估价方法

海关以与被估价货物同时或者大约同时向同一国家或者地区出口的相同货物的成交价格为基础，确定完税价格的估价方法。相同货物、大约同时的定义，参照相同进口货物成交价格估价方法（见第四章第一节）。

2. 类似货物成交价格估价方法

海关以与被估价货物同时或者大约同时向同一国家或者地区出口的类似货物的成交价格为基础，确定完税价格的估价方法。类似货物、大约同时的定义，参照类似进口货物成交价格估价方法（见第四章第二节）。

3. 计算价格估价方法

海关根据境内生产相同或者类似出口货物的成本、利润和一般费用（包括直接费用和间接费用）、境内发生的运输及其相关费用、保险费计算所得的价格确定完税价格的估价方法。利润和一般费用的定义，参照进口货物计算价格估价方法（见第四章第四节）。

4. 合理方法

海关不能使用成交价格估价方法、相同或者类似货物成交价格估价方法、计算价格估价方法确定出口货物的完税价格时，根据客观、公平、统一的估价基本原则，以客观量化的数据资料为基础，通过合理放宽解释和灵活运用各种法定估价方法，来审查确定出口货物完税价格的估价方法。

出口货物的其他估价方法，与进口货物对应的其他估价方法的要求是一致的。例如，当使用相同或者类似货物成交价格估价方法确定出口货物的完税价格时，应当先使用境内同一生产商生产的相同或者类似货物出口销售给无特殊关系买方的成交价格；只有在无法获得境内同一生产商生产的相同或者类似货物的成交价格时，才可以使用境内其他生产商生产的相同或者类似货物的成交价格。使用相同或者类似货物成交价格估价方法确定出口货物的完税价格时，还要根据相同或者类似货物与被估价出口货物之间在商业水平、销售环节、数量规模等方面存在的不同而对成本、费用或者价值的差异进行调整。

问题 5.18 为什么出口货物计算价格估价方法应以相同或者类似货物来计算成本、利润和一般费用，而进口货物计算价格估价方法以“向境内销售同等级或者同种类货物”通常的利润和一般费用进行计算？

当海关以计算价格估价方法来确定出口货物的完税价格时，海关有权力、能力和时间审查确定境内生产相同或者类似出口货物的成本、利润和一般费用，因此，出口货物计算价格估价方法应以境内生产相同或者类似货物的成本、利润和一般费用来计算完税价格。当海关使用计算价格估价方法确定进口货物的完税价格时，海关需要征得境外生产商同意并且提前通知有关国家或者地区政府，如果进口商提供的进口货物、相同或者类似货物向我国境内销售所得的实际利润和一般费用，与向境内销售同等级或者同种类货物通常的利润和一般费用不相符，则海关可以以向境内销售同等级或者同种类货物通常的利润和一般费用来计算进口货物的完税价格。

案例 5-35 安泰公司出口镍合金估价案

2021 年 9 月 5 日，安泰公司向 L 海关申报出口未锻轧镍合金一批，L 海关对申报价格有疑问。L 海关经过价格质疑、磋商程序，以银城公司 2021 年 7 月 8 日出口的未锻轧镍合金的申报价格为基础，确定完税价格。

出口货物的成交价格不能确定，海关应当了解有关情况，与纳税义务人进行价格磋商，依次使用其他估价方法确定完税价格。本案中，安泰公司出口未锻轧镍合金的成交价格不能确定，L 海关应当依次使用相同或者类似货物成交价格估价方法、计算价格估价方法、合理方法确定完税价格。如果经过价格磋商，L 海关和安泰公司没有同时或者大约同时向同一国家（地区）出口的相同或者类似货物的成交价格，也无法通过计算价格确定完税价格，则可以根据合理方法的适用原则，对大约同时的适用范围进行适当放宽，扩大解释和运用。

第四节　内销保税货物的估价

保税货物，是指经海关批准未办理纳税手续进境，在境内储存、加工、装配后复运出境的货物。本节介绍内销保税货物的估价，主要包括加工贸易保税进口料件及其制成品的内销和海关特殊监管区域、保税监管场所保税货物内销的估价问题。

一、内销保税货物的优先估价方法

保税货物的内销，类似一般货物的进口，由海关依法征收进口关税和进口环节海关代征税。内销保税货物的完税价格，与一般进口货物的完税价格并无二致，只是由于二者的贸易方式不同，造成海关估价时需要考虑的条件和因素有所差异。内销保税货物的完税价格，应当由海关以该保税货物的内销成交价格为基础审查确定。本节介绍加工贸易内销保税货物和海关特殊监管区域、保税监管场所内销保税货物优先适用的估价方法。

（一）加工贸易内销

加工贸易，是指经营企业进口全部或者部分原辅材料、零部件、元器件、包装物料（以下统称“料件”），经过加工或者装配后，将制成品复出口的经营活动，包括来料加工和进料加工。在一般情况下，海关对加工贸易进口料件及其制成品实行保税监管，如果加工贸易保税进口料件或者成品内销，除另有规定外，海关对保税进口料件依法征收税款并且加征缓税利息。其完税价格的确定按如下方式办理：

1. 进料加工进口料件及其制成品

进料加工是指进口料件由经营企业付汇进口，制成品由经营企业外销出口的经营活动。由于进料加工的进口料件存在销售行为，进口料件存在成交价格，因此，进料加工进口料件及其制成品（包括残次品）内销时，其完税价格与对一般进口货物的要求一样，以料件原进口时的成交价格为基础；如果料件分批进口，内销时不能确定料件原进口时相应的批次，则海关可按照同项号、同品名和同税号的原则，以其合同有效期内或者电子账册核销周期内已进口料件的成交价格计算所得的加权平均价为基础，审查确定完税价格；如果在合同有效期内或者电子账册核销周期内，已进口料件的成交价格加权平均价难以计算或者难以确定，则海关以客观量化的当期进口料件成交价格的加权平均价为基础，审查确定完税价格。

案例 5-36　港惠公司内销进料加工服装估价案

港惠公司从事进料加工业务，在合同有效期内进口布料 5000 码，进口价格为 CIF 100 元/码，单耗为 0.8 码/件，拟加工复出口服装 6250 件，出口单价为 FOB 200 元/件。受市场影响，港惠公司向 D 海关申报内销制成品服装 2250 件。D 海关经过审查，以料件原进口时的价格为基础，确定完税价格为 180000 元。

进料加工制成品内销时，海关以该制成品所含料件原进口时的成交价格确定完税价格。本案中，港惠公司进料加工进口布料加工成服装内销时，D海关应当以内销服装所用保税布料原进口时的成交价格为基础，审查确定完税价格。计算公式如下：

内销成品所用保税料件数量＝内销成品数量×单耗
＝2250×0.8
＝1800（码）

内销成品所用保税料件原进口时价格＝内销成品所用保税料件数量×原进口时单价
＝1800×100
＝180000（元）

案例 5-37　澳新公司内销进料加工进口纸板估价案

澳新公司从事进料加工业务，该公司在电子账册核销周期内分三批次进口相同品牌规格的纸板 1000 千克、5000 千克和 8000 千克，价格分别是 18 元/千克、16 元/千克和 15 元/千克。因业务调整，澳新公司向 M 海关申报内销 3000 千克进口纸板，但无法确定是那一批次进口的纸板。M 海关经过审查，确定完税价格是 46710 元。

如果料件分批进口，内销时无法确定料件原进口时的对应批次，海关可按照同项号、同品名和同税号的原则，以其合同有效期内或电子账册核销周期内已进口料件的成交价格计算所得的加权平均价为基础，审查确定完税价格。本案中，澳新公司进料加工保税进口纸板分三批次进口，由于内销时无法区分是那一批次进口的纸板，因此，M 海关应以核销期内已进口的纸板的成交价格计算所得的平均价为基础，确定完税价格。计算公式如下：

三批次进口总价＝第一批次数量×第一批次单价＋第二批次数量×第二批次单价＋第三批次数量×第三批次单价
＝1000×18＋5000×16＋8000×15
＝218000（元）

平均单价＝三批次进口总价÷（第一批次数量＋第二批次数量＋第三批次数量）
＝218000÷（1000＋5000＋8000）
＝15.57（元/千克）

内销完税价格＝平均单价×内销数量
＝15.57×3000
＝46710（元）

2. 来料加工进口料件及其制成品

来料加工是指进口料件由境外企业提供，经营企业不需要付汇进口，按照境外企业的要求进行加工或者装配，只收取加工费，制成品由境外企业销售的经营活动。由于来料加工的保税进口料件不存在销售行为，不存在成交价格，加工企业只收取加工费、劳务费，来料加工进口保税料件及其制成品（包括残次品）内销时，海关无法以保税料件原进口时的状态，使用成交价格估价方法确定完税价格，只能以接受内销申报的同时或者大约同时进口的相同或者类似保税货物的成交价格为基础，审查确定完税价格。

案例 5-38　东城公司内销来料加工成品鞋估价案

东城公司从事进口鞋材加工成品鞋复出口的来料加工业务，因业务的调整变化，东城公司向 U 海关申报内销部分成品鞋，U 海关以大约同时进口的相同保税鞋材的成交价格为基础，确定完税价格。

来料加工保税进口料件及其制成品内销时，海关以接受内销申报的同时或者大约同时进口的相同或者类似保税货物的成交价格为基础，审查确定完税价格。本案中，东城公司用来料加工保税进口鞋材加工的成品鞋内销时，由于原进口的鞋材不存在成交价格，所以，U 海关应当以成品鞋内销申报同时或者大约同时进口的相同保税鞋材的成交价格为基础，确定完税价格。

3. 加工贸易边角料、副产品，受灾保税货物

边角料是指加工贸易企业从事加工复出口业务，在海关核定的单位耗料量内、加工过程中产生的、无法再用于加工该合同项下出口制成品的数量合理的废、碎料及下脚料。副产品是指加工贸易企业从事加工复出口业务，在加工生产出口合同约定的制成品过程中同时产生的，且出口合同未约定应当复出口的一个或者一个以上其他产品。受灾保税货物，是指加工贸易企业从事加工复出口业务中，因不可抗力原因或者其他经海关审核认可的正当理由造成灭失、短少、损毁等导致无法复出口的保税进口料件和制成品。内销价格，是指向国内企业销售保税货物时买卖双方订立的价格，是国内企业为购买保税货物而向卖方（保税企业）实际支付或者应当支付的全部价款，但不包括关税和进口环节海关代征税。加工企业内销的加工过程中产生的边角料或者副产品，由海关以其内销价格为基础审查确定完税价格。如果副产品并非全部使用保税料件生产所得，则海关以保税料件在投入成本核算中所占比重的计算结果为基础，审查确定完税价格；如果是需要以残留价值征税的受灾保税货物，海关以其内销价格为基础，审查确定完税价格；按照规定应折算成料件征税的，海关以各项保税料件占构成制成品（包括残次品）全部料件的价值比重的计算结果为基础，审查确定完税价格。如果边角料、副产品和受灾保税货物采用拍卖方式内销，则海关应当以拍卖价格为基础进行估价。

案例 5-39　精誉箱包厂内销保税进口皮革边角料估价案

精誉箱包厂是一家从事加工贸易业务的箱包制造企业，其向 C 海关申报内销保税进口皮革边角料一批，销售价格为 100 元/千克。C 海关经过审查，以其申报的内销价格为基础确定完税价格。

加工企业内销的加工过程中产生的保税边角料或者副产品，海关以其内销价格为基础审查确定完税价格。本案中，精誉箱包厂内销保税进口皮革边角料，C 海关应当以其 100 元/千克的内销价格为基础，确定完税价格。

案例 5-40　港惠公司内销进料加工受灾货物估价案

港惠公司从事进料加工业务，在合同有效期内进口布料 5000 码，进口价格为 CIF 100 元/码，单耗 0.8 码/件，拟加工复出口服装 6250 件，出口单价为 FOB 200 元/件。因遭遇强台风，仓库和货物受损，港惠公司向 D 海关申报：以 50 元/码的价格内销受灾保税进口布料 800 码；以 30 元/件的价格内销受灾成品服装 1000 件。D 海关分别确定完税价格为 40000 元和 24000 元。

以残留价值征税的受灾保税货物，海关以其内销价格为基础确定完税价格；应折算成料件征税的，以各项保税料件占构成制成品全部料件价值比重的计算结果为基础估价。本案中，港惠公司内销受灾保税进口布料 800 码，D 海关应以 50 元/码的内销单价为基础，确定完税价格为 40000 元，对内销的受灾保税进口布料补征税款，并计征缓税利息；港惠公司以 30 元/件的单价内销受灾保税成品服装 1000 件，内销价格为 30000 元，进口布料占成品服装的价值比重为 24 元（$0.8 \div 1 \times 30$），因此，海关应确定受灾成品服装对应的保税进口布料的完税价格为 24000 元（24×1000），按保税进口布料对应的税率补征税款，并计征缓税利息。

4. 深加工结转货物

深加工结转，是指加工贸易企业将保税进口料件加工的产品转至另一加工贸易企业进一步加工后复出口的经营活动。结转价格，是指深加工结转企业间买卖加工贸易货物时双方订立的价格，是深加工结转转入企业为购买加工贸易货物而向深加工结转转出企业实际支付或者应当支付的全部价款。深加工结转货物内销，对于转入企业来说，结转价格就相当于该深加工结转货物“原进口时”（转入时）的成交价格，因此，海关应当以该结转货物的结转价格为基础，审查确定完税价格。

案例 5-41　星光公司内销保税铝合金矩形中厚板估价案

星光公司是一家从事加工贸易业务的企业，星光公司从上游公司结转转入保税铝合金矩形中厚板，结转价格为43000元/吨。后因合同履行等问题，星光公司向F海关申报转为内销，内销价格为45000元/吨。F海关经审查，以43000元/吨的结转价格为基础，确定完税价格。

深加工结转货物内销时，海关以结转货物的结转价格为基础确定完税价格。本案中，星光公司内销深加工结转保税铝合金矩形中厚板，由于结转价格相当于转入企业星光公司“原进口时”的成交价格，因此，F海关确定完税价格，应当以结转价格而不是内销价格为基础。

（二）海关特殊监管区域、保税监管场所内销

海关特殊监管区域是指经国务院批准设立，在关境内被赋予承接国际产业转移、连接国内国际两个市场的特殊功能和政策，由海关为主实施封闭监管的特定经济功能区域，主要包括海南自由贸易港、自由贸易试验区、综合保税区、保税物流中心、出口加工区等。保税监管场所是指经海关批准设立的保税仓、出口监管仓等由海关实施封闭监管的特定功能场所。海关特殊监管区域、保税监管场所内销保税货物，其完税价格的确定原则如下：

1. 保税料件及其制成品

（1）综合保税区

综合保税区是指经国务院批准设立的可以进行保税货物的储存、加工、研发、展示、维修、检测、融资租赁、跨境电商等业务的海关特殊监管区域。对于保税区与区外之间进出的货物，区内企业或者区外收发货人一般应当按照货物进出区时的实际状态依法缴纳关税和进口环节海关代征税，但如果是区内企业加工生产的货物出区内销，区内企业或者区外收货人可以选择按照其对应进口料件缴纳关税，进口环节海关代征税应当按照出区时货物实际状态照章缴纳，并补缴有关税款的缓税利息。综合保税区内企业内销的保税加工进口料件及其制成品，参照进料加工进口料件及其制成品内销的规定，由海关以其内销价格为基础审查确定完税价格；如果综合保税区内企业内销的保税加工制成品中，含有从境内采购的料件，海关以制成品所含从境外购入料件的原进口成交价格为基础审查确定完税价格。如果综合保税区内企业内销的保税加工进口料件及其制成品的完税价格不能确定，海关以接受内销申报的同时或者大约同时内销的相同或者类似的保税货物的内销价格为基础，估定完税价格。

问题5.19 综合保税区内企业加工生产的货物出区内销时，应如何选择性征税？

综合保税区与区外之间进出的货物，区内企业或者区外收发货人应当按

照货物进出区时的实际状态依法缴纳关税和进口环节税。但区内企业加工生产的货物出区内销时，区内企业或者区外收发货人可以选择按照其对应进口料件缴纳关税，进口环节海关代征税应当按照出区时货物实际状态照章缴纳，并补缴有关税款的缓税利息。

案例 5-42　广保公司内销保税洋酒估价案

广保公司是综合保税区内企业，从事洋酒保税储存、加工、展示、销售等业务。广保公司以 80 元/升的价格从境外购入桶装洋酒，在区内储存、灌装、展示、销售，向 S 海关申报 9500 升灌装后的洋酒出区内销，销售价格 300 元/升，选择按照其对应的进口料件缴纳关税。S 海关经审查，以洋酒原入区时的成交价格 80 元/升为基础征收进口关税，确定完税价格为 76 万元，并补征缓税利息，进口环节海关代征增值税和消费税按出区状态征收。

综合保税区内保税料件加工制成品内销，企业可以选择按制成品征税或者按制成品所用的保税料件进行征税；选择按制成品所用保税料件征税的，以保税料件入区时的成交价格确定完税价格。本案中，广保公司保税入区的桶装洋酒，在区内经过灌装加工后，出区销售 9500 升。如果广保公司选择灌装后的状态出区内销征税，S 海关应当以 300 元/升的出区内销价格为基础，确定完税价格为 285 万元；如果选择按保税料件进行征税，S 海关应以保税洋酒原入区时的成交价格 80 元/升为基础，估定完税价格为 76 万元，并补征缓税利息。如果包装容器和材料来自境内（区外）采购，则 S 海关应当以洋酒原入区时的成交价格 80 元/升为基础，按完税价格 76 万元，补征缓税利息。

案例 5-43　青宝公司出区内销保税坚果估价案

青宝公司是某综合综保区内一家企业，从事坚果保税储存、加工、展示、销售等业务。青宝公司以不同价格分多批次从境外采购坚果入区，在区内进行零售包装的分包加工，向 Q 海关申报出区销售时，无法一一对应区分原入区时的料件批次，Q 海关以青宝公司申报内销的大约同时类似保税坚果的内销价格为基础估定完税价格。

综合保税区内企业内销的保税加工进口料件或者其制成品的完税价格不能确定的，海关以接受内销申报的同时或者大约同时相同或者类似的保税货物的内销价格为基础估价。本案中，青宝公司保税坚果在区内进行分包加工后出区销售，出区的零售包装坚果所含入区保税坚果的对应批次和价格无法确定，Q 海关以青宝公司申报内销的同时或者大约同时相同或者类似保税坚果的内销价格为基础，确定完税价格。

(2) 保税物流中心、出口加工区

保税物流中心不具有区内加工功能，而出口加工区是专门针对制成品复出口的特殊经济功能区域，保税物流中心、出口加工区等综合保税区以外的海关特殊监管区域内的企业因故需要内销的保税料件及其制成品的，应当以其内销价格为基础确定完税价格，不能以料件原入区时的成交价格为基础进行估价；内销价格不能确定时，海关以接受内销申报的同时或者大约同时内销的相同或者类似保税货物的内销价格为基础进行估价；仍不能确定的，海关可以使用计算价格法，以生产该内销货物的成本、利润和一般费用计算所得的价格为基础审查确定完税价格。

案例 5-44　宏图公司出区内销汽车估价案

宏图公司是某出口加工区内企业，从境外引进保税零部件，在区内组装汽车后返销境外。宏图公司向 G 海关申报出区内销一台保税整车，申报价格为 6 万元/台。G 海关以该申报价格为基础确定完税价格。

出口加工区是经国务院批准的由海关实施封闭监管、专门为了加工出口产品而设立的特殊经济功能区域，出口加工区内企业保税加工料件或者其制成品出区内销，海关以其内销价格为基础估价，不得以保税料件原入区时的成交价格为基础审定完税价格。本案中，宏图公司在出口加工区内利用保税零部件加工的成品整车出区内销，G 海关应当以整车的出区内销价格 6 万元/台为基础，确定完税价格，并按照整车而不是零部件对应的税率征收税款。

2. 边角料、废品、残次品和副产品

海关特殊监管区域内企业内销的保税加工过程中产生的边角料、废品、残次品和副产品，海关以其内销价格为基础审查确定完税价格，无须确定其生产所需保税料件的比例和价值；如果边角料、废品、残次品和副产品采用拍卖方式内销，拍卖价格即为内销价格，海关应以其拍卖价格为基础估价。

案例 5-45　宏图公司内销保税残次品估价案

宏图汽车公司是某出口加工区内企业，从境外引进保税零部件，在区内组装汽车后返销境外。宏图公司经 G 海关允许，以拍卖方式内销一批保税残次品，捷昌行以 48000 元的拍卖价格竞得，G 海关以拍卖价格为基础估价。

如果海关特殊监管区域内的企业经海关允许，采取拍卖方式内销保税边角料、废品、残次品和副产品，海关以其拍卖价格为基础确定完税价格。本案中，宏图公司以拍卖方式内销保税残次品，G 海关应当以 48000 元的拍卖价格为基础，确定完税价格。

3. 保税物流货物

保税物流货物是指从境外或者其他海关特殊监管区域、保税监管场所，进入海关特殊监管区域、保税监管场所内存储的保税货物。由于保税物流货物在海关特殊监管区域、保税监管场所内只是进行储存，未经进一步加工，海关特殊监管区域、保税监管场所内企业内销保税物流货物，海关视同进口货物办理手续，因此，完税价格应当以该保税物流货物的出区内销价格为基础由海关审查确定，而内销价格包含能够单独列名的区内发生的保险费、仓储费和运输及其相关费用，因属于货物运抵我国境内输入地点起卸后的运输及其相关费用、保险费，所以不计入完税价格。

问题 5.20 为什么保税物流货物内销时，区内发生的保险费、仓储费和运输及其相关费用，不计入完税价格？

海关特殊监管区域、保税监管场所是在我国关境内由海关实施保税监管的特殊区域、场所。保税物流货物的内销，海关视同进口货物，以保税物流货物的内销价格为基础审查确定完税价格。内销价格中如包含能够单独列名的区内发生的保险费、仓储费和运输及其相关费用，因属于货物运抵我国境内起卸后的运输及其相关费用、保险费，所以不应计入完税价格。

案例 5-46 慧达公司内销保税物流货物估价案

慧达公司是一家保税仓经营企业，慧达公司从境外进口入保税仓手机摄像头组件 50 万套，价值 300 元/套。2022 年 3 月 5 日，慧达公司向 C 海关申报出仓内销 20 万套，价值 330 元/套，内销价格单独列名了仓储期间发生的仓储、装卸、保险等费用 15 元/套。C 海关经过审查，确定完税价格为 6300 万元。

海关特殊监管区域、保税监管场所内企业内销保税物流货物，海关以该货物运出海关特殊监管区域、保税监管场所时的内销价格为基础，审查确定完税价格。本案中，慧达公司内销保税手机摄像头组件 20 万套，内销价格为 330 元/套，内销价格单独列名货物仓储期间发生的储存、装卸、保险费 15 元/套，不计入完税价格，应当从完税价格中扣减，故 C 海关确定的完税价格为 315 元/套，内销 20 万套手机摄像头组件的完税价格是 6300 万元。计算公式如下：

完税价格（X）=（内销单价-单位仓储费）×内销数量

X=（330-15）×20

X= 6300（万元）

4. 研发、维修、检测、展示货物

在海关特殊监管区域内进行保税货物的研发、维修活动，比照区内加工进行管理，如果区内企业内销研发的保税货物或者维修用料件余料，海关比照内销保税料件及其制成品，需要区分是从保税区出区内销还是从保税区以外的海关特殊监管区域出区内销，甄别属于保税料件及其制成品，还是边角料、废品、残次品、副产品进行估价。海关特殊监管区域内进行保税货物的检测、展示，比照保税物流货物进行管理，如果区内企业内销经过检测、展示的保税货物，海关以该货物运出海关特殊监管区域的内销价格为基础，确定完税价格；如果内销价格包含能够单独列名的海关特殊监管区域内发生的保险费、仓储费和运输及其相关费用，不计入完税价格。

案例 5-47　欧维公司内销保税维修余料估价案

欧维公司是某保税物流中心内企业，承接境外入区手机的保税维修业务。2021 年 8 月 6 日，欧维公司向 S 海关申报内销维修用剩余保税手机零件一批，内销价格为 63 万元。S 海关经审查，以内销价格确定完税价格。

海关特殊监管区域内企业内销的研发、维修货物，海关比照内销区内加工的保税料件及其制成品处理；保税维修业务的待维修货物、已维修货物、无法修复货物以及维修过程中产生的边角料、替换下的旧件、坏件，原则上应全部复运出境，不得内销；通过保税方式从境外运入区内的维修用料件余料，按照加工贸易边角料、剩余料件、残次品、副产品和受灾保税货物的管理规定执行。本案中，欧维公司内销保税物流中心内维修用料件余料，S 海关应当以内销价格 63 万元为基础，确定完税价格。

案例 5-48　德尔特公司内销综合保税区检测智能穿戴设备估价案

德尔特公司是某综合保税区内企业，从事保税货物仓储、运输、展示、检测、销售等业务。德尔特公司从境外运入综合保税区一批智能穿戴设备进行检测后，向 F 海关申报出区内销，F 海关以内销价格确定完税价格。

海关特殊监管区域内企业内销展示、检测的保税货物，未经过任何进一步加工，海关应以内销价格为基础审查确定完税价格。本案中，德尔特公司内销经过检测的智能穿戴设备，F 海关应当以内销价格为基础进行估价。

二、内销保税货物的其他估价方法

与进口货物成交价格估价方法以外的其他估价方法的适用条件一样，如果内销保税货物不能以优先适用的估价方法确定完税价格，海关应当依次采用该内销保税货物的相同或者类似货物成交价格估价方法、倒扣价格估价方法、计算价格估价方法、合理方法进行估价。如果纳税义务人向海关提供有关资料，可以提出申请，颠倒倒扣价格估价方法和计算价格估价方法的适用次序。海关使用其他方法审查确定内销保税货物的完税价格，应当与纳税义务人进行价格磋商，在确保商业秘密和海关工作秘密的前提下，交换彼此掌握的价格信息资料。

案例 5-49 桥梓公司内销保税加工边角料、废品估价案

桥梓公司从事进料加工针织服装业务，2020 年 12 月 28 日，该公司处理一批边角料和废品，以免费方式交东企废旧物品回收公司处理。T 海关经过审查，与桥梓公司进行价格磋商后，最终以合理方法确定完税价格。

如果内销保税货物的完税价格不能以优先适用的估价方法进行确定，海关应当与纳税义务人进行价格磋商，并依次使用相同或者类似货物成交价格估价方法、倒扣价格估价方法、计算价格估价方法、合理方法进行估价。本案中，桥梓公司以免费方式内销处理保税加工产生的边角料和废品，不存在销售和成交价格，不能使用内销成交价格的估价方法，T 海关应当与桥梓公司进行价格磋商，依次使用相同及类似货物成交价格估价方法、倒扣价格估价方法、计算价格估价方法、合理方法，估定完税价格。

第五节　违反《海关法》案件货物的估价

违反《海关法》行为包括走私和违反海关监管规定的行为。本节介绍涉嫌走私货物偷逃税计税价格的确定方法，以及计核违反海关监管规定案件货物价值时完税价格的确定方法。

一、涉嫌走私货物的计税价格

走私行为，主要是指逃避海关监管，违反国家进出口的禁止性、限制性管理，或者偷逃应缴税款，运输、携带、邮寄货物、物品进出境的行为。走私普通货物、物品罪案件，法院以偷逃税款额定性量刑；涉税走私行为，海关以偷逃税款额作为量罚的依据。海关是国家进出境的监督管理机关，也是涉嫌走私货物、物品偷逃税款计核工作的法定主管机关。海关出具的计核结论，经海关走私犯罪侦查机关、人民检察院和人民法院审查确认，可以作为办案的依据和定罪量刑的证据。涉嫌走私货物、物品偷逃全部应缴税款的，应缴税款额即为偷逃税款额；涉嫌走私货物、物品偷逃部分应缴税款额的，

偷逃税款额为应缴税款额与实缴税款额之间的差额。计核涉嫌走私货物的偷逃税款额，应遵循以成交价格为基础的估价基本原则。如果涉嫌走私的货物能够确定成交价格，其计税价格应当以该走私货物的成交价格为基础审核确定；如果涉嫌走私货物的成交价格经审核不能确定，应参考进口货物的其他估价方法。其计税价格依次以下列价格为基础确定：（1）海关所掌握的相同进口货物的正常成交价格；（2）海关所掌握的类似进口货物的正常成交价格；（3）海关所掌握的相同或者类似进口货物在国际市场的正常成交价格；（4）国内有资质的价格签证机构评估的涉嫌走私货物的国内市场批发价格减去进口关税和其他进口环节税以及进口后的利润和费用（计税价格的20%）后的价格；（5）涉嫌走私的货物或者相同、类似货物在国内依法拍卖的价格减去拍卖费用后的价格；（6）按其他合理方法确定的价格。

对于无法核定计税价格的尚有使用价值的涉嫌走私的旧货，海关应当根据具备资质的机构出具的新旧程度的鉴定结论报告，依次使用前述六种估价方法核定其计税价格；涉嫌走私进口的贵重金属及其制品、珠宝制品以及其他有价值的收藏品，应当按国家定价或者国家有关鉴定部门确定的价值核定其计税价格；对于无法确定成交价格的涉嫌走私的非淫秽音像制品，以海关总署确定的固定的价格作为计税价格（CD、VCD 光盘 2.5 元/张，CD-ROM 光盘 3 元/张，DVD 光盘 7 元/张）；擅自内销保税货物涉嫌走私，且能够确定原申报进口时的成交价格的，以原申报进口时的成交价格为基础核定其计税价格，如果原申报进口时的成交价格不能确定，则使用前述六种估价方法核定的原申报进口时的价格作为计税价格；擅自内销特定减免税货物涉嫌走私的，以该货物原进口时的成交价格为基础核定其计税价格，如果成交价格不能确定的，使用前述六种估价方法计算计税价格。涉嫌走私的国产品牌货物，以相同或者类似货物正常的出口价格核定其计税价格，如果出口价格不能确定，应当以相同或者类似货物在国内的正常的出厂价格（不含增值税）为基础核定其计税价格；涉嫌通过携带、托运和邮递方式走私的货物、物品，依次使用成交价格法或者前述六种估价方法核定其计税价格。在核定涉嫌走私货物的计税价格时，应当包括货物运抵我国境内输入地点起卸前的运保费。

问题 5.21 为什么涉嫌走私进口货物的计税价格仍应以成交价格为基础？

走私行为是逃避海关监管，违反国家管制措施或者偷逃关税，运输、携带、邮寄货物、物品进出境的行为，其本质是非法进出口货物。因此，涉嫌走私的货物能够确定成交价格的，其计税价格应以该货物的成交价格为基础审核确定；不能确定时，其计税价格由海关依法估定。

案例 5-50　南顺公司涉嫌走私进口大客车案

南顺公司向 X 海关申报进口 30 座大客车 10 台，价格为 CIF 60 万元/台，经 X 海关事后核查，实际进口汽车均为 50 座大客车，真实成交价格为 95 万元/台。经 X 海关缉私局以走私罪立案，X 海关审核，确定涉嫌走私的 10 台进口大客车的计税价格为 95 万元/台，南顺公司少报计税价格 35 万元/台，合计少报计税价格 350 万元。

涉嫌走私货物的成交价格能够确定的，以其成交价格为基础确定计税价格；涉嫌走私货物偷逃部分应缴税款额的，偷逃税款额为应缴税款额与实缴税款额之间的差额。本案中，南顺公司以少报核定载客量（座位数）和伪报价格的方式走私进口大客车 10 台，将实际成交价格 950 万元伪报成 600 万元，因此，X 海关应当以实际成交价格与申报价格之间的差额 350 万元为基础，确定涉案的 10 台大客车的偷逃税款额的计税价格。

案例 5-51　申某涉嫌走私进口泰国香米案（1）

当事人申某以多家公司保税仓储名义，向 Y 海关申报进口泰国香米 1 万吨，价格为 3000 万元。然后，申某以复出口为借口，将全部保税进口香米以 4500 万元的价格，在境内销售，被 H 海关缉私局查获。H 海关以 3000 万元的申报价格为基础，计核申某偷逃税款的计税价格。

如果涉嫌走私的货物能够确定成交价格，海关应当以该货物的成交价格为基础，计核偷逃税的计税价格。本案中，申某涉嫌走私的货物属于保税物流货物，如依法向 Y 海关申报内销，Y 海关应以内销价格为基础确定完税价格。申某以伪报方式逃避监管，将运入保税仓的进口泰国香米在境内销售，涉嫌走私犯罪，H 海关应当以内销价格作为本案偷逃税款的计税价格予以确定，同时扣除涉案货物在保税仓储期间的仓储费、处理费、保险费；如果成交价格不能确定，H 海关应当依次以其他方法另行估定。申某进口的香米在境内销售的价格为 4500 万元，是本案涉嫌走私进口香米在境内的销售价格，不是涉案标的物的正常出仓成交（内销）价格，所以不能作为偷逃税款的计税基础。

案例 5-52　新机公司涉嫌走私进口旧挖掘机案

新机公司以夹藏、瞒报的方式，申报加工贸易进口原材料一批，经 Z 海关开箱查验，实际货物为进口旧挖掘机两台。Z 海关在计核涉案货物偷逃税款过程中，根据衡正鉴定中心出具的新旧程度鉴定结论报告，以其掌握的相同品牌型号挖掘机的成交价格进行折旧，确定计核价格。

如果海关不能依法核定涉嫌走私货物的计税价格，也无法认定涉案货物的新旧程度，则应当根据具备资质的机构出具的新旧程度的鉴定结论报告，使用成交价格法以外的其他方法估定其计税价格。本案中，新机公司通过瞒报、夹藏方式走私进口旧挖掘机，偷逃全部应缴税款。如果Z海关无法确定其进口成交价格，通过外观查验也无法确定其新旧程度，在此情况下，Z海关根据衡正鉴定中心出具的新旧程度鉴定结论报告，依次采用成交价格法以外的六种估价方法，估定计税价格。

案例5-53 尹某涉嫌走私进口国产名贵白酒案

尹某驾驶摩托艇，从香港装载茅台、五粮液等名贵白酒以及洋酒若干，运往内地，被D海关缉私船缉获。对尹某涉嫌走私的白酒，D海关以相同规格型号的茅台酒正常的出口价格核定其计税价格；由于五粮液的出口价格不能确定，D海关以相同规格型号的五粮液在内地的正常的出厂价格（未含增值税）为基础核定计税价格；对涉嫌走私的洋酒，D海关以其掌握的相同品牌、相同规格型号洋酒的正常成交价格确定计税价格。

涉嫌走私的国产品牌货物，以相同或者类似货物正常的出口价格核定其计税价格；出口价格不能确定的，以相同或者类似货物在境内的正常的出厂价格（不含增值税）为基础核定其计税价格。本案中，尹某涉嫌走私进口的国产白酒，由于国产品不同于境外生产的产品，不能使用成交价格估价方法。如果D海关掌握相同品牌相同规格型号茅台酒的正常出口价格，应据以核定计税价格；如果D海关不掌握五粮液的正常出口价格，则应以其正常的未含增值税的出厂价格为基础，核定计税价格。

二、涉嫌违反海关监管规定货物的完税价格

违反海关监管规定是指除了走私以外的其他违反《海关法》规定、依法应当给予行政处罚的行为。违反海关监管规定货物的价值，依据违法货物的完税价格、进出口关税、进口环节海关代征税之和进行计核。违反海关监管规定货物的完税价格，由海关按照估价基本原则根据涉案货物的性质审查确定，与非涉案的正常进出口货物的估价规定并无二致。海关计核违反海关监管规定货物的价值时，应当先确定涉案货物的完税价格，然后计核涉案货物的进出口关税、进口环节海关代征税，最后，计算违法货物的完税价格和相应税款的总和，得出违反海关监管规定货物的价值。

问题 5.22 为什么违反海关监管规定货物的估价与非涉案货物的估价并无区别?

违反海关监管规定的行为是对外贸易经营者在进出口货物过程中违反《海关法》及其他有关法律、行政法规的行为，违反海关监管规定的货物本身是进出口货物，因此，违法货物的完税价格由海关按照《进出口关税条例》《审价办法》的规定予以审定。

案例 5-54 桂都公司进口音响系统申报不实违规案

桂都公司向 G 海关申报进口某品牌型号音响系统 200 套，价格为 CIF 5000 元/套，经 G 海关查验，发现实际到货是 220 套。G 海关确定违法货物的完税价格是 10 万元。

货物进出口仅存在数量申报不实的，则违法货物为实际进出口数量与申报数量的差额部分。本案中，桂都公司实际进口音响系统 220 套，申报了 200 套，本案仅存在进口数量的申报不实，实际数量与申报数量的差额（20 套）即为违法货物的数量，其单价为 5000 元/套，因此，涉案货物的完税价格为 10 万元。

案例 5-55 兆祥公司进口小麦收割机申报不实违规案

兆祥公司向 E 海关申报进口小麦收割机两台，申报价格为 CIF 50000 元。经 E 海关审查，实际价格为 CIF 50000 美元。美元兑人民币的汇率是 6.7657，E 海关确定违法货物的完税价格为 288285 元。

货物进出口时，应当申报的项目申报不实，影响国家税款征收的，违法货物为实际进出口货物。本案中，兆祥公司进口小麦收割机存在价格申报不实行为，违法货物为实际进口的两台小麦收割机，违法货物的完税价格是实际价格与申报价格之间的差额，即 288285 元。计算公式如下：

完税价格（X）= 实际交易价格-申报价格

$$X=50000\times6.7657-50000$$

$$X=288285\ (\text{元})$$

案例 5-56 星城艺术馆擅自转让特定减免税货物违规案

星城艺术馆经 F 海关批准，免税进口一批教学科研设备，价格为 60 万元。两年后，星城艺术馆未经 F 海关许可，擅自将设备转让给其他单位。F 海关经审查，确定违法货物的完税价格是 20 万元。

如果纳税义务人未经海关许可，擅自将特定减免税货物抵押、质押、留置、转让、移作他用或者进行其他处置，违法货物的完税价格为海关审定的该货物原进口时的价格扣除折旧部分后的价值。本案中，星城艺术馆非法转让特定免税进口的教学科研设备，已知设备的监管年限（折旧年限）为三年，故 F 海关确定该违法货物的完税价格为 20 万元。计算公式如下：

完税价格（X）＝原进口价格×（1−已进口月数÷监管年限月数）

$$X=60\times(1-24\div36)$$

$$X=20\text{（万元）}$$

第六章　海关估价的争议解决

06

税收是进出口货物的主要经营成本之一，海关通过估价计征税款、计核违反《海关法》案件偷漏税款额，毫无疑问会触及纳税义务人的利益，甚至可能会引发纳税争议。本章介绍海关估价引发的争议的解决方法以及合规风险的预防和规避。

第一节　行政复议

行政复议是指行政相对人认为行政主体的行政行为侵犯其合法权益，依法向行政复议机关提出复查该行政行为的申请，行政复议机关依照法定程序对被申请行政行为的合法性、适当性进行审查，并作出行政复议决定的法律制度。行政复议是纳税义务人解决海关估价争议问题常用的方式。

一、行政复议的启动

如果纳税义务人、担保人及其他利害关系人对海关确定进出口货物完税价格计征、减免、退补税款的决定有异议，可以向上一级海关申请行政复议；对复议决定不服的，可以向人民法院提起行政诉讼。申请人申请行政复议，应当在知道海关确定完税价格的 60 天内提出；如果超出规定期限提出申请，可能会导致行政复议机关不予受理，从而失去法律救济的机会。行政复议可以口头申请，但企业申请纳税复议，应当尽可能以提交复议申请书的方式书面提出，并在复议申请书中列名行政复议请求、申请行政复议的主要事实、理由和依据等内容。由于纳税争议属于复议前置事项，申请人不服海关估价征税、减免税或者追补税决定，不得直接提起行政诉讼，只能先申请行政复议；如果对复议决定不服，可以提起行政诉讼。

问题 6.1　海关的哪些征税管理行为属于行政复议和行政诉讼的受理范围？

海关纳税复议和行政诉讼的受理范围包括：海关确定纳税义务人的行为；海关确定完税价格的行为；海关确定商品归类的行为；海关确定原产地的行为；海关适用税种的行为；海关适用税率的行为；海关适用汇率的行为；海关减征或者免征税款的行为；海关补征、追征税款的行为；海关退税的行为；海关征收滞纳金的行为；海关确定的计征公式和计征方式；海关确定纳税地点的行为；海关税款保全措施；海关税款强制执行行为；海关代征国内税行为；反倾销、反补贴终裁决定，征收反倾销税、反补贴税的决定以及追溯征收、退税决定；海关征税管理过程中的其他具体行政行为。

问题 6.2 哪些人有权申请纳税复议或者提起行政诉讼？

纳税义务人、担保人及其他利害关系人，都有权申请纳税争议的行政复议或者提起纳税争议的行政诉讼。

问题 6.3 为什么我国立法规定纳税争议必须先申请行政复议，不能直接起诉？

税收征管是一项政策性、法律性、专业性、程序性很强的工作，进出口税的征收管理由海关负责，国内税的征收管理由税务机关负责。我国立法规定，不管是进出口税还是国内税，只要是纳税争议都必须先申请行政复议，对复议决定不服的，可以提起行政诉讼。

案例 6-1 鲍某不服 T 海关估价征税行政复议案

鲍某向天泰公司购买某品牌进口小汽车一辆，获得该汽车的进口通关单证。鲍某认为，接受进口申报的 T 海关估价征税不合理，向 T 海关的上一级海关 B 海关申请行政复议，要求改按汽车进口商的申报价格征税。B 海关经审查，认为鲍某不是该汽车的进口商、纳税义务人、税款担保人，与 T 海关的估价征税行为没有法律上的利害关系；鲍某申请行政复议时已超出 T 海关出具海关税款缴款书后 60 天内的法定申请期限，决定不予受理。

公民、法人或者其他组织认为行政机关作出的具体行政行为侵犯其合法权益，可以自知道该具体行政行为之日起 60 天内申请行政复议。本案中，鲍某认为 T 海关对其购买进口汽车的估价征税行为损害其合法权益，有权向 B 海关申请行政复议。鲍某申请复议的 T 海关估价征税行为是行政复议的受案范围。鲍某通过涉案汽车的进口通关单证知道 T 海关估价征税决定后申请行政复议，只要未超出“知道之日”的 60 天，即视为在法定期限内提出申请。鲍某通过天泰公司在境内的转售行为，获得了涉案汽车的所有权，说明鲍某不是涉案汽车的进口人、进口收货人、申报人、纳税义务人或者税款担保人，与 T 海关的估价征税行为没有法律上的利害关系。最终，本案因不符合受理条件而被 B 海关拒绝受理。

二、行政复议的参与

申请行政复议，是解决纳税争议的首选途径和法定方式，但并不意味着只要申请人提出了行政复议申请就可以万事大吉了。申请人应当从争议的事实、理由、证据、依据和程序等方面入手，积极参与行政复议相关程序，通过摆事实，讲道理，配合行政复议机关，为自己在行政复议中争取主动：(1) 提交复议申请书：提交复议申请书是申请行政复议的书面方式，由于行政复议原则上采取书面审查的方式，因此，申请人书面申请行政复议，并在复议申请书中详细列名有关事实、理由、证据、依据以及复议请求等事项，显得尤为重要；（2）提供证据材料：申请人应当尽可能向行政复议机关提供海关税款缴款书、报关单证以及与争议进出口货物价格有关的其他单证、资料、证据；（3）查阅被申请人的书面答复，查阅作出估价征税行为的证据、依据和其他有关材料，进一步了解海关估价的原因、事实、理由和依据；（4）说服海关行政复议机构调查有关情况、听取申请人意见或者召开听证会，争取当面陈述意见、表达观点的各种场合和机会；（5）运用海关估价法规、技术和掌握的一切有关价格信息、资料，争取于己有利的局面；（6）发挥第三人、律师、专家、鉴定机构的作用，收集有关典型案例、鉴定结论、观点看法，甚至是可能有用的书籍、论文、参考资料，以支持己方立场。

案例 6-2　宜尚公司不服 F 海关征税行为行政复议案

宜尚公司不服 F 海关对其申报内销加工贸易制成品园艺工具的估价征税行为，向 F 海关的上一级海关 G 海关申请行政复议，要求改按内销申报价格作为完税价格计征税款。宜尚公司委托的律师通过查阅被申请人 F 海关提供的答复书以及有关证据、资料，获悉 F 海关在估价时，其使用的相同货物的成交价格存在不同商业水平、不同内销数量等问题，但 F 海关没有以客观量化的数据资料，对价值、成本和费用等方面的差异进行适当调整，而是直接采用该相同货物的成交价格。宜尚公司将有关情况如实向 G 海关反映。最终，G 海关撤销了 F 海关的原估价补税行为，责令 F 海关重新作出征税决定。

行政复议是解决纳税争议的法定前置程序，纳税义务人申请纳税复议，应当充分利用法律赋予申请人的权利，努力争取己方的合法诉求。本案中，宜尚公司委托专业律师，依法行使申请人查阅被申请人证据资料的权利，通过查阅被申请人 F 海关原估价补税行为有关的单证、资料和证据，发现原估价征税决定的不当之处，及时向行政复议机关陈述情况，提出意见，为自己挽回了损失。

第二节　行政诉讼

行政诉讼是指行政相对人认为行政主体的行政行为侵犯其合法权益，向人民法院提起诉讼，人民法院依法受理、审理并作出裁判的法律制度。纳税义务人对海关估价征税、减免税、退补税决定不服申请行政复议，对复议决定仍然不服的，可以提起行政诉讼。

一、行政诉讼的提起

纳税义务人、担保人及其他利害关系人不服海关估价征税、减免税、退补税行为，不得直接提起行政诉讼，应当先申请行政复议；如果对行政复议决定不服，则可以提起行政诉讼。如果复议机关决定维持原估价行为，应当把作出原估价行为的海关和复议机关作为共同被告，向作出原估价行为的海关所在地人民法院或者复议机关所在地人民法院提起行政诉讼；如果复议机关决定改变了原估价行为，则应当把复议机关作为被告，向复议机关所在地人民法院提起行政诉讼。不服复议决定提起行政诉讼，应当在收到复议决定书的 15 天内提出；复议机关逾期不作决定的，可以在复议期满的 15 天内起诉。以海关为被告提起行政诉讼，应当向中级人民法院提起。

案例 6-3　鲍某不服 T 海关估价征税行为行政诉讼案

鲍某向天泰公司购买某品牌进口小汽车一辆，获得了该进口汽车的通关单证。鲍某认为接受进口申报的 T 海关估价征税不合理，随即向 T 海关的上一级海关 B 海关申请行政复议，B 海关审查后决定不予受理。鲍某不服，提起行政诉讼。

申请人对海关的估价征税行为不服申请行政复议，行政复议机关作出不予受理决定，申请人不服提起行政诉讼的，应以行政复议机关为被告。本案中，鲍某对行政复议机关 B 海关作出的不予受理复议申请的决定不服，提起行政诉讼，应当以行政复议机关 B 海关作为被告，向 B 海关所在地中级人民法院起诉，要求 B 海关依法履行行政复议机关职责。由于争议的 T 海关估价征税行为属于复议前置的具体行政行为，因此，如果鲍某与 T 海关的纳税争议尚未经过行政复议程序进行实质性审查，鲍某以 T 海关为被告，就纳税争议起诉，法院会不予受理。

案例 6-4　经纬公司不服 M 海关估价征税行为行政诉讼案

经纬公司不服 M 海关对其申报进口牛肉的估价征税行为，向 M 海关的上一级海关 L 海关申请行政复议。由于 L 海关未作任何决定，经纬公司遂以 M 海关为被告，向 M 市中级人民法院提起行政诉讼，但法院作出了不予受理的决定。

复议机关在法定期限内未作出复议决定，公民、法人或者其他组织起诉原行政行为的，作出原行政行为的行政机关是被告；起诉复议机关不作为的，复议机关是被告。在本案中，行政复议机关L海关对经纬公司的复议申请未作任何处理。复议期限届满后，经纬公司有权以L海关为被告，提起行政诉讼，请求人民法院判令L海关履行行政复议机关职责。纳税争议属于复议前置的具体行政行为，经纬公司不服M海关估价征税行为的纳税争议，应当先通过行政复议解决；对复议决定不服的，经纬公司可以提起行政诉讼。经纬公司与M海关之间的纳税争议，未经行政复议机关L海关的行政复议审查，如果经纬公司以M海关为被告，就该纳税争议直接提起行政诉讼，法院应当作出不受理的裁定。对于L海关的行政复议不作为，由于纳税争议复议前置的规定，经纬公司仍不得以M海关为被告，提起其与M海关之间的纳税争议的行政诉讼，否则仍然会面临不予受理的结果。因此，M市中级人民法院驳回经纬公司对M海关估价征税行为起诉的裁定是正确的。对于L海关的复议不作为，经纬公司应当先以L海关为被告提起诉讼，要求人民法院判决责令L海关履行行政复议机关的职责；如果L海关履行法院判决作出复议决定后，经纬公司对复议决定仍然不服，复议决定维持M海关的估价征税决定的，经纬公司可以针对M海关的估价征税决定，以L海关和M海关为共同被告，提起行政诉讼；复议决定改变M海关的原估价征税决定的，经纬公司可以针对复议决定，以行政复议机关L海关为被告，提起行政诉讼。

二、行政诉讼的参与

行政诉讼是通过司法途径解决海关估价引发的纳税争议的有效办法。在行政诉讼中，虽然作为被告的海关对其作出的原估价征税行为负有举证责任，但纳税义务人仍应当积极作为，争取主动，创造更有利于己方的局面。除了在纳税复议中可使用的方法、途径外，纳税义务人应当尽可能通过委托专业律师参加诉讼，提高诉讼的质量和效率。在提交单证、资料和证据方面，除了被告应当提供证据证明其原估价征税行为的合法性以外，纳税义务人也应当主动提交于己有利的报关单证、商业单证、运输单证、支付凭证及其他有用的单证、资料和证据。纳税义务人应当通过查阅被告向法庭提交的答辩状及随附单证、资料和证据，结合己方提供的单证、资料和证据，对发现的问题和漏洞及时提出。纳税义务人应当充分利用交换证据、庭前会议、法庭调查、法庭辩论、最后陈述等机会，陈述意见、表达观点，大胆质疑、多方论证、积极辩论。对于一审结果不满意的，纳税义务人仍可以通过上诉启动二审程序，继续争取合法权益。

问题 6.4 纳税义务人在海关估价过程中未提交有关单证、资料和证据，但行政诉讼中出示，对案件结果有什么影响？

在海关审价过程中，纳税义务人应当按照法律规定或者海关要求，如实申报进出口货物的有关情况，并提供与进出口货物有关的单证、资料和证据。如果海关在估价过程中依照法定程序要求纳税义务人提供有关单证、资料或者证据，而纳税义务人无正当理由拒不提供、超期提供或者不如实提供，导致海关以进出口货物成交价格以外的方法确定完税价格，纳税义务人在诉讼程序中才提供相关证据的，人民法院应当不予采纳，海关原估价决定一般不会受到影响，除非该行为因其他原因被变更或者撤销；纳税义务人有正当理由无法提供的除外。

问题 6.5 在行政诉讼期间，海关或者法院能不能进行调查取证？

在诉讼过程中，作为被告的海关及其诉讼代理人，不得自行向原告、第三人和证人收集证据，否则会视为非法或者无效的证据，不得作为认定案件事实的根据。人民法院有权向原告、海关以及第三人、证人调取证据，但不得为证明海关行为的合法性而调取海关作出行政行为时未收集的证据。

案例 6-5　鲍某诉 B 海关行政复议不作为诉讼案

鲍某向天泰公司购买某品牌进口小汽车一辆，获得了该进口汽车的通关单证。鲍某认为接受进口申报的 T 海关估价征税不合理，随即向 T 海关的上一级海关 B 海关申请行政复议，B 海关未予理睬。鲍某不服，以 B 海关为被告，提起行政诉讼，要求 B 海关履行行政复议机关审查行政复议申请的职责。

在行政诉讼中，被告对作出的行政行为负有举证责任，应当提供作出该行政行为的证据和所依据的规范性文件。在起诉被告不履行法定职责的案件中，原告应当提供其向被告提出过申请的证据；但如果原告有正当理由不能提供证据的，应当由被告提供。本案中，原告鲍某起诉被告 B 海关不履行行政复议审查的法定职责，原告鲍某应当向 B 市中级人民法院提供其曾经向 B 海关提出过行政复议申请的证据；如果鲍某有正当理由不能提供，则 B 市中级人民法院应当责令被告 B 海关提供。另外，被告 B 海关对其未审查处理行政复议申请的不作为行为负有举证责任；举证不能的，应承担败诉的风险。

第三节 其他业务涉及估价问题的解决方法

海关估价不仅适用于进出口货物的计征税款，还可以应用于减免税、追补税、退税、对走私案件偷逃税的计核、对违规案件货物物品价值的计算等其他业务领域，因此，对海关估价的争议也会延伸到相关业务领域。在本节中，将介绍相关业务领域涉及海关估价争议的解决方法。

一、征管过程中估价争议的解决方法

虽然纳税争议可以通过行政复议、行政诉讼进行解决，但在海关估价的作业过程中，海关作出计征、减免、退补税款决定之前，如果纳税义务人与海关发生争议，此时由于海关尚未作出对纳税义务人权利义务有实质性影响的决定，纳税义务人不能通过行政复议、行政诉讼的方式解决，但纳税义务人仍可以通过提供单证、证据和其他材料，以口头或者书面方式进行说明、解释、申辩，进行补充申报，或者委托相关第三方、专业机构、专业人士进行协调、沟通、协商解决。在海关估价过程中，如果海关向纳税义务人提出价格质疑，纳税义务人应当在规定期限内进行书面答复，并提供与进出口货物有关的合同、发票、运输单证、收付汇凭据以及买卖双方之间的来往函电等证据材料，以证明买卖关系、交易环境、商业水平、成交价格、调整项目、影响因素等事实，必要时提交补充申报单进行补充申报。如果海关通过查验、检验、化验对进出口货物的属性、价格等内容提出疑问，纳税义务人应当及时提供报关单证、商业票据、制造商提供的资料以及第三方出具的化验、检验报告，并对有关问题进行有针对性的解释说明。在价格磋商过程中，纳税义务人应当提供其掌握的与进出口货物、相同或者类似货物有关的价格信息、行业交易习惯、费用和利润水平等客观量化的数据资料，通过解释、说明、陈述、申辩、对比、举例等方法，积极争取合法权益。有时候，纳税义务人提供的专业机构的结论、行业组织发布的信息，以及专业人士出具的专业意见，对海关估价会起到重要的参考作用。总之，纳税义务人不应错过任何进行沟通、解释、说明、协调、磋商的机会，要善于收集、汇总、提供报关单证、商业单证、支付票据等证据材料，充分运用事实、法律和证据，以补充申报、递交书面材料、传输电子数据及当面沟通等多种方式和渠道，积极协商，化解矛盾，解决争议。

问题 6.6 纳税义务人对海关征税过程中作出的质疑、磋商等行为，是否可以申请行政复议或者提起行政诉讼?

不可以。海关征税过程中作出的质疑、磋商等行为是过程性的行政行为，对进出口货物的纳税义务人的权利义务尚未产生实质性的具体影响，不属于行政复议和行政诉讼的受理范围，因此，纳税义务人不可以对海关征税过程中作出的质疑、磋商等行为申请行政复议或者提起行政诉讼。

问题 6.7 纳税义务人在海关征管过程中的解释、说明、陈述、申辩有什么作用?

在海关审查确定进出口货物完税价格的过程中，海关可以对申报价格进行审核、核查和质疑，向纳税义务人、利害关系人、证人进行调查，向税务机关、银行等机构进行查询。如果纳税义务人对海关的质疑和调查能够积极配合，及时回复，提供资料或者进行补充申报，可以争取海关及早审查确认或者采纳，从而消除海关对申报项目的合理怀疑，争取海关接受申报价格，以成交价格估价方法确定完税价格。

案例 6-6 新莞公司不服 S 海关估价征税行政复议案

新莞公司向 S 海关申报进口南非产聚乙烯等外品 500 吨，申报价格为 CIF 4000 元/吨。S 海关对申报价格有疑问，进行了价格质疑。新莞公司进行了书面回复。S 海关对申报价格仍有疑问，不接受申报价格。在价格磋商时，新莞公司提供了有关信息、单证和资料，S 海关也未予接受，以合理方法确定完税价格为 4500 元/吨。新莞公司不服，申请行政复议。

如果纳税义务人与海关在单证审核、实际查验、价格质疑或者磋商的过程中发生争议，纳税义务人一般可以通过口头解释、书面说明、陈述申辩、提出意见等方式协商解决。如果海关已作出征税决定的，则只能通过行政复议、行政诉讼解决。本案中，新莞公司在进口聚乙烯（等外品）的单证审核、价格质疑、价格磋商过程中，与 S 海关产生不同看法、意见。此时，由于海关尚未作出具有执行力的行政决定，新莞公司可以采取口头解释、书面说明、陈述申辩、提供资料等方式表达观点，必要时可以委托律师等代理人提供专业意见。当 S 海关确定完税价格为 4500 元/吨，并出具海关税款缴款书，作出具有执行力的征税决定后，如果新莞公司不服，可以向 S 海关的上一级海关申请行政复议；对复议结果不服的，可提起行政诉讼。

二、稽查、核查过程中的估价争议解决

价格核查、保税核查、海关稽查，都是海关监督进出口货物合法性的执

法手段。进出口企业应当依照有关法律、行政法规规定的保管期限，保管会计账簿、会计凭证、会计报表和其他会计资料，进出口企业设置、编制的会计账簿、会计凭证、会计报表和其他会计资料，应当真实、准确、完整地记录和反映进出口业务的有关情况。在海关进行价格核查、保税核查或者稽查的过程中，进出口企业应当提供必要的工作条件，如实反映情况，提供账簿、单证等有关资料，配合海关核对账簿、检查货物存放场所、清点货物。遇到海关提出疑问，应根据实情解释说明，积极争取，但不得拒绝、拖延、隐瞒。必要时，进出口企业可以委托专业律师出具法律意见，提供具备相关资质和能力的专业机构出具的审计报告，进行辅证，力争把疑问和争议化解在海关作出结论之前。如果海关通过价格核查、保税核查或者稽查作出估价征税、追补税决定，纳税义务人对此有异议的，可以通过申请行政复议解决；对复议决定不服的，可以提起行政诉讼。如果纳税义务人对海关价格核查、保税核查、稽查过程中的具体行政行为有异议，可以申请行政复议，也可以直接提起行政诉讼。

问题 6.8 在海关稽查、核查过程中，纳税义务人的配合有什么作用？

海关有权对进出口企业实施稽查、价格核查和保税核查，依法配合海关稽查和核查，是纳税义务人的法定义务。在海关稽查、核查过程中，纳税义务人依法配合海关，提供单证、账册、资料，协助检查场所和清点货物，解答关员提出的问题，提交审计、会计机构的专业报告，有助于帮助海关化解矛盾，厘清问题，排除疑问，消除误会。

问题 6.9 企业委托有资质和能力的专业机构出具的审计报告，在海关核查和稽查中能起什么作用？

进出口企业提供具备相关资质和能力的专业机构出具的审计报告，如果经海关审核认定，海关可以对企业免于实施保税核查；企业委托会计、税务等方面的专业机构作出的专业结论，可以作为海关稽查的参考依据，但不能据此免于实施海关稽查。

问题 6.10 海关在保税核查和稽查过程中，委托会计、税务等方面的专业机构作出的专业结论，分别有什么作用？

海关进行保税核查时，如果认为有必要，可以委托专业机构作出专业结论；海关进行稽查时，可以委托会计、税务等方面的专业机构就相关问题作出专业结论。海关委托的专业机构作出的专业结论，可以作为海关保税核查、海关稽查的依据。

问题 6.11 企业委托专业机构作出的专业结论与海关委托专业机构作出的专业结论不一致时，应如何处理？

在通常情况下，企业委托专业机构作出的专业结论，经海关审核认定的，海关可以免于保税核查，也可以作为海关稽查的参考依据，但不能据此免于实施海关稽查。如果企业委托专业机构作出的专业结论与海关保税核查或者海关稽查时委托专业机构作出的专业结论不一致，海关会以其认定的专业结论为准，并以此作出核查结论或者稽查报告。企业对此有异议的，可以提出理由、依据和证据，申请重新认定；认为核查、稽查结论错误的，可以对核查、稽查结论申请行政复议或者提起行政诉讼。

三、违法案件涉及估价争议的解决

违反《海关法》案件包括走私罪案件、走私行为案件和违反海关监管规定行为案件。在办理违反《海关法》案件过程中，办案机关需要计核偷漏税款额，计算涉案货物、物品的价值，作为案件定性量罚的根据。海关是进出口货物、物品监管和征税的主管机关，如果违反《海关法》案件涉及偷漏税款额的计核，涉案货物、物品价值的计算，应以海关出具的结论为准。海关计核违反《海关法》案件偷漏税款额或者计算涉案货物、物品价值，应当先确定涉嫌走私货物、物品的计税价格或者违规案件货物、物品的完税价格。通常的做法是，由海关根据办案单位提供的送核表和有关材料进行审查，并在规定期限内作出计核结论，出具涉嫌走私的货物、物品偷逃税款海关核定证明书或者海关办理违反海关监管规定案件货物、物品税款计核证明书。如果违法嫌疑人对此有异议，可以向办案机关提交书面说明材料，随附相关单证、资料、证据，并可以要求重新核定。

对海关计核结论的异议以及重新核定的要求，可以在海关行政处罚案件的办理过程中或者在刑事案件的侦查、审查起诉以及刑事审判等阶段提出，还可以在行政复议、行政诉讼中提出。但在海关作出行政处罚之前，违法嫌疑人不得就海关计核涉嫌走私案件偷漏税款额、涉案货物和物品价值及作出的认定结论单独申请行政复议或者提起行政诉讼，因为此类结论只是海关行政处罚过程中的部分事实认定行为，此时海关行政处罚决定尚未作出，该行为未对违法嫌疑人的合法权益构成实质性影响，不属于行政复议和行政诉讼的受案范围。

问题 6.12 纳税义务人对海关计核结论中的哪些问题可以提出异议，并要求重新计核？

纳税义务人（嫌疑人）可以针对以下问题提出异议，申请重新计核：(1) 对事实和证据的异议：相关违法事实和证据可能影响海关对涉嫌走私货物、物品计税价格或者违规案件货物、物品完税价格的计核；(2) 对计核程序的异议：送核单位未按照规定程序送核，或者海关计核部门未按规定程序计核，可能影响计核结论；(3) 对计核方法的异议：海关计核部门在商品归类、原产地确定、税率和汇率适用及使用的计核公式和方法等存在差错；(4) 海关查验、取样、检验、化验、鉴定存在错误或者委托的机构不符合资质要求，化验鉴定程序、方法不合适；(5) 计核人员未依法回避，重新计核未另行指派人员等。

案例 6–7 申某涉嫌走私进口泰国香米案（2）

当事人申某以多家公司保税仓储名义，向 Y 海关申报进口泰国香米 1 万吨，价格为 3000 万元。然后，申某以复出口为借口，将全部保税进口香米以 4500 万元的价格，在境内销售，被 H 海关缉私局立案侦查。H 海关以 3000 万元确定成交价格，按普通税率（180%）计征进口关税 5400 万元，按 9% 的增值税率计征应征进口环节增值税 756 万元，并作出偷逃税款额为 6156 万元的结论。在审查起诉阶段，由于申某的辩护律师提出异议，经退回补充侦查，H 海关重新以最惠国税率（65%）计征应征进口关税 1950 万元，进口环节增值税为 445. 5 万元，最终确定偷逃税额为 2395. 5 万元。

在刑事案件办理过程中，如果走私犯罪嫌疑人、被告人或其辩护人对海关计核的偷逃税证明书有异议，都可以提出重新核定的申请，经海关走私犯罪侦查机关、人民检察院或者人民法院审查同意后，由原计核部门另行指派人员重新核定。本案中，走私罪嫌疑人申某通过辩护律师对海关计核案件偷逃税结论提出异议，启动海关重新计核程序，将认定的案件偷逃税款额降低了 3760. 5 万元。在案件侦查、审查起诉或者审判阶段，申某都可以提出对案件偷逃税款额计核结果的异议。需要指出的是，由于本案标的物不符合优惠性贸易措施原产地认定标准，所以不能适用协定税率（50%）。

四、其他解决方法的可能性

海关估价是海关为了征收、减免、退补进出口关税，计核违反《海关法》案件偷漏税款额，确定违法案件货物价值而审查确定进出口货物计税（完税）价格的行政行为。以成交价格为基础的海关估价基本原则，以及申报、审查、质疑、磋商、审定等海关估价程序的规则安排，决定了在申报、审查、质疑、磋商阶段，海关与纳税义务人之间必须进行信息沟通，互相发送和反馈价格信息。因此，在海关审定进出口货物完税价格之前，纳税义务人有充分的理由、条件和机会反映情况、发表意见、补充申报、提供证据，与海关通过沟通、协商等方式厘清事实、辩明理据，基于事实、证据和规则达成一致意见。海关估价不是行使自由裁量权的进出口货物价格评估行为，而是税款征收、减免、退补和违法案件偷漏税款额计核、违规案件标的物价值计算的专业审定行为，其性质决定了当纳税义务人与海关发生估价争议时，双方不可能通过谈判、协商、调解、仲裁等方式解决。但在进出口货物税款征收过程中的申报、审查、质疑、磋商阶段，或者在减免税、退补税、价格核查、保税核查、稽查尚未作出结论时，如果纳税义务人与海关存在估价问题的任何争议，都可以通过讨论沟通、解释说明、举证磋商进行化解；当海关作出确定完税价格的决定后，则只能先申请行政复议，对行政复议决定不服的，可以提起行政诉讼。对办案过程中的海关估价认定不服的，可以通过办案单位启动重新送核程序解决。

问题 6.13 海关估价争议可以通过谈判、协商、调解或者仲裁等方式解决吗？

海关估价的性质是海关行政征收的具体行政行为。海关审查确定进出口货物的完税价格，作出征收税款、减免税或者退补税的决定后，纳税义务人不能通过谈判、协商、调解、仲裁等方式，试图改变海关已经作出的决定。纳税义务人对上述的海关行政行为不服的，可以申请行政复议，对复议决定不服的，可以提起诉讼。

问题 6.14 错过了行政复议和行政诉讼，纳税义务人就没有其他办法可以解决纳税争议问题了吗？

不一定。上级海关有权对下级海关的执法活动依法进行监督，如果上级海关认为下级海关作出的处理或者决定不恰当，可以依法予以变更或者撤销。如果纳税义务人无法通过行政复议或者行政诉讼解决纳税争议问题，仍可以向作出行政行为的上级海关反映或者申诉，如上级海关认为下级海关作出的估价行为不恰当，可以依法变更或者撤销。

第四节　海关估价争议跨境解决的探讨

海关估价与进出口货物相关，而因进出口活动引起的争议可能涉及涉外法律以及国际法等问题。本节简要探讨利用涉外案件管辖权、境外法律制度以及国际法解决海关估价争议问题的可行性。

一、境外企业参与解决海关估价争议的可行性

海关估价的对象是进出口应税货物，因海关估价而受到影响的企业包括生产商、出口商、进口商以及代理人、担保人等，尽管估价争议是因海关估价而发生，受征税国（地区）的法律约束，按照征税国（地区）的法律制度予以处理，但由于受到海关估价影响的企业可能来源于不同的国家、地区，海关估价引发的争议有时候具有涉外性、国际性。例如，进口货物的生产商、出口商不服我国海关对该货物的估价征税行为申请行政复议或者提起行政诉讼，或者以第三人身份申请参加行政复议或者行政诉讼，此类估价争议因境外当事人的参与以及涉案货物的权属等问题而具有涉外性。因此，解决海关估价争议的思路不应仅仅局限于征税国（地区）的法律制度，纳税义务人或者利害关系人如遇到海关估价争议问题，可以从国内与国际、过程与结果、实体与程序、协商与救济等多维度探索解决的方法和途径。

问题 6. 15 境外企业可以申请参与海关估价争议的行政复议或者诉讼吗?

境外企业认为海关估价具体行政行为侵犯其合法权益的，可以以申请人的身份申请行政复议，以原告身份提起行政诉讼，以第三人（利害关系人）身份申请参加行政复议或者行政诉讼，或者经批准以证人身份在行政复议或者行政诉讼中作证。是否受理、采纳或者批准，应视具体案情并根据行政复议机关的决定或者人民法院的裁定而定。

案例 6-8 高洁公司不服 H 海关估价征税决定行政复议案

高洁公司不服 S 海关对其申报进口增稠剂的估价征税行为，向 S 海关的上一级海关 H 海关申请行政复议。在行政复议过程中，高洁公司的总公司 A 国高洁公司申请以第三人身份参加复议，并提供了其向高洁公司以及无特殊关系第三方出口销售增稠剂的合同、销售发票、运输单证、收款凭证和会计记录，证明其销售给高洁公司的价格与销售给无特殊关系第三方的价格非常接近。虽然 H 海关未接受 A 国高洁公司作为第三人参加行政复议的申请，但接受并认可其通过申请人高洁公司提供的有关证据。

海关估价及海关估价引发的争议因涉及进出口货物及其生产商、出口商、进口商、代理商、担保人而具有涉外性，除了寻求国内法律框架下的解决方案外，也可以探索通过涉外法律框架下的解决办法。本案中，虽然 A 国高洁

公司以第三人身份加入行政复议的申请被拒绝，但其通过复议申请人高洁公司提供的有关证据，对H海关作出复议决定起到了关键性的作用，说明境外证人、境外证据、境外利害关系人有时候也可能是解决海关估价争议的关键因素。

二、国内企业参与解决外国海关估价争议的可行性

随着我国企业在海外直接投资的兴起，我国海外投资企业遭遇外国海关估价征税的案件不断增多，其中不少案件涉及我国出口到当地的货物，我国海外投资企业作为直接受到影响的经济实体，理所当然可以通过所在国家的法律制度进行解决。我国企业作为海外投资企业的投资人和出口货物的制造商、出口商，也是受到外国海关估价影响的利害关系人，在符合投资国法律规定的情况下，通过参与海外投资企业纳税争议解决的诉讼法律程序，不失为一条可供选择的解决争议的可能路径。当然，在作出选择之前，需要深入研究外国的相关法律制度、司法体系、相关案例及可能存在的法律风险。

以中国手机企业印度工厂发生的案例为例，近年来，小米、oppo、vivo、华为、荣耀、realme等多家中国手机企业在印度公司受到印度财政部执法调查局的审查，以特殊关系影响成交价格、瞒报特许权使用费，以及虚构支付特许权使用费项目违法汇出外汇为由，要求补缴高额关税，并冻结外汇存款拟作罚款担保。虽然我国手机企业与印度财政部执法调查局作出的决定没有直接利害关系，但作为印度手机厂商的总公司、股东，以及供货商、出口商，该决定已经直接或者间接影响到我国手机企业的利益。在印度法律体系允许的情况下，除了我国手机企业的印度分公司依法寻求合法解决争议的方法外，我国手机企业也可以以当事人、利害关系人、第三人、证人等身份，寻求符合印度司法体系下的法律救济路径，通过提供证据、发表意见、进行辩论或者参与诉讼，维护自己及印度公司的合法权益。

问题 6.16 我国企业可以参与境外海关估价问题的法律程序吗?

在符合所在国家或者地区法律制度规定的前提下，我国企业可以以当事人、证人、利害关系人等身份，参与境外海关估价争议问题的法律程序，但事前应充分考虑域外法律制度的差异性以及由此可能产生的不确定性风险。

三、WTO框架下解决海关估价争议的探讨

《WTO估价协定》作为WTO项下一揽子多边贸易协定的组成部分，其成员都必须无保留地签署或者加入，并转化为国内法律。根据《WTO估价协定》第十九条，任何成员因另一成员的行动而使其在协定项下直接或者间接

获得的利益丧失或者受损，或者阻碍了协定目标的实现，该成员可以请求与所涉成员进行磋商，就相关事项达成双方满意的解决办法。如果磋商不成功，受害方可以请求 WTO 争端解决机构（DSB）成立专家组进行裁定。专家组在海关估价技术委员会协助下进行审查并作出调查报告，任何当事一方或者双方可提出上诉，DSB 上诉机构作出维持、变更或者推翻专家组调查结果的上诉报告后，由 DSB 会议讨论通过。如果最终结果不利于某个成员，该成员应遵循专家组报告或者上诉报告的建议，撤销伤害性措施，或协商赔偿，否则会面临受害方在 DSB 授权下的交叉报复、贸易制裁。虽然我国尚未启动过 WTO 机制下的海关估价争议解决机制，但我国企业出口货物在国外如遇到不公正的海关估价待遇，可以尝试提交海关总署进行审查，若认定国外海关违反《WTO 估价协定》进行估价征税，我国就可以启动对该国的 WTO 争端解决程序，通过国家层面的外交磋商，或者 WTO 层面的争端解决机制寻求解决方案。

问题 6.17　我国企业可以通过 WTO 争端解决机制处理海关估价问题吗？

WTO 争端解决机制不处理某个企业提出的具体海关估价争议问题。但如果我国企业发现其他 WTO 成员的海关估价行为违反《WTO 估价协定》，使我国企业利益受损，可以向我国海关总署提供相关证据、资料和数据。如获得认可和接受，我国可以启动 WTO 争端解决机制下的磋商，直至提交工作组和上诉机构裁定，以维护我国企业的正当权益。

案例 6-9　巴拿马诉哥伦比亚使用指导价格进行海关估价案（DS366）

2007 年 7 月 12 日，WTO 成员巴拿马向 WTO 争端解决机构发起争端解决程序，指控另一成员哥伦比亚对与其签订有自由贸易协定以外的所有国家进口的某些货物，使用海关指导价格进行估价。两国磋商未果，经 WTO 争端解决机构成立的专家组的裁定，认定哥伦比亚使用指导价格进行海关估价违反了《WTO 估价协定》，巴拿马胜诉。

案例 6-10　美国诉比利时以参考价格进行海关估价案（DS210）

2000 年 10 月 12 日，美国向 WTO 争端解决机构启动争端解决程序，指控比利时使用参考价格对进口粮食进行海关估价。双方通过磋商，于 2002 年 1 月 2 日正式通知 DSB，两国已经达成解决办法，比利时根据新的证据重新确定争议所涉及的关税。

第五节　估价争议的预防和规避

有时，海关估价争议是可以预防和规避的，本节探讨纳税义务人主动预防和规避海关估价法律风险的方法。

一、纳税义务人的合规要求

合规是指公司、企业的经营活动与法律、规则相一致。如果公司、企业在经营活动中违反法律和规则，就有可能遭受法律的制裁和惩罚，这就是合规风险。对外贸易经营者在从事国际贸易业务过程中，如果违反海关法律法规的规定，即使在货物进出口环节未被查获，也有可能在海关的事后核查、稽查过程中被发现并处理，以前的经营利润就会变成如今的成本、费用和支出，甚至影响企业的信誉，因此，企业应遵循合规要求，做好风险预防和规避的措施。就海关估价而言，纳税义务人应当遵守以下最低合规要求。(1) 如实申报：纳税义务人应当按照《海关法》《中华人民共和国海关进出口货物申报管理规定》《报关单填制规范》的要求，如实申报进出口货物的有关情况，按要求提供有关单证、资料和证据，必要时进行补充申报。(2) 依法纳税：在海关审定完税价格出具海关税款缴款书后，纳税义务人应当在规定期限内缴清税款，避免出现滞纳及被强制执行等问题。如确有困难无法按期缴纳，可提前申请延期纳税；如需申请海关提前放行货物，应依法办理担保手续。(3) 依法配合：当海关提出价格质疑时，纳税义务人应当在规定期限内书面回复。如海关开展价格磋商，纳税义务人应当参加并交换其掌握的有关价格信息资料；若海关进行价格核查、稽查，纳税义务人应当按要求提供单证、账册、资料，协同检查场所和清点货物，如实回答问题，不得隐瞒或者编造虚假信息、材料。(4) 保存资料：企业应当按照法律法规要求编制财务会计账册，保管商业、运输、支付以及报关等单证账册资料，以备有关主管机关检查。

二、合规风险的预防

合规风险的预防，是指纳税义务人依法主动加强内部管理，防止发生进出口货物合规风险的行为。海关估价是一项专业性、技术性、法律性和程序性都很强的海关作业，普通人难以准确把握。如果纳税义务人进出口货物的价格构成复杂，为了避免报关时与海关发生税收争议，可以采取内审、咨询、预裁定等预防性措施。内审是指纳税义务人通过自行或者邀请专业机构、人员的方式对公司内部进行合规审查，发现并纠正合规风险、隐患和问题的行为。纳税义务人可以定期开展内部审计，自行或者邀请专业机构或者人员进行合规诊断，及时发现和化解风险隐患。如果纳税义务人对进出口货物的申报要求有疑问的，在进出口货物正式报关前，可以提交与进出口货物有关的单证、资料，向拟申报海关的接单部门进行咨询，就进出口货物价格中的成本、费用、价值如何构成，有哪些影响价格的条件、因素，以及是否存在特殊关系并且影响成交价格等问题咨询海关意见。在正式申报时，纳税义务人应根据海关的咨询意见进行申报，并在报关单备注栏注明咨询情况。虽然海关的咨询性意见不具有法律约束力，但只要纳税义务人能够证明其向海关提出过有关咨询，并且获得了海关明确具体的确定性意见，则纳税义务人进出口相同货物时，海关一般会按照咨询意见进行处理。即使咨询性意见有误，海关也会依法行使酌情权。此外，在货物实际进口前，纳税义务人还可以申请海关就进口货物的完税价格相关要素、估价方法等海关事务作出预裁定决定；在货物实际进口时，纳税义务人按照预裁定决定进行申报，海关予以认可。海关作出的预裁定决定书具有法律约束力，纳税义务人提前申请海关作出的预裁定决定，可以避免货物实际进出口时与海关就相关问题发生争议。

问题 6.18 为什么纳税义务人应当做好合规风险的预防？怎样采取预防措施？

做好包括海关估价争议在内的合规风险的预防措施，是企业合法经营、平稳健康发展的基本要求，也是控制风险、预防违法、降低经营成本、维护商誉的必要措施。纳税义务人应当依法经营，完善管理，建立和落实定期内审的风险防控措施，通过咨询、预裁定等方式，预防合规风险。

案例 6-11　金标公司进口设备估价案

金标公司拟进口人造石生产设备一套，该进口设备的价格涉及专利使用费、安装费、考察费、培训费、保修费、融资租赁利息费等项目。在货物进口前，金标公司向 C 海关进行业务咨询，并根据咨询意见如实向 C 海关申报，C 海关依法估定完税价格。

纳税义务人在货物实际进出口前进行申报有关问题的咨询，是解决疑难问题，预防产生纠纷的途径之一。本案中，金标公司进口的人造石生产设备价格构成复杂，涉及诸多影响成交价格的费用、成本、价值的条件和因素以及价格调整项目，金标公司通过向 C 海关进行业务咨询，厘清有关海关事务并根据咨询意见进行申报，有效预防了进口生产设备报关过程中可能产生的估价争议以及其他法律纠纷，也促使货物快速通关放行。

三、合规风险的规避

合规风险的规避，是指纳税义务人在进出口货物的报关纳税过程中，主动避免与海关产生争议的方法。企业进出口货物，应当向海关申报和纳税，而海关可以在进出口货物放行后三年内进行核查、稽查，发现漏报漏缴的，有权补征或者追征税款。海关估价是海关在确保申报真实性、准确性、完整性和规范性的前提下审查确定进出口货物完税价格的工作，海关估价的性质，决定了海关有权对申报价格的真实性、准确性、完整性和规范性提出合理质疑。如果纳税义务人无法消除海关的合理怀疑，则海关应当进行估价，对纳税义务人权利义务产生实质性影响的纳税争议也由此产生。事实上，海关与企业之间、海关的上下级之间、海关与海关之间、企业与企业之间、人与人之间，甚至是同一人在不同时间不同环境下对相同事物的认知，有时候都会有所不同，因海关估价引发争议在所难免。为了减少或者避免申报差错或者海关稽（核）查而引发追补税等问题，一些企业通过将进出口业务外包给其他贸易公司，将报关业务委托报关企业或者供应链服务机构代为办理，从而在一定程度上规避了直接向海关申报和缴纳税款的法律责任和义务，但这种行为同时也会增加纳税义务人的经营成本和其他风险。另外，如果纳税义务人长期进出口相同货物，在报关纳税时，必须确保前后批次货物在品名、规格型号、税号等申报项目的一致性。如果是同一合同项下的多批次货物，还要注意原产地、价格等项目申报的一致性；进入海关特殊监管区域、保税监管场所的货物未经进一步加工的，出区（仓）时货物的申报应当与入区（仓）时相关项目的申报保持一致；进出口货物原状复出口或者复进口的，复出口或者复进口的申报应当与原先进出口时有关申报项目保持一致；申报项目存在差错经海关纠正的，之后进出口相同货物的申报应当与海关纠正后的结果保持一致，否则，极易引发不实申报等问题。

问题 6.19 企业将进出口货物和报关纳税业务外包给第三方公司，有何利弊？

企业将进出口货物的业务外包给第三方服务商，可以在一定程度上规避货物报关、纳税，以及事后稽查、核查过程中的法律风险。但这种做法也会增加企业的经营成本，例如，企业作为委托方，需向受托方支付代理费或者购货佣金。如果企业对海关估价不服，欲申请纳税行政复议或者提起行政诉讼，则可能因不符合申请人或者原告资格而无法启动相关程序。

问题 6.20 为什么说保持一致性是规避估价争议的基本要求？

企业进出口货物申报时，如果该企业以前曾经进出口过相同货物，则申报的品名、规格型号、税号等申报项目应当与之前的申报保持一致性，否则海关会怀疑其违反如实申报的法定义务，并构成申报不实或者伪瞒报的违法行为。

问题 6.21 海关对不同批次进出口的相同货物认定不一致，纳税义务人应当如何处理？

海关对不同批次进出口相同货物的品名、品种、品质、归类、价格等项目前后认定不一致，如果纳税义务人认为海关对当次进出口货物的认定符合规定的，应当按照海关认定结论修改报关单申报项目，并在以后进出口相同货物时保持有关申报项目的一致性；如果纳税义务人对此有异议的，可以通过补充单证、资料和证据，要求复验、送样化验，或者重新归类、重新确定等方式解决。

案例 6-12 昊润公司进口过滤膜片申报不实行政处罚案

昊润公司向 N 海关申报进口过滤膜片一批，税号为 8421999090，对应优惠进口关税税率为 0，增值税税率为 17%。经海关查验，认定实际应归入税号 56039310，对应进口关税税率为 10%，增值税税率为 17%。另外，海关发现，昊润公司在同一合同项下前两批次进口相同货物时，申报品名同样为过滤膜片，但申报的税号为 56039310。N 海关认定昊润公司构成进口货物申报不实的违反海关监管规定行为，对昊润公司分别作出了罚款、补税的决定。

纳税义务人同一合同项下进出口货物的申报，应当与该合同项下之前进出口过的相同货物的申报项目保持的一致性，除非之前的申报存在差错且经海关依法纠正过。本案中，昊润公司同一合同项下进口的过滤膜片的申报，与之前批次进口过滤膜片申报的税号不一致，被 N 海关认定为税号申报不实，给予罚款的行政处罚，货物被依法补征税款；如果昊润公司被认定为以伪报、瞒报价格方式进口过滤膜片，则有可能被认定为走私而被处罚，甚至可能被追究刑事责任。

附　录

附录一

中英文海关专业术语

海关估价术语

海关估价	customs valuation
质疑	doubt
磋商	consultation
确定、审定、估定	determine, determination
告知	inform
合同价格	contract value
申报价格	declared price
完税价格	customs value
成交价格	transaction value
公式定价	formula pricing
结算价格	settlement price
定价公式	pricing formula
暂定价格	provisional price
直接支付	direct payments
间接支付	indirect payments
销售	sale
实付、应付价格	value actually paid or payable
折扣	discount
现金折扣	cash discount
数量折扣	quantity discount
交易折扣	transaction discount
购买折扣	purchase discount
一揽子交易	package deal
分摊	apportionment
转售收益	proceeds of subsequent resale
处置、转售或者使用的限制	restrictions on disposition, distribution or use of goods
特殊关系	special relationship

成交价格估价方法	actual value method of valuation
价格调整项目	price adjustment items
价格项目调整	adjustment of price items
应计入的调整项目	additions to price
购货佣金	purchase commission
销售佣金	sales commission
经纪费	brokerage cost
容器费	container cost
包装材料费用	packing material costs
包装劳务费用	packing service costs
协助费	assistance cost
特许权使用费	royalties and license fees
专利	patent
商标	trademark
著作权	copyright
介质	medium
轻度加工	light processing
实质性加工	substantial processing
应扣除的调整项目	exclusion from customs value
分销	distribution
独家代理	sole agency
独家经销	exclusive distribution
独家受让人	exclusive transferee
技术援助费	technical assistance cost
保修费	warranty service cost
维修费	maintenance cost
复制费	charges for reproduction rights
技术培训费	training cost
境外考察费	fee for overseas business tour
利息费	interest cost
融资	financing
特殊关系	special relationship
特殊关系未影响成交价格	special relationship does not affect the transaction value

测试价格法	test value method
测试价格	test value
海关自行审核法	self review method
特殊关系影响成交价格	special relationship affects the transaction value
家族	family
亲属	relatives
近亲属	close relatives
同一家族的成员	same family member
高级职员	officer
董事	director
控制	control
相同货物	identical goods
同一国家或者地区	the same country or region
相同货物成交价格估价方法	transaction value of identical goods method of valuation
同时或者大约同时	at or approximately the same time
价格行情	price quotation
类似货物	similar goods
类似货物成交价格估价方法	transaction value of similar goods method of valuation
倒扣价格	deductive value
倒扣价格估价方法	deductive value method of valuation
进口时的状态	status at import
第一销售环节	the first sale
合计销售总量最大	greatest aggregate quantity
同等级或者同种类货物	of same class or kind
利润和一般费用	profit and general expenses
佣金	commissions
客观量化数据	objective and quantifiable data
计算价格	computed value
计算价格估价方法	computed value method of valuation
料件成本	material costs
加工费用	manufacturing costs
合理方法	reasonable methods

最低限价	minimum value
武断价格	arbitrary value
虚构价格	fictitious value
运输及其相关费用	transport cost and charges associated with transport
保险费	insurance cost
运往境外修理复进口的货物	goods returned after repair abroad
运往境外加工复进口的货物	goods returned after processing abroad
暂时进境货物	temporary imported goods
留购价格	reserve value
租赁	lease
价格核查	valuation verification
补征	recover the duties
追征	pursue the payment of unpaid duties
减免税	deduction and exemption of duties
海关税收强制执行	enforce of Customs duties
海关税收保全	preservation of Customs duties
估价争议的预防	prevention of dispute on valuation
估价争议的规避	duty avoidance

海关、贸易术语

申报	declare, declaration
补充申报	supplementary declaration
审核	review
查验	examination
检查	inspection
化验	laboratory test
担保	guarantee
捐赠	donation
赠送	gifts
易货贸易	barter trade
寄售代销	consignments
补偿贸易	compensation trade
加工贸易	processing trade

进料加工	processing with imported materials
来料加工	processing with supplied materials
保税货物	bonded goods
边角料	scraps
副产品	substandard product
深加工结转	deep processing transit
内销	sale within the territory of the country of importation
装运港船上交货	FOB，Free On Board
成本、保险费加运费	CIF，Cost，Insurance and Freight
成本加运费	CFR，Cost and Freight
工厂交货	EXW，Ex Works
完税后交货	DDP，Delivered Duty Paid
海关特殊监管区域	special customs supervision zone
保税监管场所	customs bonded area
保税区	bonded area
出口加工区	export processing area
保税物流货物	bonded logistics goods
预裁定	predetermination
海关稽查	Customs auditing
陈述权	right to state
申辩权	right to defense
走私	smuggling
违反海关监管规定	violation of customs regulations
行政复议	administrative reconsideration
行政诉讼	administrative proceedings

国际组织、公约

世界贸易组织	World Trade Organization，WTO
海关合作理事会	Customs Co-operation Council，CCC
世界海关组织	World Customs Organization，WCO
关税与贸易总协定	*General Agreement on Tariffs and Trade*，*GATT*

海关商品估价协定	Convention on the Valuation of Goods for Customs Purpose
关于实施关税与贸易总协定第七条的协定	*Agreement on Implementation of Article VII of the General Agreement on Tariffs and Trade*
关于实施 1994 年关税与贸易总协定第七条的协定	*Agreement on Implementation of Article VII of the General Agreement on Tariffs and Trade*, 1994

附录二

海关估价常用法律法规、规则

文件 1

中华人民共和国海关法

（1987 年 1 月 22 日第六届全国人民代表大会常务委员会第十九次会议通过，根据 2000 年 7 月 8 日第九届全国人民代表大会常务委员会第十六次会议《关于修改〈中华人民共和国海关法〉的决定》第一次修正，根据 2013 年 6 月 29 日第十二届全国人民代表大会常务委员会第三次会议《关于修改〈中华人民共和国文物保护法〉等十二部法律的决定》第二次修正，根据 2013 年 12 月 28 日第十二届全国人民代表大会常务委员会第六次会议《关于修改〈中华人民共和国海洋环境保护法〉等七部法律的决定》第三次修正，根据 2016 年 11 月 7 日第十二届全国人民代表大会常务委员会第二十四次会议《关于修改〈中华人民共和国对外贸易法〉等十二部法律的决定》第四次修正，根据 2017 年 11 月 4 日第十二届全国人民代表大会常务委员会第三十次会议《关于修改〈中华人民共和国会计法〉等十一部法律的决定》第五次修正，根据 2021 年 4 月 29 日第十三届全国人民代表大会常务委员会第二十八次会议《关于修改〈中华人民共和国道路交通安全法〉等八部法律的决定》第六次修正）

目　录

第一章　总　则

第一条　为了维护国家的主权和利益，加强海关监督管理，促进对外经济贸易和科技文化交往，保障社会主义现代化建设，特制定本法。

第二条　中华人民共和国海关是国家的进出关境（以下简称进出境）监督管理机关。海关依照本法和其他有关法律、行政法规，监管进出境的运输工具、货物、行李物品、邮递物品和其他物品（以下简称进出境运输工具、货物、物品），征收关税和其他税、费，查缉走私，并编制海关统计和办理其他海关业务。

第三条　国务院设立海关总署，统一管理全国海关。

国家在对外开放的口岸和海关监管业务集中的地点设立海关。海关的隶属关系，不受行政区划的限制。

海关依法独立行使职权，向海关总署负责。

第四条　国家在海关总署设立专门侦查走私犯罪的公安机构，配备专职缉私警察，负责对其管辖的走私犯罪案件的侦查、拘留、执行逮捕、预审。

海关侦查走私犯罪公安机构履行侦查、拘留、执行逮捕、预审职责，应当按照《中华人民共和国刑事诉讼法》的规定办理。

海关侦查走私犯罪公安机构根据国家有关规定，可以设立分支机构。各分支机构办理其管辖的走私犯罪案件，应当依法向有管辖权的人民检察院移送起诉。

地方各级公安机关应当配合海关侦查走私犯罪公安机构依法履行职责。

第五条　国家实行联合缉私、统一处理、综合治理的缉私体制。海关负责组织、协调、管理查缉走私工作。有关规定由国务院另行制定。

各有关行政执法部门查获的走私案件，应当给予行政处罚的，移送海关依法处理；涉嫌犯罪的，应当移送海关侦查走私犯罪公安机构、地方公安机关依据案件管辖分工和法定程序办理。

第六条　海关可以行使下列权力：

（一）检查进出境运输工具，查验进出境货物、物品；对违反本法或者其他有关法律、行政法规的，可以扣留。

（二）查阅进出境人员的证件；查问违反本法或者其他有关法律、行政法规的嫌疑人，调查其违法行为。

（三）查阅、复制与进出境运输工具、货物、物品有关的合同、发票、账册、单据、记录、文件、业务函电、录音录像制品和其他资料；对其中与违反本法或者其他有关法律、行政法规的进出境运输工具、货物、物品有牵连的，可以扣留。

（四）在海关监管区和海关附近沿海沿边规定地区，检查有走私嫌疑的运输工具和有藏匿走私货物、物品嫌疑的场所，检查走私嫌疑人的身体；对有走私嫌疑的运输工具、货物、物品和走私犯罪嫌疑人，经直属海关关长或者其授权的隶属海关关长批准，可以扣留；对走私犯罪嫌疑人，扣留时间不超过二十四小时，在特殊情况下可以延长至四十八小时。

在海关监管区和海关附近沿海沿边规定地区以外，海关在调查走私案件时，对有走私嫌疑的运输工具和除公民住处以外的有藏匿走私货物、物品嫌疑的场所，经直属海关关长或者其授权的隶属海关关长批准，可以进行检查，有关当事人应当到场；当事人未到场的，在有见证人在场的情况下，可以径行检查；对其中有证据证明有走私嫌疑的运输工具、货物、物品，可以扣留。

海关附近沿海沿边规定地区的范围，由海关总署和国务院公安部门会同有关省级人民政府确定。

（五）在调查走私案件时，经直属海关关长或者其授权的隶属海关关长批准，可以查询案件涉嫌单位和涉嫌人员在金融机构、邮政企业的存款、汇款。

（六）进出境运输工具或者个人违抗海关监管逃逸的，海关可以连续追至海关监管区和海关附近沿海沿边规定地区以外，将其带回处理。

（七）海关为履行职责，可以配备武器。海关工作人员佩带和使用武器的规则，由海关总署会同国务院公安部门制定，报国务院批准。

（八）法律、行政法规规定由海关行使的其他权力。

第七条　各地方、各部门应当支持海关依法行使职权，不得非法干预海关的执法活动。

第八条　进出境运输工具、货物、物品，必须通过设立海关的地点进境或者出境。在特殊情况下，需要经过未设立海关的地点临时进境或者出境的，必须经国务院或者国务院授权的机关批准，并依照本法规定办理海关手续。

第九条　进出口货物，除另有规定的外，可以由进出口货物收发货人自行办理报关纳税手续，也可以由进出口货物收发货人委托报关企业办理报关纳税手续。

进出境物品的所有人可以自行办理报关纳税手续，也可以委托他人办理报关纳税手续。

第十条　报关企业接受进出口货物收发货人的委托，以委托人的名义办理报关手续的，应当向海关提交由委托人签署的授权委托书，遵守本法对委托人的各项规定。

报关企业接受进出口货物收发货人的委托，以自己的名义办理报关手续的，应当承担与收发货人相同的法律责任。

委托人委托报关企业办理报关手续的，应当向报关企业提供所委托报关事项的真实情况；报关企业接受委托人的委托办理报关手续的，应当对委托人所提供情况的真实性进行合理审查。

第十一条　进出口货物收发货人、报关企业办理报关手续，应当依法向海关备案。

报关企业和报关人员不得非法代理他人报关。

第十二条　海关依法执行职务，有关单位和个人应当如实回答询问，并予以配合，任何单位和个人不得阻挠。

海关执行职务受到暴力抗拒时，执行有关任务的公安机关和人民武装警察部队应当予以协助。

第十三条　海关建立对违反本法规定逃避海关监管行为的举报制度。

任何单位和个人均有权对违反本法规定逃避海关监管的行为进行举报。

海关对举报或者协助查获违反本法案件的有功单位和个人，应当给予精神的或者物质的奖励。

海关应当为举报人保密。

第二章　进出境运输工具

第十四条　进出境运输工具到达或者驶离设立海关的地点时，运输工具负责人应当向海关如实申报，交验单证，并接受海关监管和检查。

停留在设立海关的地点的进出境运输工具，未经海关同意，不得擅自驶离。

进出境运输工具从一个设立海关的地点驶往另一个设立海关的地点的，应当符合海关监管要求，办理海关手续，未办结海关手续的，不得改驶境外。

第十五条　进境运输工具在进境以后向海关申报以前，出境运输工具在办结海关手续以后出境以前，应当按照交通主管机关规定的路线行进；交通主管机关没有规定的，由海关指定。

第十六条　进出境船舶、火车、航空器到达和驶离时间、停留地点、停留期间更换地点以及装卸货物、物品时间，运输工具负责人或者有关交通运输部门应当事先通知海关。

第十七条　运输工具装卸进出境货物、物品或者上下进出境旅客，应当接受海关监管。

货物、物品装卸完毕，运输工具负责人应当向海关递交反映实际装卸情况的交接单据和记录。

上下进出境运输工具的人员携带物品的，应当向海关如实申报，并接受海关检查。

第十八条　海关检查进出境运输工具时，运输工具负责人应当到场，并根据海关的要求开启舱室、房间、车门；有走私嫌疑的，并应当开拆可能藏匿走私货物、物品的部位，搬移货物、物料。

海关根据工作需要，可以派员随运输工具执行职务，运输工具负责人应当提供方便。

第十九条　进境的境外运输工具和出境的境内运输工具，未向海关办理手续并缴纳关税，不得转让或者移作他用。

第二十条　进出境船舶和航空器兼营境内客、货运输，应当符合海关监管要求。

进出境运输工具改营境内运输，需向海关办理手续。

第二十一条　沿海运输船舶、渔船和从事海上作业的特种船舶，未经海关同意，不得载运或者换取、买卖、转让进出境货物、物品。

第二十二条　进出境船舶和航空器，由于不可抗力的原因，被迫在未设立海关的地点停泊、降落或者抛掷、起卸货物、物品，运输工具负责人应当立即报告附近海关。

第三章　进出境货物

第二十三条　进口货物自进境起到办结海关手续止，出口货物自向海关申报起到出境止，过境、转运和通运货物自进境起到出境止，应当接受海关监管。

第二十四条　进口货物的收货人、出口货物的发货人应当向海关如实申报，交验进出口许可证件和有关单证。国家限制进出口的货物，没有进出口许可证件的，不予放行，具体处理办法由国务院规定。

进口货物的收货人应当自运输工具申报进境之日起十四日内，出口货物的发货人除海关特准的外应当在货物运抵海关监管区后、装货的二十四小时以前，向海关申报。

进口货物的收货人超过前款规定期限向海关申报的，由海关征收滞报金。

第二十五条　办理进出口货物的海关申报手续，应当采用纸质报关单和电子数据报关单的形式。

第二十六条　海关接受申报后，报关单证及其内容不得修改或者撤销，但符合海关规定情形的除外。

第二十七条　进口货物的收货人经海关同意，可以在申报前查看货物或者提取货样。需要依法检疫的货物，应当在检疫合格后提取货样。

第二十八条　进出口货物应当接受海关查验。海关查验货物时，进口货物的收货人、出口货物的发货人应当到场，并负责搬移货物，开拆和重封货物的包装。海关认为必要时，可以径行开验、复验或者提取货样。

海关在特殊情况下对进出口货物予以免验，具体办法由海关总署制定。

第二十九条　除海关特准的外，进出口货物在收发货人缴清税款或者提供担保后，由海关签印放行。

第三十条　进口货物的收货人自运输工具申报进境之日起超过三个月未向海关申报的，其进口货物由海关提取依法变卖处理，所得价款在扣除运输、装卸、储存等费用和税款后，尚有余款的，自货物依法变卖之日起一年内，经收货人申请，予以发还；其中属于国家对进口有限制性规定，应当提交许可证件而不能提供的，不予发还。逾期无人申请或者不予发还的，上缴国库。

确属误卸或者溢卸的进境货物，经海关审定，由原运输工具负责人或者货物的收发货人自该运输工具卸货之日起三个月内，办理退运或者进口手续；必要时，经海关批准，可以延期三个月。逾期未办手续的，由海关按前款规定处理。

前两款所列货物不宜长期保存的，海关可以根据实际情况提前处理。

收货人或者货物所有人声明放弃的进口货物，由海关提取依法变卖处理；所得价款在扣除运输、装卸、储存等费用后，上缴国库。

第三十一条　按照法律、行政法规、国务院或者海关总署规定暂时进口或者暂时出口的货物，应当在六个月内复运出境或者复运进境；需要延长复运出境或者复运进境期限的，应当根据海关总署的规定办理延期手续。

第三十二条　经营保税货物的储存、加工、装配、展示、运输、寄售业务和经营免税商店，应当符合海关监管要求，经海关批准，并办理注册手续。

保税货物的转让、转移以及进出保税场所，应当向海关办理有关手续，接受海关监管和查验。

第三十三条　企业从事加工贸易，应当按照海关总署的规定向海关备案。加工贸易制成品单位耗料量由海关按照有关规定核定。

加工贸易制成品应当在规定的期限内复出口。其中使用的进口料件，属于国家规定准予保税的，应当向海关办理核销手续；属于先征收税款的，依法向海关办理退税手续。

加工贸易保税进口料件或者制成品内销的，海关对保税的进口料件依法征税；属于国家对进口有限制性规定的，还应当向海关提交进口许可证件。

第三十四条 经国务院批准在中华人民共和国境内设立的保税区等海关特殊监管区域，由海关按照国家有关规定实施监管。

第三十五条 进口货物应当由收货人在货物的进境地海关办理海关手续，出口货物应当由发货人在货物的出境地海关办理海关手续。

经收发货人申请，海关同意，进口货物的收货人可以在设有海关的指运地、出口货物的发货人可以在设有海关的启运地办理海关手续。上述货物的转关运输，应当符合海关监管要求；必要时，海关可以派员押运。

经电缆、管道或者其他特殊方式输送进出境的货物，经营单位应当定期向指定的海关申报和办理海关手续。

第三十六条 过境、转运和通运货物，运输工具负责人应当向进境地海关如实申报，并应当在规定期限内运输出境。

海关认为必要时，可以查验过境、转运和通运货物。

第三十七条 海关监管货物，未经海关许可，不得开拆、提取、交付、发运、调换、改装、抵押、质押、留置、转让、更换标记、移作他用或者进行其他处置。

海关加施的封志，任何人不得擅自开启或者损毁。

人民法院判决、裁定或者有关行政执法部门决定处理海关监管货物的，应当责令当事人办结海关手续。

第三十八条 经营海关监管货物仓储业务的企业，应当经海关注册，并按照海关规定，办理收存、交付手续。

在海关监管区外存放海关监管货物，应当经海关同意，并接受海关监管。

违反前两款规定或者在保管海关监管货物期间造成海关监管货物损毁或者灭失的，除不可抗力外，对海关监管货物负有保管义务的人应当承担相应的纳税义务和法律责任。

第三十九条 进出境集装箱的监管办法、打捞进出境货物和沉船的监管办法、边境小额贸易进出口货物的监管办法，以及本法未具体列明的其他进出境货物的监管办法，由海关总署或者由海关总署会同国务院有关部门另行制定。

第四十条 国家对进出境货物、物品有禁止性或者限制性规定的，海关依据法律、行政法规、国务院的规定或者国务院有关部门依据法律、行政法规的授权作出的规定实施监管。具体监管办法由海关总署制定。

第四十一条 进出口货物的原产地按照国家有关原产地规则的规定确定。

第四十二条 进出口货物的商品归类按照国家有关商品归类的规定确定。

海关可以要求进出口货物的收发货人提供确定商品归类所需的有关资料；必要时，海关可以组织化验、检验，并将海关认定的化验、检验结果作为商品归类的依据。

第四十三条 海关可以根据对外贸易经营者提出的书面申请，对拟作进口或者出口的货物预先作出商品归类等行政裁定。

进口或者出口相同货物，应当适用相同的商品归类行政裁定。

海关对所作出的商品归类等行政裁定，应当予以公布。

第四十四条 海关依照法律、行政法规的规定，对与进出境货物有关的知识产权实施保护。

需要向海关申报知识产权状况的，进出口货物收发货人及其代理人应当按照国家规定向海关如实申报有关知识产权状况，并提交合法使用有关知识产权的证明文件。

第四十五条　自进出口货物放行之日起三年内或者在保税货物、减免税进口货物的海关监管期限内及其后的三年内，海关可以对与进出口货物直接有关的企业、单位的会计账簿、会计凭证、报关单证以及其他有关资料和有关进出口货物实施稽查。具体办法由国务院规定。

第四章　进出境物品

第四十六条　个人携带进出境的行李物品、邮寄进出境的物品，应当以自用、合理数量为限，并接受海关监管。

第四十七条　进出境物品的所有人应当向海关如实申报，并接受海关查验。

海关加施的封志，任何人不得擅自开启或者损毁。

第四十八条　进出境邮袋的装卸、转运和过境，应当接受海关监管。邮政企业应当向海关递交邮件路单。

邮政企业应当将开拆及封发国际邮袋的时间事先通知海关，海关应当按时派员到场监管查验。

第四十九条　邮运进出境的物品，经海关查验放行后，有关经营单位方可投递或者交付。

第五十条　经海关登记准予暂时免税进境或者暂时免税出境的物品，应当由本人复带出境或者复带进境。

过境人员未经海关批准，不得将其所带物品留在境内。

第五十一条　进出境物品所有人声明放弃的物品、在海关规定期限内未办理海关手续或者无人认领的物品，以及无法投递又无法退回的进境邮递物品，由海关依照本法第三十条的规定处理。

第五十二条　享有外交特权和豁免的外国机构或者人员的公务用品或者自用物品进出境，依照有关法律、行政法规的规定办理。

第五章　关　税

第五十三条　准许进出口的货物、进出境物品，由海关依法征收关税。

第五十四条　进口货物的收货人、出口货物的发货人、进出境物品的所有人，是关税的纳税义务人。

第五十五条　进出口货物的完税价格，由海关以该货物的成交价格为基础审查确定。成交价格不能确定时，完税价格由海关依法估定。

进口货物的完税价格包括货物的货价、货物运抵中华人民共和国境内输入地点起卸前的运输及其相关费用、保险费；出口货物的完税价格包括货物的货价、货物运至中华人民共和国境内输出地点装载前的运输及其相关费用、保险费，但是其中包含的出口关税税额，应当予以扣除。

进出境物品的完税价格，由海关依法确定。

第五十六条 下列进出口货物、进出境物品，减征或者免征关税：

（一）无商业价值的广告品和货样；

（二）外国政府、国际组织无偿赠送的物资；

（三）在海关放行前遭受损坏或者损失的货物；

（四）规定数额以内的物品；

（五）法律规定减征、免征关税的其他货物、物品；

（六）中华人民共和国缔结或者参加的国际条约规定减征、免征关税的货物、物品。

第五十七条 特定地区、特定企业或者有特定用途的进出口货物，可以减征或者免征关税。特定减税或者免税的范围和办法由国务院规定。

依照前款规定减征或者免征关税进口的货物，只能用于特定地区、特定企业或者特定用途，未经海关核准并补缴关税，不得移作他用。

第五十八条 本法第五十六条、第五十七条第一款规定范围以外的临时减征或者免征关税，由国务院决定。

第五十九条 暂时进口或者暂时出口的货物，以及特准进口的保税货物，在货物收发货人向海关缴纳相当于税款的保证金或者提供担保后，准予暂时免纳关税。

第六十条 进出口货物的纳税义务人，应当自海关填发税款缴款书之日起十五日内缴纳税款；逾期缴纳的，由海关征收滞纳金。纳税义务人、担保人超过三个月仍未缴纳的，经直属海关关长或者其授权的隶属海关关长批准，海关可以采取下列强制措施：

（一）书面通知其开户银行或者其他金融机构从其存款中扣缴税款；

（二）将应税货物依法变卖，以变卖所得抵缴税款；

（三）扣留并依法变卖其价值相当于应纳税款的货物或者其他财产，以变卖所得抵缴税款。

海关采取强制措施时，对前款所列纳税义务人、担保人未缴纳的滞纳金同时强制执行。

进出境物品的纳税义务人，应当在物品放行前缴纳税款。

第六十一条 进出口货物的纳税义务人在规定的纳税期限内有明显的转移、藏匿其应税货物以及其他财产迹象的，海关可以责令纳税义务人提供担保；纳税义务人不能提供纳税担保的，经直属海关关长或者其授权的隶属海关关长批准，海关可以采取下列税收保全措施：

（一）书面通知纳税义务人开户银行或者其他金融机构暂停支付纳税义务人相当于应纳税款的存款；

（二）扣留纳税义务人价值相当于应纳税款的货物或者其他财产。

纳税义务人在规定的纳税期限内缴纳税款的，海关必须立即解除税收保全措施；期限届满仍未缴纳税款的，经直属海关关长或者其授权的隶属海关关长批准，海关可以书面通知纳税义务人开户银行或者其他金融机构从其暂停支付的存款中扣缴税款，或者依法变卖所扣留的货物或者其他财产，以变卖所得抵缴税款。

采取税收保全措施不当，或者纳税义务人在规定期限内已缴纳税款，海关未立即解除税收保全措施，致使纳税义务人的合法权益受到损失的，海关应当依法承担赔偿责任。

第六十二条　进出口货物、进出境物品放行后，海关发现少征或者漏征税款，应当自缴纳税款或者货物、物品放行之日起一年内，向纳税义务人补征。因纳税义务人违反规定而造成的少征或者漏征，海关在三年以内可以追征。

第六十三条　海关多征的税款，海关发现后应当立即退还；纳税义务人自缴纳税款之日起一年内，可以要求海关退还。

第六十四条　纳税义务人同海关发生纳税争议时，应当缴纳税款，并可以依法申请行政复议；对复议决定仍不服的，可以依法向人民法院提起诉讼。

第六十五条　进口环节海关代征税的征收管理，适用关税征收管理的规定。

第六章　海关事务担保

第六十六条　在确定货物的商品归类、估价和提供有效报关单证或者办结其他海关手续前，收发货人要求放行货物的，海关应当在其提供与其依法应当履行的法律义务相适应的担保后放行。法律、行政法规规定可以免除担保的除外。

法律、行政法规对履行海关义务的担保另有规定的，从其规定。

国家对进出境货物、物品有限制性规定，应当提供许可证件而不能提供的，以及法律、行政法规规定不得担保的其他情形，海关不得办理担保放行。

第六十七条　具有履行海关事务担保能力的法人、其他组织或者公民，可以成为担保人。法律规定不得为担保人的除外。

第六十八条　担保人可以以下列财产、权利提供担保：

（一）人民币、可自由兑换货币；

（二）汇票、本票、支票、债券、存单；

（三）银行或者非银行金融机构的保函；

（四）海关依法认可的其他财产、权利。

第六十九条　担保人应当在担保期限内承担担保责任。担保人履行担保责任的，不免除被担保人应当办理有关海关手续的义务。

第七十条　海关事务担保管理办法，由国务院规定。

第七章　执法监督

第七十一条　海关履行职责，必须遵守法律，维护国家利益，依照法定职权和法定程序严格执法，接受监督。

第七十二条　海关工作人员必须秉公执法，廉洁自律，忠于职守，文明服务，不得有下列行为：

（一）包庇、纵容走私或者与他人串通进行走私；

（二）非法限制他人人身自由，非法检查他人身体、住所或者场所，非法检查、扣留进出境运输工具、货物、物品；

（三）利用职权为自己或者他人谋取私利；

（四）索取、收受贿赂；

（五）泄露国家秘密、商业秘密和海关工作秘密；
（六）滥用职权，故意刁难，拖延监管、查验；
（七）购买、私分、占用没收的走私货物、物品；
（八）参与或者变相参与营利性经营活动；
（九）违反法定程序或者超越权限执行职务；
（十）其他违法行为。

第七十三条 海关应当根据依法履行职责的需要，加强队伍建设，使海关工作人员具有良好的政治、业务素质。

海关专业人员应当具有法律和相关专业知识，符合海关规定的专业岗位任职要求。

海关招收工作人员应当按照国家规定，公开考试，严格考核，择优录用。

海关应当有计划地对其工作人员进行政治思想、法制、海关业务培训和考核。海关工作人员必须定期接受培训和考核，经考核不合格的，不得继续上岗执行职务。

第七十四条 海关总署应当实行海关关长定期交流制度。

海关关长定期向上一级海关述职，如实陈述其执行职务情况。海关总署应当定期对直属海关关长进行考核，直属海关应当定期对隶属海关关长进行考核。

第七十五条 海关及其工作人员的行政执法活动，依法接受监察机关的监督；缉私警察进行侦查活动，依法接受人民检察院的监督。

第七十六条 审计机关依法对海关的财政收支进行审计监督，对海关办理的与国家财政收支有关的事项，有权进行专项审计调查。

第七十七条 上级海关应当对下级海关的执法活动依法进行监督。上级海关认为下级海关作出的处理或者决定不适当的，可以依法予以变更或者撤销。

第七十八条 海关应当依照本法和其他有关法律、行政法规的规定，建立健全内部监督制度，对其工作人员执行法律、行政法规和遵守纪律的情况，进行监督检查。

第七十九条 海关内部负责审单、查验、放行、稽查和调查等主要岗位的职责权限应当明确，并相互分离、相互制约。

第八十条 任何单位和个人均有权对海关及其工作人员的违法、违纪行为进行控告、检举。收到控告、检举的机关有权处理的，应当依法按照职责分工及时查处。收到控告、检举的机关和负责查处的机关应当为控告人、检举人保密。

第八十一条 海关工作人员在调查处理违法案件时，遇有下列情形之一的，应当回避：

（一）是本案的当事人或者是当事人的近亲属；
（二）本人或者其近亲属与本案有利害关系；
（三）与本案当事人有其他关系，可能影响案件公正处理的。

第八章　法律责任

第八十二条 违反本法及有关法律、行政法规，逃避海关监管，偷逃应纳税款、逃避国家有关进出境的禁止性或者限制性管理，有下列情形之一的，是走私行为：

（一）运输、携带、邮寄国家禁止或者限制进出境货物、物品或者依法应当缴纳税款的货物、物品进出境的；

（二）未经海关许可并且未缴纳应纳税款、交验有关许可证件，擅自将保税货物、特定减免税货物以及其他海关监管货物、物品、进境的境外运输工具，在境内销售的；

（三）有逃避海关监管，构成走私的其他行为的。

有前款所列行为之一，尚不构成犯罪的，由海关没收走私货物、物品及违法所得，可以并处罚款；专门或者多次用于掩护走私的货物、物品，专门或者多次用于走私的运输工具，予以没收，藏匿走私货物、物品的特制设备，责令拆毁或者没收。

有第一款所列行为之一，构成犯罪的，依法追究刑事责任。

第八十三条　有下列行为之一的，按走私行为论处，依照本法第八十二条的规定处罚：

（一）直接向走私人非法收购走私进口的货物、物品的；

（二）在内海、领海、界河、界湖，船舶及所载人员运输、收购、贩卖国家禁止或者限制进出境的货物、物品，或者运输、收购、贩卖依法应当缴纳税款的货物，没有合法证明的。

第八十四条　伪造、变造、买卖海关单证，与走私人通谋为走私人提供贷款、资金、账号、发票、证明、海关单证，与走私人通谋为走私人提供运输、保管、邮寄或者其他方便，构成犯罪的，依法追究刑事责任；尚不构成犯罪的，由海关没收违法所得，并处罚款。

第八十五条　个人携带、邮寄超过合理数量的自用物品进出境，未依法向海关申报的，责令补缴关税，可以处以罚款。

第八十六条　违反本法规定有下列行为之一的，可以处以罚款，有违法所得的，没收违法所得：

（一）运输工具不经设立海关的地点进出境的；

（二）不将进出境运输工具到达的时间、停留的地点或者更换的地点通知海关的；

（三）进出口货物、物品或者过境、转运、通运货物向海关申报不实的；

（四）不按照规定接受海关对进出境运输工具、货物、物品进行检查、查验的；

（五）进出境运输工具未经海关同意，擅自装卸进出境货物、物品或者上下进出境旅客的；

（六）在设立海关的地点停留的进出境运输工具未经海关同意，擅自驶离的；

（七）进出境运输工具从一个设立海关的地点驶往另一个设立海关的地点，尚未办结海关手续又未经海关批准，中途擅自改驶境外或者境内未设立海关的地点的；

（八）进出境运输工具，不符合海关监管要求或者未向海关办理手续，擅自兼营或者改营境内运输的；

（九）由于不可抗力的原因，进出境船舶和航空器被迫在未设立海关的地点停泊、降落或者在境内抛掷、起卸货物、物品，无正当理由，不向附近海关报告的；

（十）未经海关许可，擅自将海关监管货物开拆、提取、交付、发运、调换、改装、抵押、质押、留置、转让、更换标记、移作他用或者进行其他处置的；

（十一）擅自开启或者损毁海关封志的；

（十二）经营海关监管货物的运输、储存、加工等业务，有关货物灭失或者有关记录不真实，不能提供正当理由的；

（十三）有违反海关监管规定的其他行为的。

第八十七条 海关准予从事有关业务的企业，违反本法有关规定的，由海关责令改正，可以给予警告，暂停其从事有关业务，直至撤销注册。

第八十八条 未向海关备案从事报关业务的，海关可以处以罚款。

第八十九条 报关企业非法代理他人报关的，由海关责令改正，处以罚款；情节严重的，禁止其从事报关活动。

报关人员非法代理他人报关的，由海关责令改正，处以罚款。

第九十条 进出口货物收发货人、报关企业向海关工作人员行贿的，由海关禁止其从事报关活动，并处以罚款；构成犯罪的，依法追究刑事责任。

报关人员向海关工作人员行贿的，处以罚款；构成犯罪的，依法追究刑事责任。

第九十一条 违反本法规定进出口侵犯中华人民共和国法律、行政法规保护的知识产权的货物的，由海关依法没收侵权货物，并处以罚款；构成犯罪的，依法追究刑事责任。

第九十二条 海关依法扣留的货物、物品、运输工具，在人民法院判决或者海关处罚决定作出之前，不得处理。但是，危险品或者鲜活、易腐、易失效等不宜长期保存的货物、物品以及所有人申请先行变卖的货物、物品、运输工具，经直属海关关长或者其授权的隶属海关关长批准，可以先行依法变卖，变卖所得价款由海关保存，并通知其所有人。

人民法院判决没收或者海关决定没收的走私货物、物品、违法所得、走私运输工具、特制设备，由海关依法统一处理，所得价款和海关决定处以的罚款，全部上缴中央国库。

第九十三条 当事人逾期不履行海关的处罚决定又不申请复议或者向人民法院提起诉讼的，作出处罚决定的海关可以将其保证金抵缴或者将其被扣留的货物、物品、运输工具依法变价抵缴，也可以申请人民法院强制执行。

第九十四条 海关在查验进出境货物、物品时，损坏被查验的货物、物品的，应当赔偿实际损失。

第九十五条 海关违法扣留货物、物品、运输工具，致使当事人的合法权益受到损失的，应当依法承担赔偿责任。

第九十六条 海关工作人员有本法第七十二条所列行为之一的，依法给予行政处分；有违法所得的，依法没收违法所得；构成犯罪的，依法追究刑事责任。

第九十七条 海关的财政收支违反法律、行政法规规定的，由审计机关以及有关部门依照法律、行政法规的规定作出处理；对直接负责的主管人员和其他直接责任人员，依法给予行政处分；构成犯罪的，依法追究刑事责任。

第九十八条 未按照本法规定为控告人、检举人、举报人保密的，对直接负责的主管人员和其他直接责任人员，由所在单位或者有关单位依法给予行政处分。

第九十九条 海关工作人员在调查处理违法案件时，未按照本法规定进行回避的，对直接负责的主管人员和其他直接责任人员，依法给予行政处分。

第九章 附 则

第一百条 本法下列用语的含义：

直属海关，是指直接由海关总署领导，负责管理一定区域范围内的海关业务的海关；隶属海关，是指由直属海关领导，负责办理具体海关业务的海关。

进出境运输工具，是指用以载运人员、货物、物品进出境的各种船舶、车辆、航空器和驮畜。

过境、转运和通运货物，是指由境外启运、通过中国境内继续运往境外的货物。其中，通过境内陆路运输的，称过境货物；在境内设立海关的地点换装运输工具，而不通过境内陆路运输的，称转运货物；由船舶、航空器载运进境并由原装运输工具载运出境的，称通运货物。

海关监管货物，是指本法第二十三条所列的进出口货物，过境、转运、通运货物，特定减免税货物，以及暂时进出口货物、保税货物和其他尚未办结海关手续的进出境货物。

保税货物，是指经海关批准未办理纳税手续进境，在境内储存、加工、装配后复运出境的货物。

海关监管区，是指设立海关的港口、车站、机场、国界孔道、国际邮件互换局（交换站）和其他有海关监管业务的场所，以及虽未设立海关，但是经国务院批准的进出境地点。

第一百零一条　经济特区等特定地区同境内其他地区之间往来的运输工具、货物、物品的监管办法，由国务院另行规定。

第一百零二条　本法自1987年7月1日起施行。1951年4月18日中央人民政府公布的《中华人民共和国暂行海关法》同时废止。

文件2

中华人民共和国进出口关税条例

（2003年11月23日中华人民共和国国务院令第392号公布，根据2011年1月8日《国务院关于废止和修改部分行政法规的决定》第一次修订，根据2013年12月7日《国务院关于修改部分行政法规的决定》第二次修订，根据2016年2月6日《国务院关于修改部分行政法规的决定》第三次修订，根据2017年3月1日《国务院关于修改和废止部分行政法规的决定》第四次修订）

第一章　总　则

第一条　为了贯彻对外开放政策，促进对外经济贸易和国民经济的发展，根据《中华人民共和国海关法》（以下简称《海关法》）的有关规定，制定本条例。

第二条 中华人民共和国准许进出口的货物、进境物品，除法律、行政法规另有规定外，海关依照本条例规定征收进出口关税。

第三条 国务院制定《中华人民共和国进出口税则》（以下简称《税则》）、《中华人民共和国进境物品进口税税率表》（以下简称《进境物品进口税税率表》），规定关税的税目、税则号列和税率，作为本条例的组成部分。

第四条 国务院设立关税税则委员会，负责《税则》和《进境物品进口税税率表》的税目、税则号列和税率的调整和解释，报国务院批准后执行；决定实行暂定税率的货物、税率和期限；决定关税配额税率；决定征收反倾销税、反补贴税、保障措施关税、报复性关税以及决定实施其他关税措施；决定特殊情况下税率的适用，以及履行国务院规定的其他职责。

第五条 进口货物的收货人、出口货物的发货人、进境物品的所有人，是关税的纳税义务人。

第六条 海关及其工作人员应当依照法定职权和法定程序履行关税征管职责，维护国家利益，保护纳税人合法权益，依法接受监督。

第七条 纳税义务人有权要求海关对其商业秘密予以保密，海关应当依法为纳税义务人保密。

第八条 海关对检举或者协助查获违反本条例行为的单位和个人，应当按照规定给予奖励，并负责保密。

第二章 进出口货物关税税率的设置和适用

第九条 进口关税设置最惠国税率、协定税率、特惠税率、普通税率、关税配额税率等税率。对进口货物在一定期限内可以实行暂定税率。

出口关税设置出口税率。对出口货物在一定期限内可以实行暂定税率。

第十条 原产于共同适用最惠国待遇条款的世界贸易组织成员的进口货物，原产于与中华人民共和国签订含有相互给予最惠国待遇条款的双边贸易协定的国家或者地区的进口货物，以及原产于中华人民共和国境内的进口货物，适用最惠国税率。

原产于与中华人民共和国签订含有关税优惠条款的区域性贸易协定的国家或者地区的进口货物，适用协定税率。

原产于与中华人民共和国签订含有特殊关税优惠条款的贸易协定的国家或者地区的进口货物，适用特惠税率。

原产于本条第一款、第二款和第三款所列以外国家或者地区的进口货物，以及原产地不明的进口货物，适用普通税率。

第十一条 适用最惠国税率的进口货物有暂定税率的，应当适用暂定税率；适用协定税率、特惠税率的进口货物有暂定税率的，应当从低适用税率；适用普通税率的进口货物，不适用暂定税率。

适用出口税率的出口货物有暂定税率的，应当适用暂定税率。

第十二条 按照国家规定实行关税配额管理的进口货物，关税配额内的，适用关税配额税率；关税配额外的，其税率的适用按照本条例第十条、第十一条的规定执行。

第十三条　按照有关法律、行政法规的规定对进口货物采取反倾销、反补贴、保障措施的，其税率的适用按照《中华人民共和国反倾销条例》、《中华人民共和国反补贴条例》和《中华人民共和国保障措施条例》的有关规定执行。

第十四条　任何国家或者地区违反与中华人民共和国签订或者共同参加的贸易协定及相关协定，对中华人民共和国在贸易方面采取禁止、限制、加征关税或者其他影响正常贸易的措施的，对原产于该国家或者地区的进口货物可以征收报复性关税，适用报复性关税税率。

征收报复性关税的货物、适用国别、税率、期限和征收办法，由国务院关税税则委员会决定并公布。

第十五条　进出口货物，应当适用海关接受该货物申报进口或者出口之日实施的税率。

进口货物到达前，经海关核准先行申报的，应当适用装载该货物的运输工具申报进境之日实施的税率。

转关运输货物税率的适用日期，由海关总署另行规定。

第十六条　有下列情形之一，需缴纳税款的，应当适用海关接受申报办理纳税手续之日实施的税率：

（一）保税货物经批准不复运出境的；

（二）减免税货物经批准转让或者移作他用的；

（三）暂时进境货物经批准不复运出境，以及暂时出境货物经批准不复运进境的；

（四）租赁进口货物，分期缴纳税款的。

第十七条　补征和退还进出口货物关税，应当按照本条例第十五条或者第十六条的规定确定适用的税率。

因纳税义务人违反规定需要追征税款的，应当适用该行为发生之日实施的税率；行为发生之日不能确定的，适用海关发现该行为之日实施的税率。

第三章　进出口货物完税价格的确定

第十八条　进口货物的完税价格由海关以符合本条第三款所列条件的成交价格以及该货物运抵中华人民共和国境内输入地点起卸前的运输及其相关费用、保险费为基础审查确定。

进口货物的成交价格，是指卖方向中华人民共和国境内销售该货物时买方为进口该货物向卖方实付、应付的，并按照本条例第十九条、第二十条规定调整后的价款总额，包括直接支付的价款和间接支付的价款。

进口货物的成交价格应当符合下列条件：

（一）对买方处置或者使用该货物不予限制，但法律、行政法规规定实施的限制、对货物转售地域的限制和对货物价格无实质性影响的限制除外；

（二）该货物的成交价格没有因搭售或者其他因素的影响而无法确定；

（三）卖方不得从买方直接或者间接获得因该货物进口后转售、处置或者使用而产生的任何收益，或者虽有收益但能够按照本条例第十九条、第二十条的规定进行调整；

（四）买卖双方没有特殊关系，或者虽有特殊关系但未对成交价格产生影响。

第十九条 进口货物的下列费用应当计入完税价格：

（一）由买方负担的购货佣金以外的佣金和经纪费；

（二）由买方负担的在审查确定完税价格时与该货物视为一体的容器的费用；

（三）由买方负担的包装材料费用和包装劳务费用；

（四）与该货物的生产和向中华人民共和国境内销售有关的，由买方以免费或者以低于成本的方式提供并可以按适当比例分摊的料件、工具、模具、消耗材料及类似货物的价款，以及在境外开发、设计等相关服务的费用；

（五）作为该货物向中华人民共和国境内销售的条件，买方必须支付的、与该货物有关的特许权使用费；

（六）卖方直接或者间接从买方获得的该货物进口后转售、处置或者使用的收益。

第二十条 进口时在货物的价款中列明的下列税收、费用，不计入该货物的完税价格：

（一）厂房、机械、设备等货物进口后进行建设、安装、装配、维修和技术服务的费用；

（二）进口货物运抵境内输入地点起卸后的运输及其相关费用、保险费；

（三）进口关税及国内税收。

第二十一条 进口货物的成交价格不符合本条例第十八条第三款规定条件的，或者成交价格不能确定的，海关经了解有关情况，并与纳税义务人进行价格磋商后，依次以下列价格估定该货物的完税价格：

（一）与该货物同时或者大约同时向中华人民共和国境内销售的相同货物的成交价格。

（二）与该货物同时或者大约同时向中华人民共和国境内销售的类似货物的成交价格。

（三）与该货物进口的同时或者大约同时，将该进口货物、相同或者类似进口货物在第一级销售环节销售给无特殊关系买方最大销售总量的单位价格，但应当扣除本条例第二十二条规定的项目。

（四）按照下列各项总和计算的价格：生产该货物所使用的料件成本和加工费用，向中华人民共和国境内销售同等级或者同种类货物通常的利润和一般费用，该货物运抵境内输入地点起卸前的运输及其相关费用、保险费。

（五）以合理方法估定的价格。

纳税义务人向海关提供有关资料后，可以提出申请，颠倒前款第（三）项和第（四）项的适用次序。

第二十二条 按照本条例第二十一条第一款第（三）项规定估定完税价格，应当扣除的项目是指：

（一）同等级或者同种类货物在中华人民共和国境内第一级销售环节销售时通常的利润和一般费用以及通常支付的佣金；

（二）进口货物运抵境内输入地点起卸后的运输及其相关费用、保险费；

（三）进口关税及国内税收。

第二十三条 以租赁方式进口的货物，以海关审查确定的该货物的租金作为完税价格。

纳税义务人要求一次性缴纳税款的，纳税义务人可以选择按照本条例第二十一条的规定估定完税价格，或者按照海关审查确定的租金总额作为完税价格。

第二十四条　运往境外加工的货物，出境时已向海关报明并在海关规定的期限内复运进境的，应当以境外加工费和料件费以及复运进境的运输及其相关费用和保险费审查确定完税价格。

第二十五条　运往境外修理的机械器具、运输工具或者其他货物，出境时已向海关报明并在海关规定的期限内复运进境的，应当以境外修理费和料件费审查确定完税价格。

第二十六条　出口货物的完税价格由海关以该货物的成交价格以及该货物运至中华人民共和国境内输出地点装载前的运输及其相关费用、保险费为基础审查确定。

出口货物的成交价格，是指该货物出口时卖方为出口该货物应当向买方直接收取和间接收取的价款总额。

出口关税不计入完税价格。

第二十七条　出口货物的成交价格不能确定的，海关经了解有关情况，并与纳税义务人进行价格磋商后，依次以下列价格估定该货物的完税价格：

（一）与该货物同时或者大约同时向同一国家或者地区出口的相同货物的成交价格。

（二）与该货物同时或者大约同时向同一国家或者地区出口的类似货物的成交价格。

（三）按照下列各项总和计算的价格：境内生产相同或者类似货物的料件成本、加工费用，通常的利润和一般费用，境内发生的运输及其相关费用、保险费。

（四）以合理方法估定的价格。

第二十八条　按照本条例规定计入或者不计入完税价格的成本、费用、税收，应当以客观、可量化的数据为依据。

第四章　进出口货物关税的征收

第二十九条　进口货物的纳税义务人应当自运输工具申报进境之日起 14 日内，出口货物的纳税义务人除海关特准的外，应当在货物运抵海关监管区后、装货的 24 小时以前，向货物的进出境地海关申报。进出口货物转关运输的，按照海关总署的规定执行。

进口货物到达前，纳税义务人经海关核准可以先行申报。具体办法由海关总署另行规定。

第三十条　纳税义务人应当依法如实向海关申报，并按照海关的规定提供有关确定完税价格、进行商品归类、确定原产地以及采取反倾销、反补贴或者保障措施等所需的资料；必要时，海关可以要求纳税义务人补充申报。

第三十一条　纳税义务人应当按照《税则》规定的目录条文和归类总规则、类注、章注、子目注释以及其他归类注释，对其申报的进出口货物进行商品归类，并归入相应的税则号列；海关应当依法审核确定该货物的商品归类。

第三十二条　海关可以要求纳税义务人提供确定商品归类所需的有关资料；必要时，海关可以组织化验、检验，并将海关认定的化验、检验结果作为商品归类的依据。

第三十三条　海关为审查申报价格的真实性和准确性，可以查阅、复制与进出口货物有关的合同、发票、账册、结付汇凭证、单据、业务函电、录音录像制品和其他反映买卖双方关系及交易活动的资料。

海关对纳税义务人申报的价格有怀疑并且所涉关税数额较大的，经直属海关关长或者其授权的隶属海关关长批准，凭海关总署统一格式的协助查询账户通知书及有关工作人员的工作证件，可以查询纳税义务人在银行或者其他金融机构开立的单位账户的资金往来情况，并向银行业监督管理机构通报有关情况。

第三十四条 海关对纳税义务人申报的价格有怀疑的，应当将怀疑的理由书面告知纳税义务人，要求其在规定的期限内书面作出说明、提供有关资料。

纳税义务人在规定的期限内未作说明、未提供有关资料的，或者海关仍有理由怀疑申报价格的真实性和准确性的，海关可以不接受纳税义务人申报的价格，并按照本条例第三章的规定估定完税价格。

第三十五条 海关审查确定进出口货物的完税价格后，纳税义务人可以以书面形式要求海关就如何确定其进出口货物的完税价格作出书面说明，海关应当向纳税义务人作出书面说明。

第三十六条 进出口货物关税，以从价计征、从量计征或者国家规定的其他方式征收。

从价计征的计算公式为：应纳税额=完税价格×关税税率

从量计征的计算公式为：应纳税额=货物数量×单位税额

第三十七条 纳税义务人应当自海关填发税款缴款书之日起15日内向指定银行缴纳税款。纳税义务人未按期缴纳税款的，从滞纳税款之日起，按日加收滞纳税款万分之五的滞纳金。

海关可以对纳税义务人欠缴税款的情况予以公告。

海关征收关税、滞纳金等，应当制发缴款凭证，缴款凭证格式由海关总署规定。

第三十八条 海关征收关税、滞纳金等，应当按人民币计征。

进出口货物的成交价格以及有关费用以外币计价的，以中国人民银行公布的基准汇率折合为人民币计算完税价格；以基准汇率币种以外的外币计价的，按照国家有关规定套算为人民币计算完税价格。适用汇率的日期由海关总署规定。

第三十九条 纳税义务人因不可抗力或者在国家税收政策调整的情形下，不能按期缴纳税款的，经依法提供税款担保后，可以延期缴纳税款，但是最长不得超过6个月。

第四十条 进出口货物的纳税义务人在规定的纳税期限内有明显的转移、藏匿其应税货物以及其他财产迹象的，海关可以责令纳税义务人提供担保；纳税义务人不能提供担保的，海关可以按照《海关法》第六十一条的规定采取税收保全措施。

纳税义务人、担保人自缴纳税款期限届满之日起超过3个月仍未缴纳税款的，海关可以按照《海关法》第六十条的规定采取强制措施。

第四十一条 加工贸易的进口料件按照国家规定保税进口的，其制成品或者进口料件未在规定的期限内出口的，海关按照规定征收进口关税。

加工贸易的进口料件进境时按照国家规定征收进口关税的，其制成品或者进口料件在规定的期限内出口的，海关按照有关规定退还进境时已征收的关税税款。

第四十二条　暂时进境或者暂时出境的下列货物，在进境或者出境时纳税义务人向海关缴纳相当于应纳税款的保证金或者提供其他担保的，可以暂不缴纳关税，并应当自进境或者出境之日起6个月内复运出境或者复运进境；需要延长复运出境或者复运进境期限的，纳税义务人应当根据海关总署的规定向海关办理延期手续：

（一）在展览会、交易会、会议及类似活动中展示或者使用的货物；

（二）文化、体育交流活动中使用的表演、比赛用品；

（三）进行新闻报道或者摄制电影、电视节目使用的仪器、设备及用品；

（四）开展科研、教学、医疗活动使用的仪器、设备及用品；

（五）在本款第（一）项至第（四）项所列活动中使用的交通工具及特种车辆；

（六）货样；

（七）供安装、调试、检测设备时使用的仪器、工具；

（八）盛装货物的容器；

（九）其他用于非商业目的的货物。

第一款所列暂时进境货物在规定的期限内未复运出境的，或者暂时出境货物在规定的期限内未复运进境的，海关应当依法征收关税。

第一款所列可以暂时免征关税范围以外的其他暂时进境货物，应当按照该货物的完税价格和其在境内滞留时间与折旧时间的比例计算征收进口关税。具体办法由海关总署规定。

第四十三条　因品质或者规格原因，出口货物自出口之日起1年内原状复运进境的，不征收进口关税。

因品质或者规格原因，进口货物自进口之日起1年内原状复运出境的，不征收出口关税。

第四十四条　因残损、短少、品质不良或者规格不符原因，由进出口货物的发货人、承运人或者保险公司免费补偿或者更换的相同货物，进出口时不征收关税。被免费更换的原进口货物不退运出境或者原出口货物不退运进境的，海关应当对原进出口货物重新按照规定征收关税。

第四十五条　下列进出口货物，免征关税：

（一）关税税额在人民币50元以下的一票货物；

（二）无商业价值的广告品和货样；

（三）外国政府、国际组织无偿赠送的物资；

（四）在海关放行前损失的货物；

（五）进出境运输工具装载的途中必需的燃料、物料和饮食用品。

在海关放行前遭受损坏的货物，可以根据海关认定的受损程度减征关税。

法律规定的其他免征或者减征关税的货物，海关根据规定予以免征或者减征。

第四十六条　特定地区、特定企业或者有特定用途的进出口货物减征或者免征关税，以及临时减征或者免征关税，按照国务院的有关规定执行。

第四十七条　进口货物减征或者免征进口环节海关代征税，按照有关法律、行政法规的规定执行。

第四十八条 纳税义务人进出口减免税货物的，除另有规定外，应当在进出口该货物之前，按照规定持有关文件向海关办理减免税审批手续。经海关审查符合规定的，予以减征或者免征关税。

第四十九条 需由海关监管使用的减免税进口货物，在监管年限内转让或者移作他用需要补税的，海关应当根据该货物进口时间折旧估价，补征进口关税。

特定减免税进口货物的监管年限由海关总署规定。

第五十条 有下列情形之一的，纳税义务人自缴纳税款之日起 1 年内，可以申请退还关税，并应当以书面形式向海关说明理由，提供原缴款凭证及相关资料：

（一）已征进口关税的货物，因品质或者规格原因，原状退货复运出境的；

（二）已征出口关税的货物，因品质或者规格原因，原状退货复运进境，并已重新缴纳因出口而退还的国内环节有关税收的；

（三）已征出口关税的货物，因故未装运出口，申报退关的。

海关应当自受理退税申请之日起 30 日内查实并通知纳税义务人办理退还手续。纳税义务人应当自收到通知之日起 3 个月内办理有关退税手续。

按照其他有关法律、行政法规规定应当退还关税的，海关应当按照有关法律、行政法规的规定退税。

第五十一条 进出口货物放行后，海关发现少征或者漏征税款的，应当自缴纳税款或者货物放行之日起 1 年内，向纳税义务人补征税款。但因纳税义务人违反规定造成少征或者漏征税款的，海关可以自缴纳税款或者货物放行之日起 3 年内追征税款，并从缴纳税款或者货物放行之日起按日加收少征或者漏征税款万分之五的滞纳金。

海关发现海关监管货物因纳税义务人违反规定造成少征或者漏征税款的，应当自纳税义务人应缴纳税款之日起 3 年内追征税款，并从应缴纳税款之日起按日加收少征或者漏征税款万分之五的滞纳金。

第五十二条 海关发现多征税款的，应当立即通知纳税义务人办理退还手续。

纳税义务人发现多缴税款的，自缴纳税款之日起 1 年内，可以以书面形式要求海关退还多缴的税款并加算银行同期活期存款利息；海关应当自受理退税申请之日起 30 日内查实并通知纳税义务人办理退还手续。

纳税义务人应当自收到通知之日起 3 个月内办理有关退税手续。

第五十三条 按照本条例第五十条、第五十二条的规定退还税款、利息涉及从国库中退库的，按照法律、行政法规有关国库管理的规定执行。

第五十四条 报关企业接受纳税义务人的委托，以纳税义务人的名义办理报关纳税手续，因报关企业违反规定而造成海关少征、漏征税款的，报关企业对少征或者漏征的税款、滞纳金与纳税义务人承担纳税的连带责任。

报关企业接受纳税义务人的委托，以报关企业的名义办理报关纳税手续的，报关企业与纳税义务人承担纳税的连带责任。

除不可抗力外，在保管海关监管货物期间，海关监管货物损毁或者灭失的，对海关监管货物负有保管义务的人应当承担相应的纳税责任。

第五十五条 欠税的纳税义务人，有合并、分立情形的，在合并、分立前，应当向海关报告，依法缴清税款。纳税义务人合并时未缴清税款的，由合并后的法人或者其他组织继续履行未履行的纳税义务；纳税义务人分立时未缴清税款的，分立后的法人或者其他组织对未履行的纳税义务承担连带责任。

纳税义务人在减免税货物、保税货物监管期间，有合并、分立或者其他资产重组情形的，应当向海关报告。按照规定需要缴税的，应当依法缴清税款；按照规定可以继续享受减免税、保税待遇的，应当到海关办理变更纳税义务人的手续。

纳税义务人欠税或者在减免税货物、保税货物监管期间，有撤销、解散、破产或者其他依法终止经营情形的，应当在清算前向海关报告。海关应当依法对纳税义务人的应缴税款予以清缴。

第五章　进境物品进口税的征收

第五十六条　进境物品的关税以及进口环节海关代征税合并为进口税，由海关依法征收。

第五十七条　海关总署规定数额以内的个人自用进境物品，免征进口税。

超过海关总署规定数额但仍在合理数量以内的个人自用进境物品，由进境物品的纳税义务人在进境物品放行前按照规定缴纳进口税。

超过合理、自用数量的进境物品应当按照进口货物依法办理相关手续。

国务院关税税则委员会规定按货物征税的进境物品，按照本条例第二章至第四章的规定征收关税。

第五十八条　进境物品的纳税义务人是指，携带物品进境的入境人员、进境邮递物品的收件人以及以其他方式进口物品的收件人。

第五十九条　进境物品的纳税义务人可以自行办理纳税手续，也可以委托他人办理纳税手续。接受委托的人应当遵守本章对纳税义务人的各项规定。

第六十条　进口税从价计征。

进口税的计算公式为：进口税税额=完税价格×进口税税率

第六十一条　海关应当按照《进境物品进口税税率表》及海关总署制定的《中华人民共和国进境物品归类表》、《中华人民共和国进境物品完税价格表》对进境物品进行归类、确定完税价格和确定适用税率。

第六十二条　进境物品，适用海关填发税款缴款书之日实施的税率和完税价格。

第六十三条　进口税的减征、免征、补征、追征、退还以及对暂准进境物品征收进口税参照本条例对货物征收进口关税的有关规定执行。

第六章　附　则

第六十四条　纳税义务人、担保人对海关确定纳税义务人、确定完税价格、商品归类、确定原产地、适用税率或者汇率、减征或者免征税款、补税、退税、征收滞纳金、确定计征方式以及确定纳税地点有异议的，应当缴纳税款，并可以依法向上一级海关申请复议。对复议决定不服的，可以依法向人民法院提起诉讼。

第六十五条　进口环节海关代征税的征收管理，适用关税征收管理的规定。

第六十六条 有违反本条例规定行为的，按照《海关法》、《中华人民共和国海关行政处罚实施条例》和其他有关法律、行政法规的规定处罚。

第六十七条 本条例自2004年1月1日起施行。1992年3月18日国务院修订发布的《中华人民共和国进出口关税条例》同时废止。

文件3

中华人民共和国海关审定进出口货物完税价格办法

第一章 总 则

第一条 为了正确审查确定进出口货物的完税价格，根据《中华人民共和国海关法》（以下简称《海关法》）、《中华人民共和国进出口关税条例》的规定，制定本办法。

第二条 海关审查确定进出口货物的完税价格，应当遵循客观、公平、统一的原则。

第三条 海关审查确定进出口货物的完税价格，适用本办法。

内销保税货物完税价格的确定，准许进口的进境旅客行李物品、个人邮递物品以及其他个人自用物品的完税价格的确定，涉嫌走私的进出口货物、物品的计税价格的核定，不适用本办法。

第四条 海关应当按照国家有关规定，妥善保管纳税义务人提供的涉及商业秘密的资料，除法律、行政法规另有规定外，不得对外提供。

纳税义务人可以书面向海关提出为其保守商业秘密的要求，并且具体列明需要保密的内容，但是不得以商业秘密为理由拒绝向海关提供有关资料。

第二章 进口货物的完税价格

第一节 进口货物完税价格确定方法

第五条 进口货物的完税价格，由海关以该货物的成交价格为基础审查确定，并且应当包括货物运抵中华人民共和国境内输入地点起卸前的运输及其相关费用、保险费。

第六条 进口货物的成交价格不符合本章第二节规定的，或者成交价格不能确定的，海关经了解有关情况，并且与纳税义务人进行价格磋商后，依次以下列方法审查确定该货物的完税价格：

（一）相同货物成交价格估价方法；

（二）类似货物成交价格估价方法；

（三）倒扣价格估价方法；

（四）计算价格估价方法；

（五）合理方法。

纳税义务人向海关提供有关资料后，可以提出申请，颠倒前款第三项和第四项的适用次序。

第二节　成交价格估价方法

第七条　进口货物的成交价格，是指卖方向中华人民共和国境内销售该货物时买方为进口该货物向卖方实付、应付的，并且按照本章第三节的规定调整后的价款总额，包括直接支付的价款和间接支付的价款。

第八条　进口货物的成交价格应当符合下列条件：

（一）对买方处置或者使用进口货物不予限制，但是法律、行政法规规定实施的限制、对货物销售地域的限制和对货物价格无实质性影响的限制除外；

（二）进口货物的价格不得受到使该货物成交价格无法确定的条件或者因素的影响；

（三）卖方不得直接或者间接获得因买方销售、处置或者使用进口货物而产生的任何收益，或者虽然有收益但是能够按照本办法第十一条第一款第四项的规定作出调整；

（四）买卖双方之间没有特殊关系，或者虽然有特殊关系但是按照本办法第十七条、第十八条的规定未对成交价格产生影响。

第九条　有下列情形之一的，应当视为对买方处置或者使用进口货物进行了限制：

（一）进口货物只能用于展示或者免费赠送的；

（二）进口货物只能销售给指定第三方的；

（三）进口货物加工为成品后只能销售给卖方或者指定第三方的；

（四）其他经海关审查，认定买方对进口货物的处置或者使用受到限制的。

第十条　有下列情形之一的，应当视为进口货物的价格受到了使该货物成交价格无法确定的条件或者因素的影响：

（一）进口货物的价格是以买方向卖方购买一定数量的其他货物为条件而确定的；

（二）进口货物的价格是以买方向卖方销售其他货物为条件而确定的；

（三）其他经海关审查，认定货物的价格受到使该货物成交价格无法确定的条件或者因素影响的。

第三节　成交价格的调整项目

第十一条　以成交价格为基础审查确定进口货物的完税价格时，未包括在该货物实付、应付价格中的下列费用或者价值应当计入完税价格：

（一）由买方负担的下列费用：

1. 除购货佣金以外的佣金和经纪费；

2. 与该货物视为一体的容器费用；

3. 包装材料费用和包装劳务费用。

（二）与进口货物的生产和向中华人民共和国境内销售有关的，由买方以免费或者以低于成本的方式提供，并且可以按适当比例分摊的下列货物或者服务的价值：

1. 进口货物包含的材料、部件、零件和类似货物；

2. 在生产进口货物过程中使用的工具、模具和类似货物；

3. 在生产进口货物过程中消耗的材料；

4. 在境外进行的为生产进口货物所需的工程设计、技术研发、工艺及制图等相关服务。

（三）买方需向卖方或者有关方直接或者间接支付的特许权使用费，但是符合下列情形之一的除外：

1. 特许权使用费与该货物无关；

2. 特许权使用费的支付不构成该货物向中华人民共和国境内销售的条件。

（四）卖方直接或者间接从买方对该货物进口后销售、处置或者使用所得中获得的收益。

纳税义务人应当向海关提供本条所述费用或者价值的客观量化数据资料。纳税义务人不能提供的，海关与纳税义务人进行价格磋商后，按照本办法第六条列明的方法审查确定完税价格。

第十二条 在根据本办法第十一条第一款第二项确定应当计入进口货物完税价格的货物价值时，应当按照下列方法计算有关费用：

（一）由买方从与其无特殊关系的第三方购买的，应当计入的价值为购入价格；

（二）由买方自行生产或者从有特殊关系的第三方获得的，应当计入的价值为生产成本；

（三）由买方租赁获得的，应当计入的价值为买方承担的租赁成本；

（四）生产进口货物过程中使用的工具、模具和类似货物的价值，应当包括其工程设计、技术研发、工艺及制图等费用。

如果货物在被提供给卖方前已经被买方使用过，应当计入的价值为根据国内公认的会计原则对其进行折旧后的价值。

第十三条 符合下列条件之一的特许权使用费，应当视为与进口货物有关：

（一）特许权使用费是用于支付专利权或者专有技术使用权，且进口货物属于下列情形之一的：

1. 含有专利或者专有技术的；

2. 用专利方法或者专有技术生产的；

3. 为实施专利或者专有技术而专门设计或者制造的。

（二）特许权使用费是用于支付商标权，且进口货物属于下列情形之一的：

1. 附有商标的；

2. 进口后附上商标直接可以销售的；

3. 进口时已含有商标权，经过轻度加工后附上商标即可以销售的。

（三）特许权使用费是用于支付著作权，且进口货物属于下列情形之一的：

1. 含有软件、文字、乐曲、图片、图像或者其他类似内容的进口货物，包括磁带、磁盘、光盘或者其他类似载体的形式；

2. 含有其他享有著作权内容的进口货物。

（四）特许权使用费是用于支付分销权、销售权或者其他类似权利，且进口货物属于下列情形之一的：

1. 进口后可以直接销售的；

2. 经过轻度加工即可以销售的。

第十四条　买方不支付特许权使用费则不能购得进口货物，或者买方不支付特许权使用费则该货物不能以合同议定的条件成交的，应当视为特许权使用费的支付构成进口货物向中华人民共和国境内销售的条件。

第十五条　进口货物的价款中单独列明的下列税收、费用，不计入该货物的完税价格：

（一）厂房、机械或者设备等货物进口后发生的建设、安装、装配、维修或者技术援助费用，但是保修费用除外；

（二）进口货物运抵中华人民共和国境内输入地点起卸后发生的运输及其相关费用、保险费；

（三）进口关税、进口环节海关代征税及其他国内税；

（四）为在境内复制进口货物而支付的费用；

（五）境内外技术培训及境外考察费用。

同时符合下列条件的利息费用不计入完税价格：

（一）利息费用是买方为购买进口货物而融资所产生的；

（二）有书面的融资协议的；

（三）利息费用单独列明的；

（四）纳税义务人可以证明有关利率不高于在融资当时当地此类交易通常应当具有的利率水平，且没有融资安排的相同或者类似进口货物的价格与进口货物的实付、应付价格非常接近的。

第四节　特殊关系

第十六条　有下列情形之一的，应当认为买卖双方存在特殊关系：

（一）买卖双方为同一家族成员的；

（二）买卖双方互为商业上的高级职员或者董事的；

（三）一方直接或者间接地受另一方控制的；

（四）买卖双方都直接或者间接地受第三方控制的；

（五）买卖双方共同直接或者间接地控制第三方的；

（六）一方直接或者间接地拥有、控制或者持有对方5%以上（含5%）公开发行的有表决权的股票或者股份的；

（七）一方是另一方的雇员、高级职员或者董事的；

（八）买卖双方是同一合伙的成员的。

买卖双方在经营上相互有联系，一方是另一方的独家代理、独家经销或者独家受让人，如果符合前款的规定，也应当视为存在特殊关系。

第十七条　买卖双方之间存在特殊关系，但是纳税义务人能证明其成交价格与同时或者大约同时发生的下列任何一款价格相近的，应当视为特殊关系未对进口货物的成交价格产生影响：

（一）向境内无特殊关系的买方出售的相同或者类似进口货物的成交价格；

（二）按照本办法第二十三条的规定所确定的相同或者类似进口货物的完税价格；

（三）按照本办法第二十五条的规定所确定的相同或者类似进口货物的完税价格。

海关在使用上述价格进行比较时，应当考虑商业水平和进口数量的不同，以及买卖双方有无特殊关系造成的费用差异。

第十八条 海关经对与货物销售有关的情况进行审查，认为符合一般商业惯例的，可以确定特殊关系未对进口货物的成交价格产生影响。

第五节 除成交价格估价方法以外的其他估价方法

第十九条 相同货物成交价格估价方法，是指海关以与进口货物同时或者大约同时向中华人民共和国境内销售的相同货物的成交价格为基础，审查确定进口货物的完税价格的估价方法。

第二十条 类似货物成交价格估价方法，是指海关以与进口货物同时或者大约同时向中华人民共和国境内销售的类似货物的成交价格为基础，审查确定进口货物的完税价格的估价方法。

第二十一条 按照相同或者类似货物成交价格估价方法的规定审查确定进口货物的完税价格时，应当使用与该货物具有相同商业水平且进口数量基本一致的相同或者类似货物的成交价格。使用上述价格时，应当以客观量化的数据资料，对该货物与相同或者类似货物之间由于运输距离和运输方式不同而在成本和其他费用方面产生的差异进行调整。

在没有前款所述的相同或者类似货物的成交价格的情况下，可以使用不同商业水平或者不同进口数量的相同或者类似货物的成交价格。使用上述价格时，应当以客观量化的数据资料，对因商业水平、进口数量、运输距离和运输方式不同而在价格、成本和其他费用方面产生的差异作出调整。

第二十二条 按照相同或者类似货物成交价格估价方法审查确定进口货物的完税价格时，应当首先使用同一生产商生产的相同或者类似货物的成交价格。

没有同一生产商生产的相同或者类似货物的成交价格的，可以使用同一生产国或者地区其他生产商生产的相同或者类似货物的成交价格。

如果有多个相同或者类似货物的成交价格，应当以最低的成交价格为基础审查确定进口货物的完税价格。

第二十三条 倒扣价格估价方法，是指海关以进口货物、相同或者类似进口货物在境内的销售价格为基础，扣除境内发生的有关费用后，审查确定进口货物完税价格的估价方法。该销售价格应当同时符合下列条件：

（一）是在该货物进口的同时或者大约同时，将该货物、相同或者类似进口货物在境内销售的价格；

（二）是按照货物进口时的状态销售的价格；

（三）是在境内第一销售环节销售的价格；

（四）是向境内无特殊关系方销售的价格；

（五）按照该价格销售的货物合计销售总量最大。

第二十四条　按照倒扣价格估价方法审查确定进口货物完税价格的，下列各项应当扣除：

（一）同等级或者同种类货物在境内第一销售环节销售时，通常的利润和一般费用（包括直接费用和间接费用）以及通常支付的佣金；

（二）货物运抵境内输入地点起卸后的运输及其相关费用、保险费；

（三）进口关税、进口环节海关代征税及其他国内税。

如果该货物、相同或者类似货物没有按照进口时的状态在境内销售，应纳税义务人要求，可以在符合本办法第二十三条规定的其他条件的情形下，使用经进一步加工后的货物的销售价格审查确定完税价格，但是应当同时扣除加工增值额。

前款所述的加工增值额应当依据与加工成本有关的客观量化数据资料、该行业公认的标准、计算方法及其他的行业惯例计算。

按照本条的规定确定扣除的项目时，应当使用与国内公认的会计原则相一致的原则和方法。

第二十五条　计算价格估价方法，是指海关以下列各项的总和为基础，审查确定进口货物完税价格的估价方法：

（一）生产该货物所使用的料件成本和加工费用；

（二）向境内销售同等级或者同种类货物通常的利润和一般费用（包括直接费用和间接费用）；

（三）该货物运抵境内输入地点起卸前的运输及相关费用、保险费。

按照前款的规定审查确定进口货物的完税价格时，海关在征得境外生产商同意并且提前通知有关国家或者地区政府后，可以在境外核实该企业提供的有关资料。

按照本条第一款的规定确定有关价值或者费用时，应当使用与生产国或者地区公认的会计原则相一致的原则和方法。

第二十六条　合理方法，是指当海关不能根据成交价格估价方法、相同货物成交价格估价方法、类似货物成交价格估价方法、倒扣价格估价方法和计算价格估价方法确定完税价格时，海关根据本办法第二条规定的原则，以客观量化的数据资料为基础审查确定进口货物完税价格的估价方法。

第二十七条　海关在采用合理方法确定进口货物的完税价格时，不得使用以下价格：

（一）境内生产的货物在境内的销售价格；

（二）可供选择的价格中较高的价格；

（三）货物在出口地市场的销售价格；

（四）以本办法第二十五条规定之外的价值或者费用计算的相同或者类似货物的价格；

（五）出口到第三国或者地区的货物的销售价格；

（六）最低限价或者武断、虚构的价格。

第三章　特殊进口货物的完税价格

第二十八条　运往境外修理的机械器具、运输工具或者其他货物，出境时已向海关报明，并且在海关规定的期限内复运进境的，应当以境外修理费和料件费为基础审查确定完税价格。

出境修理货物复运进境超过海关规定期限的，由海关按照本办法第二章的规定审查确定完税价格。

第二十九条 运往境外加工的货物，出境时已向海关报明，并且在海关规定期限内复运进境的，应当以境外加工费和料件费以及该货物复运进境的运输及其相关费用、保险费为基础审查确定完税价格。

出境加工货物复运进境超过海关规定期限的，由海关按照本办法第二章的规定审查确定完税价格。

第三十条 经海关批准的暂时进境货物，应当缴纳税款的，由海关按照本办法第二章的规定审查确定完税价格。经海关批准留购的暂时进境货物，以海关审查确定的留购价格作为完税价格。

第三十一条 租赁方式进口的货物，按照下列方法审查确定完税价格：

（一）以租金方式对外支付的租赁货物，在租赁期间以海关审查确定的租金作为完税价格，利息应当予以计入；

（二）留购的租赁货物以海关审查确定的留购价格作为完税价格；

（三）纳税义务人申请一次性缴纳税款的，可以选择申请按照本办法第六条列明的方法确定完税价格，或者按照海关审查确定的租金总额作为完税价格。

第三十二条 减税或者免税进口的货物应当补税时，应当以海关审查确定的该货物原进口时的价格，扣除折旧部分价值作为完税价格，其计算公式如下：

$$\text{完税价格} = \frac{\text{海关审查确定的}}{\text{该货物原进口时的价格}} \times \left[1-\frac{\text{补税时实际已进口的时间（月）}}{\text{监管年限}\times 12}\right]$$

上述计算公式中“补税时实际已进口的时间”按月计算，不足 1 个月但是超过 15 日的，按照 1 个月计算；不超过 15 日的，不予计算。

第三十三条 易货贸易、寄售、捐赠、赠送等不存在成交价格的进口货物，海关与纳税义务人进行价格磋商后，按照本办法第六条列明的方法审查确定完税价格。

第三十四条 进口载有专供数据处理设备用软件的介质，具有下列情形之一的，应当以介质本身的价值或者成本为基础审查确定完税价格：

（一）介质本身的价值或者成本与所载软件的价值分列；

（二）介质本身的价值或者成本与所载软件的价值虽未分列，但是纳税义务人能够提供介质本身的价值或者成本的证明文件，或者能提供所载软件价值的证明文件。

含有美术、摄影、声音、图像、影视、游戏、电子出版物的介质不适用前款规定。

第四章 进口货物完税价格中的运输及其相关费用、保险费的计算

第三十五条 进口货物的运输及其相关费用，应当按照由买方实际支付或者应当支付的费用计算。如果进口货物的运输及其相关费用无法确定的，海关应当按照该货物进口同期的正常运输成本审查确定。

运输工具作为进口货物，利用自身动力进境的，海关在审查确定完税价格时，不再另行计入运输及其相关费用。

第三十六条　进口货物的保险费，应当按照实际支付的费用计算。如果进口货物的保险费无法确定或者未实际发生，海关应当按照"货价加运费"两者总额的3‰计算保险费，其计算公式如下：

保险费=（货价+运费）×3‰

第三十七条　邮运进口的货物，应当以邮费作为运输及其相关费用、保险费。

第五章　出口货物的完税价格

第三十八条　出口货物的完税价格由海关以该货物的成交价格为基础审查确定，并且应当包括货物运至中华人民共和国境内输出地点装载前的运输及其相关费用、保险费。

第三十九条　出口货物的成交价格，是指该货物出口销售时，卖方为出口该货物应当向买方直接收取和间接收取的价款总额。

第四十条　下列税收、费用不计入出口货物的完税价格：

（一）出口关税；

（二）在货物价款中单独列明的货物运至中华人民共和国境内输出地点装载后的运输及其相关费用、保险费。

第四十一条　出口货物的成交价格不能确定的，海关经了解有关情况，并且与纳税义务人进行价格磋商后，依次以下列价格审查确定该货物的完税价格：

（一）同时或者大约同时向同一国家或者地区出口的相同货物的成交价格；

（二）同时或者大约同时向同一国家或者地区出口的类似货物的成交价格；

（三）根据境内生产相同或者类似货物的成本、利润和一般费用（包括直接费用和间接费用）、境内发生的运输及其相关费用、保险费计算所得的价格；

（四）按照合理方法估定的价格。

第六章　完税价格的审查确定

第四十二条　纳税义务人向海关申报时，应当按照本办法的有关规定，如实向海关提供发票、合同、提单、装箱清单等单证。

根据海关要求，纳税义务人还应当如实提供与货物买卖有关的支付凭证以及证明申报价格真实、准确的其他商业单证、书面资料和电子数据。

货物买卖中发生本办法第二章第三节所列的价格调整项目的，或者发生本办法三十五条所列的运输及其相关费用的，纳税义务人应当如实向海关申报。

前款规定的价格调整项目或者运输及其相关费用如果需要分摊计算的，纳税义务人应当根据客观量化的标准进行分摊，并且同时向海关提供分摊的依据。

第四十三条　海关为审查申报价格的真实性、准确性，可以行使下列职权进行价格核查：

（一）查阅、复制与进出口货物有关的合同、发票、账册、结付汇凭证、单据、业务函电、录音录像制品和其他反映买卖双方关系及交易活动的商业单证、书面资料和电子数据；

（二）向进出口货物的纳税义务人及与其有资金往来或者有其他业务往来的公民、法人或者其他组织调查与进出口货物价格有关的问题；

（三）对进出口货物进行查验或者提取货样进行检验或者化验；

（四）进入纳税义务人的生产经营场所、货物存放场所，检查与进出口活动有关的货物和生产经营情况；

（五）经直属海关关长或者其授权的隶属海关关长批准，凭《中华人民共和国海关账户查询通知书》（见附件1）及有关海关工作人员的工作证件，可以查询纳税义务人在银行或者其他金融机构开立的单位账户的资金往来情况，并且向银行业监督管理机构通报有关情况；

（六）向税务部门查询了解与进出口货物有关的缴纳国内税情况。

海关在行使前款规定的各项职权时，纳税义务人及有关公民、法人或者其他组织应当如实反映情况，提供有关书面资料和电子数据，不得拒绝、拖延和隐瞒。

第四十四条 海关对申报价格的真实性、准确性有疑问时，或者认为买卖双方之间的特殊关系影响成交价格时，应当制发《中华人民共和国海关价格质疑通知书》（以下简称《价格质疑通知书》，见附件2），将质疑的理由书面告知纳税义务人或者其代理人，纳税义务人或者其代理人应当自收到《价格质疑通知书》之日起5个工作日内，以书面形式提供相关资料或者其他证据，证明其申报价格真实、准确或者双方之间的特殊关系未影响成交价格。

纳税义务人或者其代理人确有正当理由无法在规定时间内提供前款资料的，可以在规定期限届满前以书面形式向海关申请延期。

除特殊情况外，延期不得超过10个工作日。

第四十五条 海关制发《价格质疑通知书》后，有下列情形之一的，海关与纳税义务人进行价格磋商后，按照本办法第六条或者第四十一条列明的方法审查确定进出口货物的完税价格：

（一）纳税义务人或者其代理人在海关规定期限内，未能提供进一步说明的；

（二）纳税义务人或者其代理人提供有关资料、证据后，海关经审核其所提供的资料、证据，仍然有理由怀疑申报价格的真实性、准确性的；

（三）纳税义务人或者其代理人提供有关资料、证据后，海关经审核其所提供的资料、证据，仍然有理由认为买卖双方之间的特殊关系影响成交价格的。

第四十六条 海关经过审查认为进口货物无成交价格的，可以不进行价格质疑，经与纳税义务人进行价格磋商后，按照本办法第六条列明的方法审查确定完税价格。

海关经过审查认为出口货物无成交价格的，可以不进行价格质疑，经与纳税义务人进行价格磋商后，按照本办法第四十一条列明的方法审查确定完税价格。

第四十七条 按照本办法规定需要价格磋商的，海关应当依法向纳税义务人制发《中华人民共和国海关价格磋商通知书》（见附件3）。纳税义务人应当自收到通知之日起5个工作日内与海关进行价格磋商。纳税义务人在海关规定期限内与海关进行价格磋商的，海关应当制作《中华人民共和国海关价格磋商纪录表》(见附件4)。

纳税义务人未在通知规定的时限内与海关进行磋商的，视为其放弃价格磋商的权利，海关可以直接使用本办法第六条或者第四十一条列明的方法审查确定进出口货物的完税价格。

第四十八条 对符合下列情形之一的，经纳税义务人书面申请，海关可以不进行价格质疑以及价格磋商，按照本办法第六条或者第四十一条列明的方法审查确定进出口货物的完税价格：

(一) 同一合同项下分批进出口的货物，海关对其中一批货物已经实施估价的；

(二) 进出口货物的完税价格在人民币10万元以下或者关税及进口环节海关代征税总额在人民币2万元以下的；

(三) 进出口货物属于危险品、鲜活品、易腐品、易失效品、废品、旧品等的。

第四十九条 海关审查确定进出口货物的完税价格期间，纳税义务人可以在依法向海关提供担保后，先行提取货物。

第五十条 海关审查确定进出口货物的完税价格后，纳税义务人可以提出书面申请，要求海关就如何确定其进出口货物的完税价格作出书面说明。海关应当根据要求出具《中华人民共和国海关估价告知书》(见附件5)。

第七章 附 则

第五十一条 本办法中下列用语的含义：

境内，是指中华人民共和国海关关境内。

完税价格，是指海关在计征关税时使用的计税价格。

买方，是指通过履行付款义务，购入货物，并且为此承担风险，享有收益的自然人、法人或者其他组织。其中进口货物的买方是指向中华人民共和国境内购入进口货物的买方。

卖方，是指销售货物的自然人、法人或者其他组织。其中进口货物的卖方是指向中华人民共和国境内销售进口货物的卖方。

向中华人民共和国境内销售，是指将进口货物实际运入中华人民共和国境内，货物的所有权和风险由卖方转移给买方，买方为此向卖方支付价款的行为。

实付、应付价格，是指买方为购买进口货物而直接或者间接支付的价款总额，即作为卖方销售进口货物的条件，由买方向卖方或者为履行卖方义务向第三方已经支付或者将要支付的全部款项。

间接支付，是指买方根据卖方的要求，将货款全部或者部分支付给第三方，或者冲抵买卖双方之间的其他资金往来的付款方式。

购货佣金，是指买方为购买进口货物向自己的采购代理人支付的劳务费用。

经纪费，是指买方为购买进口货物向代表买卖双方利益的经纪人支付的劳务费用。

相同货物，是指与进口货物在同一国家或者地区生产的，在物理性质、质量和信誉等所有方面都相同的货物，但是表面的微小差异允许存在。

类似货物，是指与进口货物在同一国家或者地区生产的，虽然不是在所有方面都相同，但是却具有相似的特征，相似的组成材料，相同的功能，并且在商业中可以互换的货物。

大约同时，是指海关接受货物申报之日的大约同时，最长不应当超过前后45日。按照倒扣价格法审查确定进口货物的完税价格时，如果进口货物、相同或者类似货物没有在海关接受进口货物申报之日前后45日内在境内销售，可以将在境内销售的时间延长至接受货物申报之日前后90日内。

公认的会计原则，是指在有关国家或者地区会计核算工作中普遍遵循的原则性规范和会计核算业务的处理方法。包括对货物价值认定有关的权责发生制原则、配比原则、历史成本原则、划分收益性与资本性支出原则等。

特许权使用费，是指进口货物的买方为取得知识产权权利人及权利人有效授权人关于专利权、商标权、专有技术、著作权、分销权或者销售权的许可或者转让而支付的费用。

技术培训费用，是指基于卖方或者与卖方有关的第三方对买方派出的技术人员进行与进口货物有关的技术指导，进口货物的买方支付的培训师资及人员的教学、食宿、交通、医疗保险等其他费用。

软件，是指《计算机软件保护条例》规定的用于数据处理设备的程序和文档。

专有技术，是指以图纸、模型、技术资料和规范等形式体现的尚未公开的工艺流程、配方、产品设计、质量控制、检测以及营销管理等方面的知识、经验、方法和诀窍等。

轻度加工，是指稀释、混合、分类、简单装配、再包装或者其他类似加工。

同等级或者同种类货物，是指由特定产业或者产业部门生产的一组或者一系列货物中的货物，包括相同货物或者类似货物。

介质，是指磁带、磁盘、光盘。

价格核查，是指海关为确定进出口货物的完税价格，依法行使本办法第四十三条规定的职权，通过审查单证、核实数据、核对实物及相关账册等方法，对进出口货物申报成交价格的真实性、准确性以及买卖双方之间是否存在特殊关系影响成交价格进行的审查。

价格磋商，是指海关在使用除成交价格以外的估价方法时，在保守商业秘密的基础上，与纳税义务人交换彼此掌握的用于确定完税价格的数据资料的行为。

起卸前，是指货物起卸行为开始之前。

装载前，是指货物装载行为开始之前。

第五十二条 纳税义务人对海关确定完税价格有异议的，应当按照海关作出的相关行政决定依法缴纳税款，并且可以依法向上一级海关申请复议。对复议决定不服的，可以依法向人民法院提起行政诉讼。

第五十三条 违反本办法规定，构成走私行为、违反海关监管规定行为或者其他违反《海关法》行为的，由海关依照《海关法》和《中华人民共和国海关行政处罚实施条例》的有关规定予以处理；构成犯罪的，依法追究刑事责任。

第五十四条 本办法由海关总署负责解释。

第五十五条 本办法自2014年2月1日起施行。2006年3月28日海关总署令第148号发布的《中华人民共和国海关审定进出口货物完税价格办法》同时废止。

附件：1. 中华人民共和国海关账户查询通知书（略）
2. 中华人民共和国海关价格质疑通知书（略）
3. 中华人民共和国海关价格磋商通知书（略）
4. 中华人民共和国海关价格磋商记录表（略）
5. 中华人民共和国海关估价告知书（样式）（略）

文件 4

中华人民共和国海关审定内销保税货物完税价格办法

第一条 为了正确审查确定内销保税货物的完税价格，根据《中华人民共和国海关法》《中华人民共和国进出口关税条例》及其他有关法律、行政法规的规定，制定本办法。

第二条 海关审查确定内销保税货物完税价格，适用本办法。涉嫌走私的内销保税货物计税价格的核定，不适用本办法。

第三条 内销保税货物的完税价格，由海关以该货物的成交价格为基础审查确定。

第四条 进料加工进口料件或者其制成品（包括残次品）内销时，海关以料件原进口成交价格为基础审查确定完税价格。

属于料件分批进口，并且内销时不能确定料件原进口一一对应批次的，海关可按照同项号、同品名和同税号的原则，以其合同有效期内或电子账册核销周期内已进口料件的成交价格计算所得的加权平均价为基础审查确定完税价格。

合同有效期内或电子账册核销周期内已进口料件的成交价格加权平均价难以计算或者难以确定的，海关以客观可量化的当期进口料件成交价格的加权平均价为基础审查确定完税价格。

第五条 来料加工进口料件或者其制成品（包括残次品）内销时，海关以接受内销申报的同时或者大约同时进口的与料件相同或者类似的保税货物的进口成交价格为基础审查确定完税价格。

第六条 加工企业内销的加工过程中产生的边角料或者副产品，以其内销价格为基础审查确定完税价格。

副产品并非全部使用保税料件生产所得的，海关以保税料件在投入成本核算中所占比重计算结果为基础审查确定完税价格。

按照规定需要以残留价值征税的受灾保税货物，海关以其内销价格为基础审查确定完税价格。按照规定应折算成料件征税的，海关以各项保税料件占构成制成品（包括残次品）全部料件的价值比重计算结果为基础审查确定完税价格。

边角料、副产品和按照规定需要以残留价值征税的受灾保税货物经海关允许采用拍卖方式内销时，海关以其拍卖价格为基础审查确定完税价格。

第七条 深加工结转货物内销时，海关以该结转货物的结转价格为基础审查确定完税价格。

第八条 保税区内企业内销的保税加工进口料件或者其制成品，海关以其内销价格为基础审查确定完税价格。

保税区内企业内销的保税加工制成品中，如果含有从境内采购的料件，海关以制成品所含从境外购入料件的原进口成交价格为基础审查确定完税价格。

保税区内企业内销的保税加工进口料件或者其制成品的完税价格依据本条前两款规定不能确定的，海关以接受内销申报的同时或者大约同时内销的相同或者类似的保税货物的内销价格为基础审查确定完税价格。

第九条　除保税区以外的海关特殊监管区域内企业内销的保税加工料件或者其制成品，以其内销价格为基础审查确定完税价格。

除保税区以外的海关特殊监管区域内企业内销的保税加工料件或者其制成品的内销价格不能确定的，海关以接受内销申报的同时或者大约同时内销的相同或者类似的保税货物的内销价格为基础审查确定完税价格。

除保税区以外的海关特殊监管区域内企业内销的保税加工制成品、相同或者类似的保税货物的内销价格不能确定的，海关以生产该货物的成本、利润和一般费用计算所得的价格为基础审查确定完税价格。

第十条　海关特殊监管区域内企业内销的保税加工过程中产生的边角料、废品、残次品和副产品，以其内销价格为基础审查确定完税价格。

海关特殊监管区域内企业经海关允许采用拍卖方式内销的边角料、废品、残次品和副产品，海关以其拍卖价格为基础审查确定完税价格。

第十一条　海关特殊监管区域、保税监管场所内企业内销的保税物流货物，海关以该货物运出海关特殊监管区域、保税监管场所时的内销价格为基础审查确定完税价格；该内销价格包含的能够单独列明的海关特殊监管区域、保税监管场所内发生的保险费、仓储费和运输及其相关费用，不计入完税价格。

第十二条　海关特殊监管区域内企业内销的研发货物，海关依据本办法第八条、第九条、第十条的规定审查确定完税价格。海关特殊监管区域内企业内销的检测、展示货物，海关依据本办法第十一条的规定审查确定完税价格。

第十三条　内销保税货物的完税价格不能依据本办法第四至十二条规定确定的，海关依次以下列价格估定该货物的完税价格：

（一）与该货物同时或者大约同时向中华人民共和国境内销售的相同货物的成交价格；

（二）与该货物同时或者大约同时向中华人民共和国境内销售的类似货物的成交价格；

（三）与该货物进口的同时或者大约同时，将该进口货物、相同或者类似进口货物在第一级销售环节销售给无特殊关系买方最大销售总量的单位价格，但应当扣除以下项目：

1. 同等级或者同种类货物在中华人民共和国境内第一级销售环节销售时通常的利润和一般费用以及通常支付的佣金；

2. 进口货物运抵境内输入地点起卸后的运输及其相关费用、保险费；

3. 进口关税及国内税收。

（四）按照下列各项总和计算的价格：生产该货物所使用的料件成本和加工费用，向中华人民共和国境内销售同等级或者同种类货物通常的利润和一般费用，该货物运抵境内输入地点起卸前的运输及其相关费用、保险费；

（五）以合理方法估定的价格。

纳税义务人向海关提供有关资料后，可以提出申请，颠倒前款第三项和第四项的适用次序。

第十四条　本办法中下列用语的含义：

内销保税货物，包括因故转为内销需要征税的加工贸易货物、海关特殊监管区域内货物、保税监管场所内货物和因其他原因需要按照内销征税办理的保税货物，但不包括以下项目：

（一）海关特殊监管区域、保税监管场所内生产性的基础设施建设项目所需的机器、设备和建设所需的基建物资；

（二）海关特殊监管区域、保税监管场所内企业开展生产或综合物流服务所需的机器、设备、模具及其维修用零配件；

（三）海关特殊监管区域、保税监管场所内企业和行政管理机构自用的办公用品、生活消费用品和交通运输工具。

内销价格，是指向国内企业销售保税货物时买卖双方订立的价格，是国内企业为购买保税货物而向卖方（保税企业）实际支付或者应当支付的全部价款，但不包括关税和进口环节海关代征税。

拍卖价格，是指国家注册的拍卖机构对海关核准参与交易的保税货物履行合法有效的拍卖程序，竞买人依拍卖规定获得拍卖标的物的价格。

结转价格，是指深加工结转企业间买卖加工贸易货物时双方订立的价格，是深加工结转转入企业为购买加工贸易货物而向深加工结转转出企业实际支付或者应当支付的全部价款。

第十五条　纳税义务人对海关确定完税价格有异议的，应当按照海关作出的相关行政决定缴纳税款，并可以依法向上一级海关申请复议。对复议决定不服的，可以依法向人民法院提起行政诉讼。

第十六条　违反本办法规定，构成走私或者违反海关监管规定行为的，由海关依照《中华人民共和国海关法》和《中华人民共和国海关行政处罚实施条例》的有关规定予以处理；构成犯罪的，依法追究刑事责任。

第十七条　本办法由海关总署负责解释。

第十八条　本办法自 2014 年 2 月 1 日起施行。

文件 5

中华人民共和国海关计核涉嫌走私的货物、物品偷逃税款暂行办法

第一章　总　则

第一条　为加强海关对涉嫌走私的货物、物品偷逃税款的计核工作，保障计核工作的公正性、科学性和权威性，根据《中华人民共和国海关法》、《中华人民共和国进出口关税条例》及有关法律、行政法规，制定本办法。

第二条 海关办理走私案件，涉嫌走私的货物、物品偷逃税款的计核工作适用本办法。

第三条 走私毒品、武器、弹药、核材料、伪造的货币、国家禁止出口的文物，国家禁止进出口的珍贵动物及其制品、珍稀植物及其制品、淫秽物品，国家禁止进境的固体废物和危险性废物等不以偷逃税额作为定罪量刑及认定走私行为、作出行政处罚标准的货物、物品，不适用本办法。

第四条 中华人民共和国海关是负责涉嫌走私的货物、物品偷逃税款计核工作的法定主管机关，其授权计核税款的部门（以下简称“计核部门”）是负责计核工作的主管部门。

第五条 海关出具的计核结论，经海关走私犯罪侦查机关、人民检察院和人民法院审查确认，可以作为办案的依据和定罪量刑的证据。

第二章 计核程序

第六条 因办理走私案件需要计核偷逃税款的，海关相关部门（以下简称“送核单位”）应当持《涉嫌走私的货物、物品偷逃税款送核表》（以下简称《送核表》）送交其所在海关的计核部门。

《送核表》应当包括以下内容：

（一）走私案件的名称；

（二）走私方式；

（三）涉嫌走私的货物、物品已缴纳税款情况；

（四）涉嫌走私的货物、物品的品名、牌号、规格、型号、原产地、数量以及进出口日期等；

（五）查获的时间、地点；

（六）其他需要说明的情况。

第七条 送核单位送交《送核表》，应当根据计核部门的要求和案件的性质随附下列单据或材料：

（一）涉嫌走私的货物、物品的报关单、合同、商业发票、提（运）单、保险单、加工贸易备案登记手册、国内增值税发票以及其他商业单证；

（二）涉嫌走私的货物、物品的说明书及其他技术资料；

（三）涉嫌走私的货物、物品的使用、损坏程度的记录以及照片；

（四）涉嫌走私的货物、物品的价格、规格、市场行情等有关的材料；

（五）有关计核所需的其他单证或者材料。

对于上述所列的单据、材料，因故无法提供的，送核单位应当向计核部门作出书面说明。

第八条 海关计核部门接到送核单位送交的《送核表》及随附的单证、材料时，应当认真审核，对于填制不清楚或者随附的单证或者材料有遗漏的，可以要求送核单位补充。

第九条 海关计核部门在计核过程中，需要送核单位进行以下工作的，送核单位应当予以配合：

（一）对涉嫌走私的货物、物品进行查验取样；

（二）提供与计核工作有关的账册、文件等资料；

（三）提留货样送海关化验机构或者其他法定或者国家授权的专业部门，出具品名、成分、用途、质量、等级、新旧程度、价值等项的鉴定结论报告；

（四）委托国内有资质的价格鉴证机构等单位出具对涉嫌走私的货物、物品的国内市场批发价格、出厂价格的评估资料；

（五）需要送核单位进行的其他工作。

第十条　送核单位送交的《送核表》及随附单证、材料符合计核要求的，除第九条规定的情况以外，海关计核部门应当自接受计核之日起7个工作日内作出计核结论，向送核单位出具《涉嫌走私的货物、物品偷逃税款海关核定证明书》（以下简称《证明书》），加盖海关税款核定专用章，并随附《涉嫌走私的货物、物品偷逃税款计核资料清单》（以下简称《计核资料清单》）。

第十一条　《证明书》应当包括以下内容：

（一）计核事项；

（二）计核结论；

（三）计该依据和计核方法要述；

（四）计核人员签名。

《计核资料清单》应当包括涉案货物、物品的品名、原产地、规格、数量、税则号列、计税价格、税率、汇率等内容。

第十二条　海关相关部门、人民检察院、人民法院对海关出具的《证明书》有异议，或者因核定偷逃税额的事实发生变化，认为需要补充核定或者重新核定的，应由原送核单位向出具《证明书》的海关计核部门重新送交《送核表》并附书面说明。海关计核部门接到要求补充核定的《送核表》后，应当依照本办法第十条规定进行补充核定或者重新核定。

第十三条　走私犯罪嫌疑人、被告人或其辩护人对海关出具的《证明书》有异议的，应当向办案机关提出重新核定的申请，经海关走私犯罪侦查机关、人民检察院或者人民法院审查同意后，由原送核单位按照本办法第十二条规定的程序重新核定。

第十四条　海关进行补充核定或者重新核定的，应当另行指派计核人员进行。

第十五条　海关税款计核部门的计核人员，遇有下列情形之一的，应当回避：

（一）计核人员是计核案件当事人的近亲属；

（二）计核人员本人及其近亲属与计核案件当事人有利害关系的；

（三）与计核案件当事人有其他关系，可能影响计核工作的公正性的。

第三章　计核方法

第十六条　涉嫌走私的货物能够确定成交价格的，其计税价格应当以该货物的成交价格为基础审核确定。

第十七条　涉嫌走私的货物成交价格经审核不能确定的，其计税价格应当依次以下列价格为基础确定：

（一）海关所掌握的相同进口货物的正常成交价格；

（二）海关所掌握的类似进口货物的正常成交价格；

（三）海关所掌握的相同或者类似进口货物在国际市场的正常成交价格；

（四）国内有资质的价格签证机构评估的涉嫌走私货物的国内市场批发价格减去进口关税和其他进口环节税以及进口后的利润和费用后的价格，其中进口后的各项费用和利润综合计算为计税价格的20%，其计算公式为：

$$计税价格=\frac{国内市场批发价格}{1+\frac{进口关税率+消费税率+增值税率+进口关税率\times增值税率}{1-消费税率}+20\%}$$

（五）涉嫌走私的货物或者相同、类似货物在国内依法拍卖的价格减去拍卖费用后的价格；

（六）按其他合理方法确定的价格。

第十八条 对于已陈旧但尚有使用价值的涉嫌走私的货物，如不能按照本办法第十六条规定核定其计税价格且海关难以认定其新旧程度，应当根据具备资质的机构出具的新旧程度的鉴定结论报告按照本办法第十七条的规定核定其计税价格。

第十九条 涉嫌走私进口的黄金、白银和其他贵重金属及其制品、珠宝制品以及其他有价值的收藏品，应当按国家定价或者国家有关鉴定部门确定的价值核定其计税价格。

第二十条 对于无法确定成交价格的涉嫌走私的非淫秽音像制品，应当以固定的价格作为计税价格。具体价格由海关总署另行确定。

第二十一条 对于涉嫌走私的假冒品牌货物，其计税价格由海关总署另行确定。

第二十二条 涉嫌走私的国产品牌货物，应当以相同或者类似货物正常的出口价格核定其计税价格；出口价格不能确定的，其计税价格应当以相同或者类似货物在国内的正常的出厂价格（不含增值税）为基础核定。

第二十三条 擅自内销保税货物涉嫌走私的，能够确定原申报进口货物成交价格的，其计税价格应当以原申报进口货物的成交价格为基础核定；原申报进口货物的成交价格不能确定的，应当按照本办法第十七条的规定核定的原申报进口货物的价格作为计税价格。

第二十四条 擅自内销特定减免税货物涉嫌走私的，其计税价格应当以该货物原进口时的成交价格为基础核定，计算公式为：

$$计税价格=原进口时的海关完税价格\times\left[1-\frac{擅自内销时已进口时间（月）}{监管年限\times12}\right]$$

成交价格不能确定的，应当按照本办法第十七条的规定，并按上述公式计算计税价格。

第二十五条 涉嫌通过携带、托运和邮递方式走私的货物、物品，应当按本办法第十六条和第十七条的规定核定其计税价格。

第二十六条 在核定涉嫌走私的货物计税价格时，应当包括货物运抵境内的运费、保险费。

第二十七条 对于涉嫌走私的货物或者物品，应当按照《中华人民共和国进出口税则》规定的归类原则，归入合适的税则号列，并按照《中华人民共和国进出口关税条例》及其他有关税率适用的规定采用正确的税率确定偷逃税款。

第二十八条　在计核涉嫌走私的货物或者物品偷逃税款时，应当以走私行为案发时所适用的税则、税率、汇率和按照本办法第十六条至第二十五条的规定审定的计税价格计算。具体计算办法如下：

（一）有证据证明走私行为发生时间的，以走私行为发生之日计算；

（二）走私行为的发生呈连续状态的，以连续走私行为的最后终结之日计算；

（三）证据无法证明走私行为发生之日或者连续走私行为终结之日的，以走私案件的受案之日（包括刑事和行政受案之日）计算；同一案件因办案部门转换出现不同受案日期的，以最先受案的部门受案之日为准。

第二十九条　在计核涉嫌走私的货物偷逃税款时，应扣除海关按照走私犯罪嫌疑人的申报计算的应缴税款。

第三十条　违反海关监管规定的其他违法行为涉及税款计核的，如不能确定涉嫌违规的货物或者物品的接受申报进口之日的，可以比照本办法办理。

第四章　附　则

第三十一条　本办法由海关总署负责解释。

第三十二条　本办法自2002年11月10日起实施。

文件6

中华人民共和国海关计核违反海关监管规定案件货物、物品价值办法

第一章　总　则

第一条　为了准确计核违反海关监管规定案件的货物、物品价值，根据《中华人民共和国海关法》（以下简称《海关法》）、《中华人民共和国海关行政处罚实施条例》（以下简称《处罚条例》）、《中华人民共和国进出口关税条例》（以下简称《关税条例》）的规定，制定本办法。

第二条　计核违反海关监管规定案件货物、物品价值的，适用本办法。

第三条　海关应当在确定违法货物、物品及其完税价格，计核进出口关税、进口环节海关代征税或者进口税的基础上，根据违法货物、物品的完税价格和相应税款计核货物、物品价值。

第四条　海关计核违法货物、物品价值或者计核案件漏缴税款的，应当通过行政处罚

告知书，将违法货物、物品价值或者漏缴税款数额告知当事人。

第二章 违法货物、物品的确定

第一节 违法货物的确定

第五条 违反国家进出口管理规定，进出口国家限制进出口货物，申报时不能向海关提交许可证件的，违法货物为不能提交许可证件的实际进出口货物。

第六条 货物进出口时应当申报的项目没有申报或者申报不实，影响国家许可证件管理的，违法货物为实际进出口货物。其中仅数量申报不实的，违法货物为实际进出口货物数量超出许可证件进出口额度部分的货物；许可证件为“非一批一证”管理，且许可证件还有剩余额度的，违法货物为实际进出口货物数量超出申报数量部分的货物。

第七条 货物进出口时应当申报的项目没有申报或者申报不实，影响国家税款征收的，违法货物为实际进出口货物。其中仅数量申报不实的，违法货物为实际进出口货物数量与申报数量差额部分的货物。

第八条 加工贸易货物进出口时应当申报的项目没有申报或者申报不实的，违法货物按以下方式确定：

（一）加工贸易货物进出口时应当申报的项目没有申报或者申报不实，影响国家许可证件管理的，违法货物按照本办法第六条确定。

（二）加工贸易货物进口时应当申报的项目没有申报或者申报不实，影响国家税款征收的，违法货物为实际进口货物；其中仅数量申报不实的，违法货物为实际进口货物数量与申报数量差额部分的货物。

（三）加工贸易货物出口时应当申报的项目没有申报或者申报不实，影响国家税款征收的，违法货物为申报出口货物所耗用的保税料件。其中仅数量申报不实的，违法货物为申报出口货物数量与实际出口货物数量差额部分货物所耗用的保税料件。

第九条 未经海关许可，擅自将海关监管货物开拆、提取、交付、发运、调换、改装、抵押、质押、留置、转让、更换标记、移作他用或者进行其他处置的，违法货物为被开拆、提取、交付、发运、调换、改装、抵押、质押、留置、转让、更换标记、移作他用或者进行其他处置的海关监管货物。

第十条 未经海关许可，在海关监管区以外存放海关监管货物的，违法货物为在海关监管区以外存放的海关监管货物。

第十一条 海关监管货物在运输、储存、加工、装配、寄售、展示中灭失、数量短少，且不能提供正当理由的，违法货物为灭失、数量短少货物。

有关货物品名、规格记录不真实，不能提供正当理由的，违法货物为应当真实记录的实际货物；有关货物数量记录不真实，不能提供正当理由的，违法货物为应当真实记录的实际数量与记录数量差额部分的货物。

第十二条 经营保税货物运输、储存、加工、装配、寄售、展示等业务，没有依照规定办理收存、交付、结转等手续的，违法货物为没有依照规定办理收存、交付、结转等海关手续的保税货物。

第十三条　经营保税货物运输、储存、加工、装配、寄售、展示等业务，没有依照规定办理核销手续，或者中止、延长、变更、转让有关合同不依照规定办理海关手续的，违法货物为已实际进口但未依法出口、结转、征税内销或者未进行其他合法处置的保税货物。

第十四条　没有如实向海关申报加工贸易制成品单耗的，违法货物为申报单耗与实际单耗的差额与制成品数量的乘积所对应的货物，其计算公式为：

违法货物=制成品数量×（申报单位耗料量−实际单位耗料量）

第十五条　未按照规定期限将过境、转运、通运货物运输出境，擅自留在境内的，违法货物为擅自留在境内的过境、转运、通运货物。

第十六条　未按照规定期限将暂时进出口货物复运出境或者复运进境，擅自留在境内或者境外的，违法货物为擅自留在境内或者境外的暂时进出口货物。

第十七条　有违反海关监管规定的其他行为，致使海关不能或者中断对进出口货物实施监管的，违法货物为海关不能或者中断实施监管的进出口货物。

第二节　违法物品的确定

第十八条　未经海关许可，擅自将海关尚未放行的进出境物品开拆、交付、投递、转移或者进行其他处置的，违法物品为被开拆、交付、投递、转移或者进行其他处置的物品。

第十九条　个人运输、携带、邮寄超过合理数量的自用物品进出境未向海关申报的，或者运输、携带、邮寄超过规定数量但仍属自用的国家限制进出境物品进出境，未向海关申报但没有以藏匿、伪装等方式逃避海关监管的，违法物品为实际进出境自用物品数量超过合理数量或者规定数量部分的物品。

第二十条　个人运输、携带、邮寄物品进出境品名申报不实的，违法物品为实际进出境物品。

个人运输、携带、邮寄物品进出境数量申报不实的，违法物品为实际进出境物品数量超过合理数量或者规定数量部分的物品；申报数量超过合理数量或者规定数量的，违法物品为实际进出境物品数量超过申报数量部分的物品。

第二十一条　经海关登记准予暂时免税进境或者暂时免税出境的物品，未按照规定复带出境或者复带进境的，违法物品为未复带出境或者未复带进境的物品。

第二十二条　未经海关批准，过境人员将其所带物品留在境内的，违法物品为过境人员留在境内的物品。

第三章　违法货物、物品税款的计核

第二十三条　计核违法货物、物品税款的，应当根据办案需要收集以下单证、材料：

（一）违法货物、物品的报关单、进出境备案清单、合同、商业发票、提（运）单、保险单、加工贸易手册、电子账册、电子化手册、原产地证明、国内增值税发票以及其他有关单证；

（二）证明违法货物、物品品名、规格、成分、功能、生产工艺、新旧程度等属性的材料；

（三）证明违法货物、物品税款缴纳情况的材料；

（四）证明违法行为发生时间或者被发现时间的材料；

（五）计核税款需要收集的其他单证、材料。

第二十四条 违法货物、物品的完税价格应当按照《关税条例》《中华人民共和国海关审定进出口货物完税价格办法》《中华人民共和国进境物品完税价格表》的规定予以审定。

计核违法货物、物品的税款，应当适用违法行为发生之日实施的税率和汇率。违法行为发生之日无法确定的，适用违法行为被发现之日实施的税率和汇率。

第二十五条 应当申报的项目未申报或者申报不实案件的漏缴税款为实际进出口货物的应缴税款与申报进出口货物的计核税款的差额。

第二十六条 未经海关许可，擅自将特定减免税货物抵押、质押、留置、转让、移作他用或者进行其他处置的，违法货物的完税价格为海关审定的该货物原进口时的价格扣除折旧部分价值。

未经海关许可，擅自将特定减免税货物转让的，案件的漏缴税款为违法货物的应缴税款；擅自将特定减免税货物抵押、质押、留置、移作他用的，案件的漏缴税款为违法行为持续时间占海关监管年限的比例所对应的税款。

未经海关许可，擅自将不作价设备抵押、质押、留置、转让、移作他用或者进行其他处置的，有关完税价格、漏缴税款等参照本条第一、二款进行计核。

第二十七条 加工贸易进出口货物申报不实，影响国家税款征收的，案件的漏缴税款按以下方式计核：

（一）加工贸易货物进口申报不实的，实际进口货物的税款与申报进口货物的税款差额为案件的漏缴税款。

（二）加工贸易货物出口申报不实的，申报出口货物耗用保税料件的税款与实际出口货物耗用保税料件的税款差额为案件的漏缴税款。

（三）加工贸易货物以一般贸易方式出口的，实际出口货物耗用保税料件的税款为案件的漏缴税款。

第二十八条 海关计核货物、物品税款的，应当制作《中华人民共和国海关办理违反海关监管规定案件货物、物品税款计核证明书》（以下简称《税款计核证明书》，见附件），加盖海关税款计核专用章，并随附《中华人民共和国海关办理违反海关监管规定案件货物、物品税款计核资料清单》（以下简称《税款计核资料清单》）。

《税款计核证明书》应当包括以下内容：

（一）计核事项；

（二）计核依据和计核方法；

（三）计核结论；

（四）计核部门和计核人员签章。

《税款计核资料清单》应当包括货物、物品的品名、规格、税则号列、数量、完税价格、原产地、税率、汇率、税款等内容。

第四章　违法货物、物品价值的计核

第二十九条　违法货物价值依据违法货物的完税价格、进出口关税、进口环节海关代征税之和进行计核；违法物品价值依据违法物品的完税价格和进口税之和进行计核。

第三十条　国务院关税税则委员会规定按货物征税的进境物品，按照本办法有关货物价值的规定计核价值。

第五章　附　则

第三十一条　下列情形不需要计核违法货物、物品价值：

（一）依据《处罚条例》第十五条第（一）、（二）项、第二十一条至第二十四条、第二十六条至第三十二条规定作出行政处罚的；

（二）涉及禁止进出境的货物、物品，无法计核货物、物品价值的；

（三）涉及其他特殊货物、物品，价值难以确定的。

第三十二条　本办法所称"违法货物、物品"，是指违反海关监管规定的行为所指向的特定货物、物品。

第三十三条　本办法由海关总署负责解释。

第三十四条　本办法自2009年6月1日起施行。

文件7

关于实施1994年关税与贸易总协定第七条的协定（英文）

AGREEMENT ON IMPLEMENTATION OF ARTICLE Ⅶ *OF THE GENERAL AGREEMENT ON TARIFFS AND TRADE* 1994

GENERAL INTRODUCTORY COMMENTARY

1. The primary basis for customs value under this Agreement is "transaction value" as defined in Article 1. Article 1 is to be read together with Article 8 which provides, inter alia, for adjustments to the price actually paid or payable in cases where certain specific elements which are considered to form a part of the value for customs purposes are incurred by the buyer but are not included in the price actually paid or payable for the imported goods. Article 8 also provides for the

inclusion in the transaction value of certain considerations which may pass from the buyer to the seller in the form of specified goods or services rather than in the form of money. Articles 2 through 7 provide methods of determining the customs value whenever it cannot be determined under the provisions of Article 1.

2. Where the customs value cannot be determined under the provisions of Article 1 there should normally be a process of consultation between the customs administration and importer with a view to arriving at a basis of value under the provisions of Article 2 or 3. It may occur, for example, that the importer has information about the customs value of identical or similar imported goods which is not immediately available to the customs administration in the port of importation. On the other hand, the customs administration may have information about the customs value of identical or similar imported goods which is not readily available to the importer. A process of consultation between the two parties will enable information to be exchanged, subject to the requirements of commercial confidentiality, with a view to determining a proper basis of value for customs purposes.

3. Articles 5 and 6 provide two bases for determining the customs value where it cannot be determined on the basis of the transaction value of the imported goods or of identical or similar imported goods. Under paragraph 1 of Article 5 the customs value is determined on the basis of the price at which the goods are sold in the condition as imported to an unrelated buyer in the country of importation. The importer also has the right to have goods which are further processed after importation valued under the provisions of Article 5 if the importer so requests. Under Article 6 the customs value is determined on the basis of the computed value. Both these methods present certain difficulties and because of this the importer is given the right, under the provisions of Article 4, to choose the order of application of the two methods.

4. Article 7 sets out how to determine the customs value in cases where it cannot be determined under the provisions of any of the preceding Articles.

Members,

Having regard to the Multilateral Trade Negotiations;

Desiring to further the objectives of GATT 1994 and to secure additional benefits for the international trade of developing countries;

Recognizing the importance of the provisions of Article VII of GATT 1994 and desiring to elaborate rules for their application in order to provide greater uniformity and certainty in their implementation;

Recognizing the need for a fair, uniform and neutral system for the valuation of goods for customs purposes that precludes the use of arbitrary or fictitious customs values;

Recognizing that the basis for valuation of goods for customs purposes should, to the greatest extent possible, be the transaction value of the goods being valued;

Recognizing that customs value should be based on simple and equitable criteria consistent with commercial practices and that valuation procedures should be of general application without distinction between sources of supply;

Recognizing that valuation procedures should not be used to combat dumping;

Hereby agree as follows:

PART Ⅰ　RULES ON CUSTOMS VALUATION

Article 1

1. The customs value of imported goods shall be the transaction value, that is the price actually paid or payable for the goods when sold for export to the country of importation adjusted in accordance with the provisions of Article 8, provided:

(a) that there are no restrictions as to the disposition or use of the goods by the buyer other than restrictions which:

(ⅰ) are imposed or required by law or by the public authorities in the country of importation;

(ⅱ) limit the geographical area in which the goods may be resold; or

(ⅲ) do not substantially affect the value of the goods;

(b) that the sale or price is not subject to some condition or consideration for which a value cannot be determined with respect to the goods being valued;

(c) that no part of the proceeds of any subsequent resale, disposal or use of the goods by the buyer will accrue directly or indirectly to the seller, unless an appropriate adjustment can be made in accordance with the provisions of Article 8; and

(d) that the buyer and seller are not related, or where the buyer and seller are related, that the transaction value is acceptable for customs purposes under the provisions of paragraph 2.

2. (a) In determining whether the transaction value is acceptable for the purposes of paragraph 1, the fact that the buyer and the seller are related within the meaning of Article 15 shall not in itself be grounds for regarding the transaction value as unacceptable. In such case the circumstances surrounding the sale shall be examined and the transaction value shall be accepted provided that the relationship did not influence the price. If, in the light of information provided by the importer or otherwise, the customs administration has grounds for considering that the relationship influenced the price, it shall communicate its grounds to the importer and the importer shall be given a reasonable opportunity to respond. If the importer so requests, the communication of the grounds shall be in writing.

(b) In a sale between related persons, the transaction value shall be accepted and the goods valued in accordance with the provisions of paragraph 1 whenever the importer demonstrates that such value closely approximates to one of the following occurring at or about the same time:

(ⅰ) the transaction value in sales to unrelated buyers of identical or similar goods for export to the same country of importation;

(ⅱ) the customs value of identical or similar goods as determined under the provisions of Article 5;

(iii) the customs value of identical or similar goods as determined under the provisions of Article 6;

In applying the foregoing tests, due account shall be taken of demonstrated differences in commercial levels, quantity levels, the elements enumerated in Article 8 and costs incurred by the seller in sales in which the seller and the buyer are not related that are not incurred by the seller in sales in which the seller and the buyer are related.

(c) The tests set forth in paragraph 2 (b) are to be used at the initiative of the importer and only for comparison purposes. Substitute values may not be established under the provisions of paragraph 2 (b).

Article 2

1. (a) If the customs value of the imported goods cannot be determined under the provisions of Article 1, the customs value shall be the transaction value of identical goods sold for export to the same country of importation and exported at or about the same time as the goods being valued.

(b) In applying this Article, the transaction value of identical goods in a sale at the same commercial level and in substantially the same quantity as the goods being valued shall be used to determine the customs value. Where no such sale is found, the transaction value of identical goods sold at a different commercial level and/or in different quantities, adjusted to take account of differences attributable to commercial level and/or to quantity, shall be used, provided that such adjustments can be made on the basis of demonstrated evidence which clearly establishes the reasonableness and accuracy of the adjustment, whether the adjustment leads to an increase or a decrease in the value.

2. Where the costs and charges referred to in paragraph 2 of Article 8 are included in the transaction value, an adjustment shall be made to take account of significant differences in such costs and charges between the imported goods and the identical goods in question arising from differences in distances and modes of transport.

3. If, in applying this Article, more than one transaction value of identical goods is found, the lowest such value shall be used to determine the customs value of the imported goods.

Article 3

1. (a) If the customs value of the imported goods cannot be determined under the provisions of Articles 1 and 2, the customs value shall be the transaction value of similar goods sold for export to the same country of importation and exported at or about the same time as the goods being valued.

(b) In applying this Article, the transaction value of similar goods in a sale at the same commercial level and in substantially the same quantity as the goods being valued shall be used to determine the customs value. Where no such sale is found, the transaction value of similar goods sold at a different commercial level and/or in different quantities, adjusted to take account of differences attributable to commercial level and/or to quantity, shall be used, provided that such adjustments can be made on the basis of demonstrated evidence which clearly establishes the reasonableness and accuracy of the adjustment, whether the adjustment leads to an increase or a decrease in the value.

2. Where the costs and charges referred to in paragraph 2 of Article 8 are included in the transaction value, an adjustment shall be made to take account of significant differences in such costs and charges between the imported goods and the similar goods in question arising from differences in distances and modes of transport.

3. If, in applying this Article, more than one transaction value of similar goods is found, the lowest such value shall be used to determine the customs value of the imported goods.

Article 4

If the customs value of the imported goods cannot be determined under the provisions of Articles 1, 2 and 3, the customs value shall be determined under the provisions of Article 5 or, when the customs value cannot be determined under that Article, under the provisions of Article 6 except that, at the request of the importer, the order of application of Articles 5 and 6 shall be reversed.

Article 5

1. (a) If the imported goods or identical or similar imported goods are sold in the country of importation in the condition as imported, the customs value of the imported goods under the provisions of this Article shall be based on the unit price at which the imported goods or identical or similar imported goods are so sold in the greatest aggregate quantity, at or about the time of the importation of the goods being valued, to persons who are not related to the persons from whom they buy such goods, subject to deductions for the following:

(ⅰ) either the commissions usually paid or agreed to be paid or the additions usually made for profit and general expenses in connection with sales in such country of imported goods of the same class or kind;

(ⅱ) the usual costs of transport and insurance and associated costs incurred within the country of importation;

(ⅲ) where appropriate, the costs and charges referred to in paragraph 2 of Article 8; and

(ⅳ) the customs duties and other national taxes payable in the country of importation by reason of the importation or sale of the goods.

(b) If neither the imported goods nor identical nor similar imported goods are sold at or about the time of importation of the goods being valued, the customs value shall, subject otherwise to the provisions of paragraph 1 (a), be based on the unit price at which the imported goods or identical or similar imported goods are sold in the country of importation in the condition as imported at the earliest date after the importation of the goods being valued but before the expiration of 90 days after such importation.

2. If neither the imported goods nor identical nor similar imported goods are sold in the country

of importation in the condition as imported, then, if the importer so requests, the customs value shall be based on the unit price at which the imported goods, after further processing, are sold in the greatest aggregate quantity to persons in the country of importation who are not related to the persons from whom they buy such goods, due allowance being made for the value added by such processing and the deductions provided for in paragraph 1 (a).

Article 6

1. The customs value of imported goods under the provisions of this Article shall be based on a computed value. Computed value shall consist of the sum of:

(a) the cost or value of materials and fabrication or other processing employed in producing the imported goods;

(b) an amount for profit and general expenses equal to that usually reflected in sales of goods of the same class or kind as the goods being valued which are made by producers in the country of exportation for export to the country of importation;

(c) the cost or value of all other expenses necessary to reflect the valuation option chosen by the Member under paragraph 2 of Article 8.

2. No Member may require or compel any person not resident in its own territory to produce for examination, or to allow access to, any account or other record for the purposes of determining a computed value. However, information supplied by the producer of the goods for the purposes of determining the customs value under the provisions of this Article may be verified in another country by the authorities of the country of importation with the agreement of the producer and provided they give sufficient advance notice to the government of the country in question and the latter does not object to the investigation.

Article 7

1. If the customs value of the imported goods cannot be determined under the provisions of Articles 1 through 6, inclusive, the customs value shall be determined using reasonable means consistent with the principles and general provisions of this Agreement and of Article VII of GATT 1994 and on the basis of data available in the country of importation.

2. No customs value shall be determined under the provisions of this Article on the basis of:

(a) the selling price in the country of importation of goods produced in such country;

(b) a system which provides for the acceptance for customs purposes of the higher of two alternative values;

(c) the price of goods on the domestic market of the country of exportation;

(d) the cost of production other than computed values which have been determined for identical or similar goods in accordance with the provisions of Article 6;

(e) the price of the goods for export to a country other than the country of importation;

(f) minimum customs values; or

(g) arbitrary or fictitious values.

3. If the importer so requests, the importer shall be informed in writing of the customs value determined under the provisions of this Article and the method used to determine such value.

Article 8

1. In determining the customs value under the provisions of Article 1, there shall be added to the price actually paid or payable for the imported goods:

(a) the following, to the extent that they are incurred by the buyer but are not included in the price actually paid or payable for the goods:

(i) commissions and brokerage, except buying commissions;

(ii) the cost of containers which are treated as being one for customs purposes with the goods in question;

(iii) the cost of packing whether for labour or materials;

(b) the value, apportioned as appropriate, of the following goods and services where supplied directly or indirectly by the buyer free of charge or at reduced cost for use in connection with the production and sale for export of the imported goods, to the extent that such value has not been included in the price actually paid or payable:

(i) materials, components, parts and similar items incorporated in the imported goods;

(ii) tools, dies, moulds and similar items used in the production of the imported goods;

(iii) materials consumed in the production of the imported goods;

(iv) engineering, development, artwork, design work, and plans and sketches undertaken elsewhere than in the country of importation and necessary for the production of the imported goods;

(c) royalties and licence fees related to the goods being valued that the buyer must pay, either directly or indirectly, as a condition of sale of the goods being valued, to the extent that such royalties and fees are not included in the price actually paid or payable;

(d) the value of any part of the proceeds of any subsequent resale, disposal or use of the imported goods that accrues directly or indirectly to the seller.

2. In framing its legislation, each Member shall provide for the inclusion in or the exclusion from the customs value, in whole or in part, of the following:

(a) the cost of transport of the imported goods to the port or place of importation;

(b) loading, unloading and handling charges associated with the transport of the imported goods to the port or place of importation; and

(c) the cost of insurance.

3. Additions to the price actually paid or payable shall be made under this Article only on the basis of objective and quantifiable data.

4. No additions shall be made to the price actually paid or payable in determining the customs value except as provided in this Article.

Article 9

1. Where the conversion of currency is necessary for the determination of the customs value, the rate of exchange to be used shall be that duly published by the competent authorities of the country of importation concerned and shall reflect as effectively as possible, in respect of the period covered by each such document of publication, the current value of such currency in commercial transactions in terms of the currency of the country of importation.

2. The conversion rate to be used shall be that in effect at the time of exportation or the time of importation, as provided by each Member.

Article 10

All information which is by nature confidential or which is provided on a confidential basis for the purposes of customs valuation shall be treated as strictly confidential by the authorities concerned who shall not disclose it without the specific permission of the person or government providing such information, except to the extent that it may be required to be disclosed in the context of judicial proceedings.

Article 11

1. The legislation of each Member shall provide in regard to a determination of customs value for the right of appeal, without penalty, by the importer or any other person liable for the payment of the duty.

2. An initial right of appeal without penalty may be to an authority within the customs administration or to an independent body, but the legislation of each Member shall provide for the right of appeal without penalty to a judicial authority.

3. Notice of the decision on appeal shall be given to the appellant and the reasons for such decision shall be provided in writing. The appellant shall also be informed of any rights of further appeal.

Article 12

Laws, regulations, judicial decisions and administrative rulings of general application giving effect to this Agreement shall be published in conformity with Article X of GATT 1994 by the country of importation concerned.

Article 13

If, in the course of determining the customs value of imported goods, it becomes necessary to delay the final determination of such customs value, the importer of the goods shall nevertheless be able to withdraw them from customs if, where so required, the importer provides sufficient guarantee in the form of a surety, a deposit or some other appropriate instrument, covering the ultimate payment of customs duties for which the goods may be liable. The legislation of each Member shall make provisions for such circumstances.

Article 14

The notes at Annex I to this Agreement form an integral part of this Agreement and the Articles of this Agreement are to be read and applied in conjunction with their respective notes. Annexes II and III also form an integral part of this Agreement.

Article 15

1. In this Agreement:

(a) "customs value of imported goods" means the value of goods for the purposes of levying ad valorem duties of customs on imported goods;

(b) "country of importation" means country or customs territory of importation; and

(c) "produced" includes grown, manufactured and mined.

2. In this Agreement:

(a) "identical goods" means goods which are the same in all respects, including physical characteristics, quality and reputation. Minor differences in appearance would not preclude goods otherwise conforming to the definition from being regarded as identical;

(b) "similar goods" means goods which, although not alike in all respects, have like characteristics and like component materials which enable them to perform the same functions and to be commercially interchangeable. The quality of the goods, their reputation and the existence of a trademark are among the factors to be considered in determining whether goods are similar;

(c) the terms "identical goods" and "similar goods" do not include, as the case may be, goods which incorporate or reflect engineering, development, artwork, design work, and plans and sketches for which no adjustment has been made under paragraph 1 (b) (iv) of Article 8 because such elements were undertaken in the country of importation;

(d) goods shall not be regarded as "identical goods" or "similar goods" unless they were produced in the same country as the goods being valued;

(e) goods produced by a different person shall be taken into account only when there are no identical goods or similar goods, as the case may be, produced by the same person as the goods being valued.

3. In this Agreement "goods of the same class or kind" means goods which fall within a group or range of goods produced by a particular industry or industry sector, and includes identical or similar goods.

4. For the purposes of this Agreement, persons shall be deemed to be related only if:

(a) they are officers or directors of one another's businesses;

(b) they are legally recognized partners in business;

(c) they are employer and employee;

(d) any person directly or indirectly owns, controls or holds 5 per cent or more of the outstanding voting stock or shares of both of them;

(e) one of them directly or indirectly controls the other;

(f) both of them are directly or indirectly controlled by a third person;

(g) together they directly or indirectly control a third person; or

(h) they are members of the same family.

5. Persons who are associated in business with one another in that one is the sole agent, sole distributor or sole concessionaire, however described, of the other shall be deemed to be related for the purposes of this Agreement if they fall within the criteria of paragraph 4.

Article 16

Upon written request, the importer shall have the right to an explanation in writing from the customs administration of the country of importation as to how the customs value of the importer's goods was determined.

Article 17

Nothing in this Agreement shall be construed as restricting or calling into question the rights of customs administrations to satisfy themselves as to the truth or accuracy of any statement, document or declaration presented for customs valuation purposes.

PART II ADMINISTRATION, CONSULTATIONS AND DISPUTE SETTLEMENT

Article 18 Institutions

1. There is hereby established a Committee on Customs Valuation (referred to in this Agreement as "the Committee") composed of representatives from each of the Members. The Committee shall elect its own Chairman and shall normally meet once a year, or as is otherwise envisaged by the relevant provisions of this Agreement, for the purpose of affording Members the opportunity to consult on matters relating to the administration of the customs valuation system by any Member as it might affect the operation of this Agreement or the furtherance of its objectives and carrying out such other responsibilities as may be assigned to it by the Members. The WTO Secretariat shall act as the secretariat to the Committee.

2. There shall be established a Technical Committee on Customs Valuation (referred to in this Agreement as "the Technical Committee") under the auspices of the Customs Co-operation Council (referred to in this Agreement as "the CCC"), which shall carry out the responsibilities described in Annex II to this Agreement and shall operate in accordance with the rules of procedure

contained therein.

Article 19 Consultations and Dispute Settlement

1. Except as otherwise provided herein, the Dispute Settlement Understanding is applicable to consultations and the settlement of disputes under this Agreement.

2. If any Member considers that any benefit accruing to it, directly or indirectly, under this Agreement is being nullified or impaired, or that the achievement of any objective of this Agreement is being impeded, as a result of the actions of another Member or of other Members, it may, with a view to reaching a mutually satisfactory solution of this matter, request consultations with the Member or Members in question. Each Member shall afford sympathetic consideration to any request from another Member for consultations.

3. The Technical Committee shall provide, upon request, advice and assistance to Members engaged in consultations.

4. At the request of a party to the dispute, or on its own initiative, a panel established to examine a dispute relating to the provisions of this Agreement may request the Technical Committee to carry out an examination of any questions requiring technical consideration. The panel shall determine the terms of reference of the Technical Committee for the particular dispute and set a time period for receipt of the report of the Technical Committee. The panel shall take into consideration the report of the Technical Committee. In the event that the Technical Committee is unable to reach consensus on a matter referred to it pursuant to this paragraph, the panel should afford the parties to the dispute an opportunity to present their views on the matter to the panel.

5. Confidential information provided to the panel shall not be disclosed without formal authorization from the person, body or authority providing such information. Where such information is requested from the panel but release of such information by the panel is not authorized, a non-confidential summary of this information, authorized by the person, body or authority providing the information, shall be provided.

PART III SPECIAL AND DIFFERENTIAL TREATMENT

Article 20

1. Developing country Members not party to the Agreement on Implementation of Article VII of the General Agreement on Tariffs and Trade done on 12 April 1979 may delay application of the provisions of this Agreement for a period not exceeding five years from the date of entry into force of the WTO Agreement for such Members. Developing country Members who choose to delay application of this Agreement shall notify the Director-General of the WTO accordingly.

2. In addition to paragraph 1, developing country Members not party to the Agreement on Implementation of Article VII of the General Agreement on Tariffs and Trade done on 12 April 1979

may delay application of paragraph 2 (b) (iii) of Article 1 and Article 6 for a period not exceeding three years following their application of all other provisions of this Agreement. Developing country Members that choose to delay application of the provisions specified in this paragraph shall notify the Director-General of the WTO accordingly.

3. Developed country Members shall furnish, on mutually agreed terms, technical assistance to developing country Members that so request. On this basis developed country Members shall draw up programmes of technical assistance which may include, inter alia, training of personnel, assistance in preparing implementation measures, access to sources of information regarding customs valuation methodology, and advice on the application of the provisions of this Agreement.

PART Ⅳ FINAL PROVISIONS

Article 21 Reservations

Reservations may not be entered in respect of any of the provisions of this Agreement without the consent of the other Members.

Article 22 National Legislation

1. Each Member shall ensure, not later than the date of application of the provisions of this Agreement for it, the conformity of its laws, regulations and administrative procedures with the provisions of this Agreement.

2. Each Member shall inform the Committee of any changes in its laws and regulations relevant to this Agreement and in the administration of such laws and regulations.

Article 23 Review

The Committee shall review annually the implementation and operation of this Agreement taking into account the objectives thereof. The Committee shall annually inform the Council for Trade in Goods of developments during the period covered by such reviews.

Article 24 Secretariat

This Agreement shall be serviced by the WTO Secretariat except in regard to those responsibilities specifically assigned to the Technical Committee, which will be serviced by the CCC Secretariat.

ANNEX I　INTERPRETATIVE NOTES

General Note

Sequential Application of Valuation Methods

1. Articles 1 through 7 define how the customs value of imported goods is to be determined under the provisions of this Agreement. The methods of valuation are set out in a sequential order of application. The primary method for customs valuation is defined in Article 1 and imported goods are to be valued in accordance with the provisions of this Article whenever the conditions prescribed therein are fulfilled.

2. Where the customs value cannot be determined under the provisions of Article 1, it is to be determined by proceeding sequentially through the succeeding Articles to the first such Article under which the customs value can be determined. Except as provided in Article 4, it is only when the customs value cannot be determined under the provisions of a particular Article that the provisions of the next Article in the sequence can be used.

3. If the importer does not request that the order of Articles 5 and 6 be reversed, the normal order of the sequence is to be followed. If the importer does so request but it then proves impossible to determine the customs value under the provisions of Article 6, the customs value is to be determined under the provisions of Article 5, if it can be so determined.

4. Where the customs value cannot be determined under the provisions of Articles 1 through 6 it is to be determined under the provisions of Article 7.

Use of Generally Accepted Accounting Principles

1. "Generally accepted accounting principles" refers to the recognized consensus or substantial authoritative support within a country at a particular time as to which economic resources and obligations should be recorded as assets and liabilities, which changes in assets and liabilities should be recorded, how the assets and liabilities and changes in them should be measured, what information should be disclosed and how it should be disclosed, and which financial statements should be prepared. These standards may be broad guidelines of general application as well as detailed practices and procedures.

2. For the purposes of this Agreement, the customs administration of each Member shall utilize information prepared in a manner consistent with generally accepted accounting principles in the country which is appropriate for the Article in question. For example, the determination of usual profit and general expenses under the provisions of Article 5 would be carried out utilizing information prepared in a manner consistent with generally accepted accounting principles of the country of importation. On the other hand, the determination of usual profit and general expenses under the provisions of Article 6 would be carried out utilizing information prepared in a manner consistent with generally accepted accounting principles of the country of production. As a further example, the determination of an element provided for in paragraph 1 (b) (ii) of Article 8 under-

taken in the country of importation would be carried out utilizing information in a manner consistent with the generally accepted accounting principles of that country.

Note to Article 1 Price Actually Paid or Payable

1. The price actually paid or payable is the total payment made or to be made by the buyer to or for the benefit of the seller for the imported goods. The payment need not necessarily take the form of a transfer of money. Payment may be made by way of letters of credit or negotiable instruments. Payment may be made directly or indirectly. An example of an indirect payment would be the settlement by the buyer, whether in whole or in part, of a debt owed by the seller.

2. Activities undertaken by the buyer on the buyer's own account, other than those for which an adjustment is provided in Article 8, are not considered to be an indirect payment to the seller, even though they might be regarded as of benefit to the seller. The costs of such activities shall not, therefore, be added to the price actually paid or payable in determining the customs value.

3. The customs value shall not include the following charges or costs, provided that they are distinguished from the price actually paid or payable for the imported goods:

(a) charges for construction, erection, assembly, maintenance or technical assistance, undertaken after importation on imported goods such as industrial plant, machinery or equipment;

(b) the cost of transport after importation;

(c) duties and taxes of the country of importation.

4. The price actually paid or payable refers to the price for the imported goods. Thus the flow of dividends or other payments from the buyer to the seller that do not relate to the imported goods are not part of the customs value.

Paragraph 1 (a) (iii)

Among restrictions which would not render a price actually paid or payable unacceptable are restrictions which do not substantially affect the value of the goods. An example of such restrictions would be the case where a seller requires a buyer of automobiles not to sell or exhibit them prior to a fixed date which represents the beginning of a model year.

Paragraph 1 (b)

1. If the sale or price is subject to some condition or consideration for which a value cannot be determined with respect to the goods being valued, the transaction value shall not be acceptable for customs purposes. Some examples of this include:

(a) the seller establishes the price of the imported goods on condition that the buyer will also buy other goods in specified quantities;

(b) the price of the imported goods is dependent upon the price or prices at which the buyer of the imported goods sells other goods to the seller of the imported goods;

(c) the price is established on the basis of a form of payment extraneous to the imported goods, such as where the imported goods are semi-finished goods which have been provided by the seller on condition that the seller will receive a specified quantity of the finished goods.

2. However, conditions or considerations relating to the production or marketing of the imported goods shall not result in rejection of the transaction value. For example, the fact that the buyer furnishes the seller with engineering and plans undertaken in the country of importation shall not result in rejection of the transaction value for the purposes of Article 1. Likewise, if the buyer undertakes on the buyer' s own account, even though by agreement with the seller, activities relating to the marketing of the imported goods, the value of these activities is not part of the customs value nor shall such activities result in rejection of the transaction value.

Paragraph 2

1. Paragraphs 2 (a) and 2 (b) provide different means of establishing the acceptability of a transaction value.

2. Paragraph 2 (a) provides that where the buyer and the seller are related, the circumstances surrounding the sale shall be examined and the transaction value shall be accepted as the customs value provided that the relationship did not influence the price. It is not intended that there should be an examination of the circumstances in all cases where the buyer and the seller are related. Such examination will only be required where there are doubts about the acceptability of the price. Where the customs administration have no doubts about the acceptability of the price, it should be accepted without requesting further information from the importer. For example, the customs administration may have previously examined the relationship, or it may already have detailed information concerning the buyer and the seller, and may already be satisfied from such examination or information that the relationship did not influence the price.

3. Where the customs administration is unable to accept the transaction value without further inquiry, it should give the importer an opportunity to supply such further detailed information as may be necessary to enable it to examine the circumstances surrounding the sale. In this context, the customs administration should be prepared to examine relevant aspects of the transaction, including the way in which the buyer and seller organize their commercial relations and the way in which the price in question was arrived at, in order to determine whether the relationship influenced the price. Where it can be shown that the buyer and seller, although related under the provisions of Article 15, buy from and sell to each other as if they were not related, this would demonstrate that the price had not been influenced by the relationship. As an example of this, if the price had been settled in a manner consistent with the normal pricing practices of the industry in question or with the way the seller settles prices for sales to buyers who are not related to the seller, this would demonstrate that the price had not been influenced by the relationship. As a further example, where it is shown that the price is adequate to ensure recovery of all costs plus a profit which is representative of the firm's overall profit realized over a representative period of time (e. g. on an annual basis) in sales of goods of the same class or kind, this would demonstrate that the price had not been influenced.

4. Paragraph 2 (b) provides an opportunity for the importer to demonstrate that the transaction value closely approximates to a "test" value previously accepted by the customs administration and is therefore acceptable under the provisions of Article 1. Where a test under paragraph 2 (b) is met, it is not necessary to examine the question of influence under paragraph 2 (a) . If the customs administration has already sufficient information to be satisfied, without further detailed inquiries, that one of the tests provided in paragraph 2 (b) has been met, there is no reason for it to require the importer to demonstrate that the test can be met. In paragraph 2 (b) the term "unrelated buyers" means buyers who are not related to the seller in any particular case.

Paragraph 2 (b)

A number of factors must be taken into consideration in determining whether one value "closely approximates" to another value. These factors include the nature of the imported goods, the nature of the industry itself, the season in which the goods are imported, and, whether the difference in values is commercially significant. Since these factors may vary from case to case, it would be impossible to apply a uniform standard such as a fixed percentage, in each case. For example, a small difference in value in a case involving one type of goods could be unacceptable while a large difference in a case involving another type of goods might be acceptable in determining whether the transaction value closely approximates to the "test" values set forth in paragraph 2 (b) of Article 1.

Note to Article 2

1. In applying Article 2, the customs administration shall, wherever possible, use a sale of identical goods at the same commercial level and in substantially the same quantities as the goods being valued. Where no such sale is found, a sale of identical goods that takes place under any one of the following three conditions may be used:

(a) a sale at the same commercial level but in different quantities;

(b) a sale at a different commercial level but in substantially the same quantities; or

(c) a sale at a different commercial level and in different quantities.

2. Having found a sale under any one of these three conditions adjustments will then be made, as the case may be, for:

(a) quantity factors only;

(b) commercial level factors only; or

(c) both commercial level and quantity factors.

3. The expression "and/or" allows the flexibility to use the sales and make the necessary adjustments in any one of the three conditions described above.

4. For the purposes of Article 2, the transaction value of identical imported goods means a customs value, adjusted as provided for in paragraphs 1 (b) and 2, which has already been accepted under Article 1.

5. A condition for adjustment because of different commercial levels or different quantities is that such adjustment, whether it leads to an increase or a decrease in the value, be made only on the basis of demonstrated evidence that clearly establishes the reasonableness and accuracy of the adjustments, e. g. valid price lists containing prices referring to different levels or different quantities. As an example of this, if the imported goods being valued consist of a shipment of 10 units and the only identical imported goods for which a transaction value exists involved a sale of 500 units, and it is recognized that the seller grants quantity discounts, the required adjustment may be accomplished by resorting to the seller's price list and using that price applicable to a sale of 10 units. This does not require that a sale had to have been made in quantities of 10 as long as the price list has been established as being bona fide through sales at other quantities. In the absence of such an objective measure, however, the determination of a customs value under the provisions of Article 2 is not appropriate.

Note to Article 3

1. In applying Article 3, the customs administration shall, wherever possible, use a sale of similar goods at the same commercial level and in substantially the same quantities as the goods being valued. Where no such sale is found, a sale of similar goods that takes place under any one of the following three conditions may be used:

(a) a sale at the same commercial level but in different quantities;

(b) a sale at a different commercial level but in substantially the same quantities; or

(c) a sale at a different commercial level and in different quantities.

2. Having found a sale under any one of these three conditions adjustments will then be made, as the case may be, for:

(a) quantity factors only;

(b) commercial level factors only; or

(c) both commercial level and quantity factors.

3. The expression "and/or" allows the flexibility to use the sales and make the necessary adjustments in any one of the three conditions described above.

4. For the purpose of Article 3, the transaction value of similar imported goods means a customs value, adjusted as provided for in paragraphs 1 (b) and 2, which has already been accepted under Article 1.

5. A condition for adjustment because of different commercial levels or different quantities is that such adjustment, whether it leads to an increase or a decrease in the value, be made only on the basis of demonstrated evidence that clearly establishes the reasonableness and accuracy of the adjustment, e. g. valid price lists containing prices referring to different levels or different quantities. As an example of this, if the imported goods being valued consist of a shipment of 10 units and the only similar imported goods for which a transaction value exists involved a sale of 500 units, and it is recognized that the seller grants quantity discounts, the required adjustment may be

accomplished by resorting to the seller's price list and using that price applicable to a sale of 10 units. This does not require that a sale had to have been made in quantities of 10 as long as the price list has been established as being bona fide through sales at other quantities. In the absence of such an objective measure, however, the determination of a customs value under the provisions of Article 3 is not appropriate.

Note to Article 5

1. The term "unit price at which...... goods are sold in the greatest aggregate quantity" means the price at which the greatest number of units is sold in sales to persons who are not related to the persons from whom they buy such goods at the first commercial level after importation at which such sales take place.

2. As an example of this, goods are sold from a price list which grants favourable unit prices for purchases made in larger quantities.

Sale quantity	*Unit price*	*Number of sales*	*Total quantity sold at each price*
1-10 units	100	10 sales of 5 units 5 sales of 3 units	65
11-25 units	95	5 sales of 11 units	55
over 25 units	90	1 sale of 30 units 1 sale of 50 units	80

The greatest number of units sold at a price is 80; therefore, the unit price in the greatest aggregate quantity is 90.

3. As another example of this, two sales occur. In the first sale 500 units are sold at a price of 95 currency units each. In the second sale 400 units are sold at a price of 90 currency units each. In this example, the greatest number of units sold at a particular price is 500; therefore, the unit price in the greatest aggregate quantity is 95.

4. A third example would be the following situation where various quantities are sold at various prices.

(*a*) *Sales*

Sale quantity	*Unit price*
40 units	100
30 units	90
15 units	100
50 units	95
25 units	105
35 units	90
5 units	100

(*b*) *Totals*

Total quantity sold	*Unit price*
65	90
50	95
60	100
25	105

In this example, the greatest number of units sold at a particular price is 65; therefore, the unit price in the greatest aggregate quantity is 90.

5. Any sale in the importing country, as described in paragraph 1 above, to a person who supplies directly or indirectly free of charge or at reduced cost for use in connection with the production and sale for export of the imported goods any of the elements specified in paragraph 1 (b) of Article 8, should not be taken into account in establishing the unit price for the purposes of Article 5.

6. It should be noted that "profit and general expenses" referred to in paragraph 1 of Article 5 should be taken as a whole. The figure for the purposes of this deduction should be determined on the basis of information supplied by or on behalf of the importer unless the importer's figures are inconsistent with those obtained in sales in the country of importation of imported goods of the same class or kind. Where the importer's figures are inconsistent with such figures, the amount for profit and general expenses may be based upon relevant information other than that supplied by or on behalf of the importer.

7. The "general expenses" include the direct and indirect costs of marketing the goods in question.

8. Local taxes payable by reason of the sale of the goods for which a deduction is not made under the provisions of paragraph 1 (a) (iv) of Article 5 shall be deducted under the provisions of paragraph 1 (a) (i) of Article 5.

9. In determining either the commissions or the usual profits and general expenses under the provisions of paragraph 1 of Article 5, the question whether certain goods are "of the same class or kind" as other goods must be determined on a case - by - case basis by reference to the circumstances involved. Sales in the country of importation of the narrowest group or range of imported goods of the same class or kind, which includes the goods being valued, for which the necessary information can be provided, should be examined. For the purposes of Article 5, "goods of the same class or kind" includes goods imported from the same country as the goods being valued as well as goods imported from other countries.

10. For the purposes of paragraph 1 (b) of Article 5, the "earliest date" shall be the date by which sales of the imported goods or of identical or similar imported goods are made in sufficient quantity to establish the unit price.

11. Where the method in paragraph 2 of Article 5 is used, deductions made for the value added by further processing shall be based on objective and quantifiable data relating to the cost of such work. Accepted industry formulas, recipes, methods of construction, and other industry prac-

tices would form the basis of the calculations.

12. It is recognized that the method of valuation provided for in paragraph 2 of Article 5 would normally not be applicable when, as a result of the further processing, the imported goods lose their identity. However, there can be instances where, although the identity of the imported goods is lost, the value added by the processing can be determined accurately without unreasonable difficulty. On the other hand, there can also be instances where the imported goods maintain their identity but form such a minor element in the goods sold in the country of importation that the use of this valuation method would be unjustified. In view of the above, each situation of this type must be considered on a case-by-case basis.

Note to Article 6

1. As a general rule, customs value is determined under this Agreement on the basis of information readily available in the country of importation. In order to determine a computed value, however, it may be necessary to examine the costs of producing the goods being valued and other information which has to be obtained from outside the country of importation. Furthermore, in most cases the producer of the goods will be outside the jurisdiction of the authorities of the country of importation. The use of the computed value method will generally be limited to those cases where the buyer and seller are related, and the producer is prepared to supply to the authorities of the country of importation the necessary costings and to provide facilities for any subsequent verification which may be necessary.

2. The "cost or value" referred to in paragraph 1 (a) of Article 6 is to be determined on the basis of information relating to the production of the goods being valued supplied by or on behalf of the producer. It is to be based upon the commercial accounts of the producer, provided that such accounts are consistent with the generally accepted accounting principles applied in the country where the goods are produced.

3. The "cost or value" shall include the cost of elements specified in paragraphs 1 (a) (ii) and (iii) of Article 8. It shall also include the value, apportioned as appropriate under the provisions of the relevant note to Article 8, of any element specified in paragraph 1 (b) of Article 8 which has been supplied directly or indirectly by the buyer for use in connection with the production of the imported goods. The value of the elements specified in paragraph 1 (b) (iv) of Article 8 which are undertaken in the country of importation shall be included only to the extent that such elements are charged to the producer. It is to be understood that no cost or value of the elements referred to in this paragraph shall be counted twice in determining the computed value.

4. The "amount for profit and general expenses" referred to in paragraph 1 (b) of Article 6 is to be determined on the basis of information supplied by or on behalf of the producer unless the producer's figures are inconsistent with those usually reflected in sales of goods of the same class or kind as the goods being valued which are made by producers in the country of exportation for export to the country of importation.

5. It should be noted in this context that the "amount for profit and general expenses" has to be taken as a whole. It follows that if, in any particular case, the producer's profit figure is low and the producer's general expenses are high, the producer's profit and general expenses taken together may nevertheless be consistent with that usually reflected in sales of goods of the same class or kind. Such a situation might occur, for example, if a product were being launched in the country of importation and the producer accepted a nil or low profit to offset high general expenses associated with the launch. Where the producer can demonstrate a low profit on sales of the imported goods because of particular commercial circumstances, the producer's actual profit figures should be taken into account provided that the producer has valid commercial reasons to justify them and the producer's pricing policy reflects usual pricing policies in the branch of industry concerned. Such a situation might occur, for example, where producers have been forced to lower prices temporarily because of an unforeseeable drop in demand, or where they sell goods to complement a range of goods being produced in the country of importation and accept a low profit to maintain competitivity. Where the producer's own figures for profit and general expenses are not consistent with those usually reflected in sales of goods of the same class or kind as the goods being valued which are made by producers in the country of exportation for export to the country of importation, the amount for profit and general expenses may be based upon relevant information other than that supplied by or on behalf of the producer of the goods.

6. Where information other than that supplied by or on behalf of the producer is used for the purposes of determining a computed value, the authorities of the importing country shall inform the importer, if the latter so requests, of the source of such information, the data used and the calculations based upon such data, subject to the provisions of Article 10.

7. The "general expenses" referred to in paragraph 1 (b) of Article 6 covers the direct and indirect costs of producing and selling the goods for export which are not included under paragraph 1 (a) of Article 6.

8. Whether certain goods are "of the same class or kind" as other goods must be determined on a case-by-case basis with reference to the circumstances involved. In determining the usual profits and general expenses under the provisions of Article 6, sales for export to the country of importation of the narrowest group or range of goods, which includes the goods being valued, for which the necessary information can be provided, should be examined. For the purposes of Article 6, "goods of the same class or kind" must be from the same country as the goods being valued.

Note to Article 7

1. Customs values determined under the provisions of Article 7 should, to the greatest extent possible, be based on previously determined customs values.

2. The methods of valuation to be employed under Article 7 should be those laid down in Articles 1 through 6 but a reasonable flexibility in the application of such methods would be in conformity with the aims and provisions of Article 7.

3. Some examples of reasonable flexibility are as follows:

(a) Identical goods – the requirement that the identical goods should be exported at or about the same time as the goods being valued could be flexibly interpreted; identical imported goods produced in a country other than the country of exportation of the goods being valued could be the basis for customs valuation; customs values of identical imported goods already determined under the provisions of Articles 5 and 6 could be used.

(b) Similar goods–the requirement that the similar goods should be exported at or about the same time as the goods being valued could be flexibly interpreted; similar imported goods produced in a country other than the country of exportation of the goods being valued could be the basis for customs valuation; customs values of similar imported goods already determined under the provisions of Articles 5 and 6 could be used.

(c) Deductive method – the requirement that the goods shall have been sold in the "condition as imported" in paragraph 1 (a) of Article 5 could be flexibly interpreted; the "90 days" requirement could be administered flexibly.

Note to Article 8

Paragraph 1 (a) (i)

The term "buying commissions" means fees paid by an importer to the importer's agent for the service of representing the importer abroad in the purchase of the goods being valued.

Paragraph 1 (b) (ii)

1. There are two factors involved in the apportionment of the elements specified in paragraph 1 (b) (ii) of Article 8 to the imported goods – the value of the element itself and the way in which that value is to be apportioned to the imported goods. The apportionment of these elements should be made in a reasonable manner appropriate to the circumstances and in accordance with generally accepted accounting principles.

2. Concerning the value of the element, if the importer acquires the element from a seller not related to the importer at a given cost, the value of the element is that cost. If the element was produced by the importer or by a person related to the importer, its value would be the cost of producing it. If the element had been previously used by the importer, regardless of whether it had been acquired or produced by such importer, the original cost of acquisition or production would have to be adjusted downward to reflect its use in order to arrive at the value of the element.

3. Once a value has been determined for the element, it is necessary to apportion that value to the imported goods. Various possibilities exist. For example, the value might be apportioned to the first shipment if the importer wishes to pay duty on the entire value at one time. As another example, the importer may request that the value be apportioned over the number of units produced up to the time of the first shipment. As a further example, the importer may request that the value be apportioned over the entire anticipated production where contracts or firm commitments exist for that

production. The method of apportionment used will depend upon the documentation provided by the importer.

4. As an illustration of the above, an importer provides the producer with a mould to be used in the production of the imported goods and contracts with the producer to buy 10,000 units. By the time of arrival of the first shipment of 1,000 units, the producer has already produced 4,000 units. The importer may request the customs administration to apportion the value of the mould over 1,000 units, 4,000 units or 10,000 units.

Paragraph 1 (b) (iv)

1. Additions for the elements specified in paragraph 1 (b) (iv) of Article 8 should be based on objective and quantifiable data. In order to minimize the burden for both the importer and customs administration in determining the values to be added, data readily available in the buyer's commercial record system should be used in so far as possible.

2. For those elements supplied by the buyer which were purchased or leased by the buyer, the addition would be the cost of the purchase or the lease. No addition shall be made for those elements available in the public domain, other than the cost of obtaining copies of them.

3. The ease with which it may be possible to calculate the values to be added will depend on a particular firm's structure and management practice, as well as its accounting methods.

4. For example, it is possible that a firm which imports a variety of products from several countries maintains the records of its design centre outside the country of importation in such a way as to show accurately the costs attributable to a given product. In such cases, a direct adjustment may appropriately be made under the provisions of Article 8.

5. In another case, a firm may carry the cost of the design centre outside the country of importation as a general overhead expense without allocation to specific products. In this instance, an appropriate adjustment could be made under the provisions of Article 8 with respect to the imported goods by apportioning total design centre costs over total production benefiting from the design centre and adding such apportioned cost on a unit basis to imports.

6. Variations in the above circumstances will, of course, require different factors to be considered in determining the proper method of allocation.

7. In cases where the production of the element in question involves a number of countries and over a period of time, the adjustment should be limited to the value actually added to that element outside the country of importation.

Paragraph 1 (c)

1. The royalties and licence fees referred to in paragraph 1 (c) of Article 8 may include, among other things, payments in respect to patents, trade marks and copyrights. However, the charges for the right to reproduce the imported goods in the country of importation shall not be added to the price actually paid or payable for the imported goods in determining the customs value.

2. Payments made by the buyer for the right to distribute or resell the imported goods shall not

be added to the price actually paid or payable for the imported goods if such payments are not a condition of the sale for export to the country of importation of the imported goods.

Paragraph 3

Where objective and quantifiable data do not exist with regard to the additions required to be made under the provisions of Article 8, the transaction value cannot be determined under the provisions of Article 1. As an illustration of this, a royalty is paid on the basis of the price in a sale in the importing country of a litre of a particular product that was imported by the kilogram and made up into a solution after importation. If the royalty is based partially on the imported goods and partially on other factors which have nothing to do with the imported goods (such as when the imported goods are mixed with domestic ingredients and are no longer separately identifiable, or when the royalty cannot be distinguished from special financial arrangements between the buyer and the seller), it would be inappropriate to attempt to make an addition for the royalty. However, if the amount of this royalty is based only on the imported goods and can be readily quantified, an addition to the price actually paid or payable can be made.

Note to Article 9

For the purposes of Article 9, "time of importation" may include the time of entry for customs purposes.

Note to Article 11

1. Article 11 provides the importer with the right to appeal against a valuation determination made by the customs administration for the goods being valued. Appeal may first be to a higher level in the customs administration, but the importer shall have the right in the final instance to appeal to the judiciary.

2. "Without penalty" means that the importer shall not be subject to a fine or threat of fine merely because the importer chose to exercise the right of appeal. Payment of normal court costs and lawyers' fees shall not be considered to be a fine.

3. However, nothing in Article 11 shall prevent a Member from requiring full payment of assessed customs duties prior to an appeal.

Note to Article 15

Paragraph 4

For the purposes of Article 15, the term "persons" includes a legal person, where appropriate.

Paragraph 4 (e)

For the purposes of this Agreement, one person shall be deemed to control another when the former is legally or operationally in a position to exercise restraint or direction over the latter.

ANNEX Ⅱ　TECHNICAL COMMITTEE ON CUSTOMS VALUATION

1. In accordance with Article 18 of this Agreement, the Technical Committee shall be established under the auspices of the CCC with a view to ensuring, at the technical level, uniformity in interpretation and application of this Agreement.

2. The responsibilities of the Technical Committee shall include the following:

(a) to examine specific technical problems arising in the day-to-day administration of the customs valuation system of Members and to give advisory opinions on appropriate solutions based upon the facts presented;

(b) to study, as requested, valuation laws, procedures and practices as they relate to this Agreement and to prepare reports on the results of such studies;

(c) to prepare and circulate annual reports on the technical aspects of the operation and status of this Agreement;

(d) to furnish such information and advice on any matters concerning the valuation of imported goods for customs purposes as may be requested by any Member or the Committee. Such information and advice may take the form of advisory opinions, commentaries or explanatory notes;

(e) to facilitate, as requested, technical assistance to Members with a view to furthering the international acceptance of this Agreement;

(f) to carry out an examination of a matter referred to it by a panel under Article 19 of this Agreement; and

(g) to exercise such other responsibilities as the Committee may assign to it.

General

3. The Technical Committee shall attempt to conclude its work on specific matters, especially those referred to it by Members, the Committee or a panel, in a reasonably short period of time. As provided in paragraph 4 of Article 19, a panel shall set a specific time period for receipt of a report of the Technical Committee and the Technical Committee shall provide its report within that period.

4. The Technical Committee shall be assisted as appropriate in its activities by the CCC Secretariat.

Representation

5. Each Member shall have the right to be represented on the Technical Committee. Each Member may nominate one delegate and one or more alternates to be its representatives on the Technical Committee. Such a Member so represented on the Technical Committee is referred to in this Annex as a "member of the Technical Committee". Representatives of members of the Technical

Committee may be assisted by advisers. The WTO Secretariat may also attend such meetings with observer status.

6. Members of the CCC which are not Members of the WTO may be represented at meetings of the Technical Committee by one delegate and one or more alternates. Such representatives shall attend meetings of the Technical Committee as observers.

7. Subject to the approval of the Chairman of the Technical Committee, the Secretary-General of the CCC (referred to in this Annex as "the Secretary-General") may invite representatives of governments which are neither Members of the WTO nor members of the CCC and representatives of international governmental and trade organizations to attend meetings of the Technical Committee as observers.

8. Nominations of delegates, alternates and advisers to meetings of the Technical Committee shall be made to the Secretary-General.

Technical Committee Meetings

9. The Technical Committee shall meet as necessary but at least two times a year. The date of each meeting shall be fixed by the Technical Committee at its preceding session. The date of the meeting may be varied either at the request of any member of the Technical Committee concurred in by a simple majority of the members of the Technical Committee or, in cases requiring urgent attention, at the request of the Chairman. Notwithstanding the provisions in sentence 1 of this paragraph, the Technical Committee shall meet as necessary to consider matters referred to it by a panel under the provisions of Article 19 of this Agreement.

10. The meetings of the Technical Committee shall be held at the headquarters of the CCC unless otherwise decided.

11. The Secretary-General shall inform all members of the Technical Committee and those included under paragraphs 6 and 7 at least 30 days in advance, except in urgent cases, of the opening date of each session of the Technical Committee.

Agenda

12. A provisional agenda for each session shall be drawn up by the Secretary-General and circulated to the members of the Technical Committee and to those included under paragraphs 6 and 7 at least 30 days in advance of the session, except in urgent cases. This agenda shall comprise all items whose inclusion has been approved by the Technical Committee during its preceding session, all items included by the Chairman on the Chairman's own initiative, and all items whose inclusion has been requested by the Secretary-General, by the Committee or by any member of the Technical Committee.

13. The Technical Committee shall determine its agenda at the opening of each session. During the session the agenda may be altered at any time by the Technical Committee.

Officers and Conduct of Business

14. The Technical Committee shall elect from among the delegates of its members a Chairman

and one or more Vice-Chairmen. The Chairman and Vice-Chairmen shall each hold office for a period of one year. The retiring Chairman and Vice-Chairmen are eligible for re-election. The mandate of a Chairman or Vice-Chairman who no longer represents a member of the Technical Committee shall terminate automatically.

15. If the Chairman is absent from any meeting or part thereof, a Vice-Chairman shall preside. In that event, the latter shall have the same powers and duties as the Chairman.

16. The Chairman of the meeting shall participate in the proceedings of the Technical Committee as such and not as the representative of a member of the Technical Committee.

17. In addition to exercising the other powers conferred upon the Chairman by these rules, the Chairman shall declare the opening and closing of each meeting, direct the discussion, accord the right to speak, and, pursuant to these rules, have control of the proceedings. The Chairman may also call a speaker to order if the speaker's remarks are not relevant.

18. During discussion of any matter a delegation may raise a point of order. In this event, the Chairman shall immediately state a ruling. If this ruling is challenged, the Chairman shall submit it to the meeting for decision and it shall stand unless overruled.

19. The Secretary-General, or officers of the CCC Secretariat designated by the Secretary-General, shall perform the secretarial work of meetings of the Technical Committee.

Quorum and Voting

20. Representatives of a simple majority of the members of the Technical Committee shall constitute a quorum.

21. Each member of the Technical Committee shall have one vote. A decision of the Technical Committee shall be taken by a majority comprising at least two thirds of the members present. Regardless of the outcome of the vote on a particular matter, the Technical Committee shall be free to make a full report to the Committee and to the CCC on that matter indicating the different views expressed in the relevant discussions. Notwithstanding the above provisions of this paragraph, on matters referred to it by a panel, the Technical Committee shall take decisions by consensus. Where no agreement is reached in the Technical Committee on the question referred to it by a panel, the Technical Committee shall provide a report detailing the facts of the matter and indicating the views of the members.

Languages and Records

22. The official languages of the Technical Committee shall be English, French and Spanish. Speeches or statements made in any of these three languages shall be immediately translated into the other official languages unless all delegations agree to dispense with translation. Speeches or statements made in any other language shall be translated into English, French and Spanish, subject to the same conditions, but in that event the delegation concerned shall provide the translation into English, French or Spanish. Only English, French and Spanish shall be used for the official docu-

ments of the Technical Committee. Memoranda and correspondence for the consideration of the Technical Committee must be presented in one of the official languages.

23. The Technical Committee shall draw up a report of all its sessions and, if the Chairman considers it necessary, minutes or summary records of its meetings. The Chairman or a designee of the Chairman shall report on the work of the Technical Committee at each meeting of the Committee and at each meeting of the CCC.

ANNEX Ⅲ

1. The five-year delay in the application of the provisions of the Agreement by developing country Members provided for in paragraph 1 of Article 20 may, in practice, be insufficient for certain developing country Members. In such cases a developing country Member may request before the end of the period referred to in paragraph 1 of Article 20 an extension of such period, it being understood that the Members will give sympathetic consideration to such a request in cases where the developing country Member in question can show good cause.

2. Developing countries which currently value goods on the basis of officially established minimum values may wish to make a reservation to enable them to retain such values on a limited and transitional basis under such terms and conditions as may be agreed to by the Members.

3. Developing countries which consider that the reversal of the sequential order at the request of the importer provided for in Article 4 of the Agreement may give rise to real difficulties for them may wish to make a reservation to Article 4 in the following terms:

"The Government of ...... reserves the right to provide that the relevant provision of Article 4 of the Agreement shall apply only when the customs authorities agree to the request to reverse the order of Articles 5 and 6."

If developing countries make such a reservation, the Members shall consent to it under Article 21 of the Agreement.

4. Developing countries may wish to make a reservation with respect to paragraph 2 of Article 5 of the Agreement in the following terms:

"The Government of ... reserves the right to provide that paragraph 2 of Article 5 of the Agreement shall be applied in accordance with the provisions of the relevant note thereto whether or not the importer so requests."

If developing countries make such a reservation, the Members shall consent to it under Article 21 of the Agreement.

5. Certain developing countries may have problems in the implementation of Article 1 of the Agreement insofar as it relates to importations into their countries by sole agents, sole distributors and sole concessionaires. If such problems arise in practice in developing country Members applying the Agreement, a study of this question shall be made, at the request of such Members, with a view to finding appropriate solutions.

6. Article 17 recognizes that in applying the Agreement, customs administrations may need to

make enquiries concerning the truth or accuracy of any statement, document or declaration presented to them for customs valuation purposes. The Article thus acknowledges that enquiries may be made which are, for example, aimed at verifying that the elements of value declared or presented to customs in connection with a determination of customs value are complete and correct. Members, subject to their national laws and procedures, have the right to expect the full cooperation of importers in these enquiries.

7. The price actually paid or payable includes all payments actually made or to be made as a condition of sale of the imported goods, by the buyer to the seller, or by the buyer to a third party to satisfy an obligation of the seller.

索 引

问题索引

案例索引

参考文献

1. 世界海关组织．海关估价纲要［M］．海关总署关税征管司，编译．北京：中国海关出版社有限公司，2019.

2. 雪莉·罗斯诺，布莱恩·乔·奥谢．WTO 估价协定指南［M］．于茜，谢天波，译．北京：中国海关出版社有限公司，2022.

3. 海关总署政法司．进出口关税条例释义［M］．北京：中国民主法制出版社，2004.

4. 海关总署关税征管司．审价办法及释义［M］．北京：中国海关出版社，2006.

5. 王普光，白树强．海关估价概论［M］．北京：中国社会科学出版社，1996.

6. 白树强．WTO 海关估价协议导读［M］．北京：中国社会科学出版社，2002.

7. 白树强．世界贸易组织教程（第二版）［M］．北京：北京大学出版社，2017.

8. 林弘．海关估价（第二版）［M］．北京：中国海关出版社，2018.

9. 郑跃声，孟扬，成卉青．海关法律概论［M］．北京：中国海关出版社，2002.

10. 布鲁斯·E·克拉伯．美国对外贸易法和海关法［M］．蒋兆康，译．北京：法律出版社，2000.

11. 卞耀武，海关法释义［M］．北京：法律出版社，2001.

12. 陈晖，海关法评论（第九卷）［M］．北京：法律出版社，2020.

13. 林倩．老林说法：海关行政处罚与纳税争议［M］．北京：中国海关出版社，2018.

14. 王延春，罗嘉宾，邝为杰．海关估价［M］．北京：中国海关出版社，2005.

15. 杜连莹．跨境商品估价案例指引［M］．北京：中国海关出版社有限公司，2021.

16. 曹建明．WTO 与中国的司法审判［M］．北京：法律出版社，2001.

17. 龙永图．世界贸易组织知识读本［M］．北京：中国对外经济贸易出版社，1999.

18. 李骏．海关估价理论研究与实务解析［M］．厦门：厦门大学出版社，2017.

19. 段从军．进出口税收和出口退税实务与案例［M］．北京：中国市场出版社，2016.

20. 周和敏．海关估价理论与实务［M］．上海：上海财经大学出版社，2003.

21. 李新宇．海关估价制度：美国的法律和实务［M］．北京：对外经济贸易大学出版社，2003.

22. 钱俊龙，任翔．海关估价-WTO 估价协议和我国海关估价制度［M］．北京：中国统计出版社，2003.

23. 谷儒堂．WTO 估价协定与中国估价制度［M］．北京：中国海关出版社，2002.

24. 世界贸易组织．海关估价及贸易统计国际标准［M］．李延、李蒳、王延春、刘平，译．北京：中国社会科学出版社，2001

25. 李鹏南．海关估价培训教材［M］．北京：法律出版社，2006.

26. 熊斌．外贸企业轻松应对海关估价［M］．北京：中国海关出版社，2012.

27. 赵国华．企业如何应对海关估价［M］．北京：知识产权出版社，2012.

28. 丁丽柏．海关估价制度研究［M］．北京：法律出版社，2009.

29. 谷儒堂，许圣兵．特许权使用费海关估价与稽查案例研究［M］．秦皇岛：燕山大学出版社，2018.